Studienwissen kompakt

Mit dem Springer-Lehrbuchprogramm „Studienwissen kompakt" werden kurze Lerneinheiten geschaffen, die als Einstieg in ein Fach bzw. in eine Teildisziplin konzipiert sind, einen ersten Überblick vermitteln und Orientierungswissen darstellen.

Thomas Schuster
Margarita Uskova

Finanzierung: Anleihen, Aktien, Optionen

Thomas Schuster
Duale Hochschule Baden-Württemberg
Mannheim, Deutschland

Margarita Uskova
SEDLÁK & PARTNER
Unternehmensberatung (BDU) GbR
Ahrensburg, Deutschland

ISBN 978-3-662-46238-6   ISBN 978-3-662-46239-3 (eBook)
DOI 10.1007/978-3-662-46239-3

Die Deutsche Nationalbibliothek verzeichnet diese Publikation in der Deutschen
Nationalbibliografie; detaillierte bibliografische Daten sind im Internet über
http://dnb.d-nb.de abrufbar.

Springer Gabler
© Springer-Verlag Berlin Heidelberg 2015

Springer Fachmedien Wiesbaden GmbH ist Teil der Fachverlagsgruppe Springer
Science+Business Media
(www.springer.com)

Anyone who stops learning is old, whether at twenty or eighty.
Anyone who keeps learning stays young.
The greatest thing in life is to keep your mind young.
(Henry Ford)

Vorwort

Das vorliegende Lehrbuch beinhaltet die Themen, die typischerweise in einer Vorlesung für Fortgeschrittene in einem wirtschaftswissenschaftlichen Bachelor-Studiengang an Universitäten, Fachhochschulen oder Dualen Hochschulen behandelt werden. Der Inhalt baut auf dem Buch „Finanzierung: Finanzberichte, -kennzahlen, -planung" von Thomas Schuster und Leona Rüdt von Collenberg auf, das ebenfalls bei Springer Gabler in der Reihe „Studienwissen kompakt" erschienen ist. Das Buch eignet sich natürlich auch für Anlageberater von Banken sowie für Praktiker in Unternehmen und Behörden, die täglich mit Finanzierungsfragen und Kapitalanlageentscheidungen zu tun haben.

Das Buch weist zahlreiche Vorzüge auf. Zusammen mit dem Grundlagenbuch deckt es alle wichtigen Themen im Bereich Finanzierung ab. Es ist eingängig geschrieben und leicht verständlich. Das Buch enthält eine Fülle von Praxisbeispielen. Zentrale Aussagen des Textes werden in Merke!-Boxen und durch mit einem Symbol gekennzeichnete Abschnitte mit dem Titel „Auf den Punkt gebracht" hervorgehoben. Für jedes Kapitel gibt es viele Let's-Check-Aufgaben, mit denen der Leser sofort überprüfen kann, ob er das Gelesene verstanden hat. Ausführlichere „Vernetzende Aufgaben" dienen der weiteren Vertiefung und gegebenenfalls der Klausurvorbereitung. Am Ende jeden Kapitels findet der Leser unter der Rubrik „Lesen und Vertiefen" weiterführende Literaturangaben, um den Stoff bei Interesse intensiver zu behandeln. Schließlich ist am Ende des Buchs ein Glossar mit den wichtigsten Fachbegriffen zu finden.

Im Internet sind zu dem Buch weitere Materialien unter folgender Internetadresse veröffentlicht:

▶ http://www.springer.com/978-3-662-46238-6

Smartphonebesitzer können auch den QR-Code einscannen, der am Ende des Vorworts abgedruckt ist, um die Homepage des Lehrbuchs aufzurufen.

Leser können auf der Internetseite des Buchs ausführliche Lösungen sowohl zu den Let's-Check-Aufgaben als auch zu den vernetzenden Aufgaben herunterladen. Dozenten finden dort für jedes Kapitel ausführliche PowerPoint-Folien sowie Musterklausuren mit Lösungen. Voraussetzung zum Herunterladen der Vorlesungsunterlagen ist, dass der Dozent sich auf der Internetseite von Springer bei DozentenPLUS anmeldet.

Am Entstehungsprozess dieses Buches haben viele Personen bewusst oder unbewusst mitgewirkt. Es ist für uns eine Selbstverständlichkeit, diesen unseren Dank auszusprechen. Grundlage des Buchs ist eine Vorlesung „Intermediate Financial Management", die einer der Autoren im Bachelor-Studiengang „International Business" der Internationalen Hochschule Bad Honnef · Bonn mehrmals gehalten hat. Deswegen geht der erste Dank an die Studierenden dieser Vorlesung, die durch aufmerksames Zuhören und kritisches Nachfragen zur pädagogischen und didaktischen Qualität dieses Buches beigetragen haben. Ein weiterer Dank geht an zahlreiche anonyme Autoren im Internet, die uns zahlreiche Anregungen zu Beispielen und Übungsaufgaben gegeben haben. Schließlich bedanken wir uns bei Stefanie Brich und Margit Schlomski vom Verlag Springer Gabler, die professionell und kompetent die Entstehung dieses Buches begleitet haben.

Zum Schluss wollen wir es nicht versäumen, unseren Lesern viel Spaß bei der Entdeckungsreise durch das Finanzierungsland zu wünschen. Wir versprechen Ihnen, dass es viele spannende Dinge zu entdecken gibt. Schauen Sie sich alles an und verweilen Sie dort etwas länger, wo es Ihnen am besten gefällt.

Thomas Schuster und Margarita Uskova
Mannheim und Ahrensburg, im Januar 2015

Inhaltsverzeichnis

Thomas Schuster, Margarita Uskova

Festverzinsliche Wertpapiere und Anleihemärkte

Thomas Schuster, Margarita Uskova

T. Schuster, M. Uskova, *Finanzierung: Anleihen, Aktien, Optionen,*
Studienwissen kompakt, DOI 10.1007/978-3-662-46239-3_1,
© Springer-Verlag Berlin Heidelberg 2015

1

Lern-Agenda

Die Leser erlernen in diesem Kapitel die fundamentalen Grundladen von verzinslichen Wertpapieren. Nach erfolgreicher Bearbeitung können sie verschiedene Typen von Anleihen unterscheiden und diesen ihre spezifischen Merkmale zuordnen. Des Weiteren sind die Leser in der Lage, Anleihen selbstständig zu bewerten sowie Bewertungen Dritter zu beurteilen. Sie verstehen die zentrale Bedeutung von Ratings im Anleihegeschäft und die Rolle, welche den Anleihemärkten zukommt.

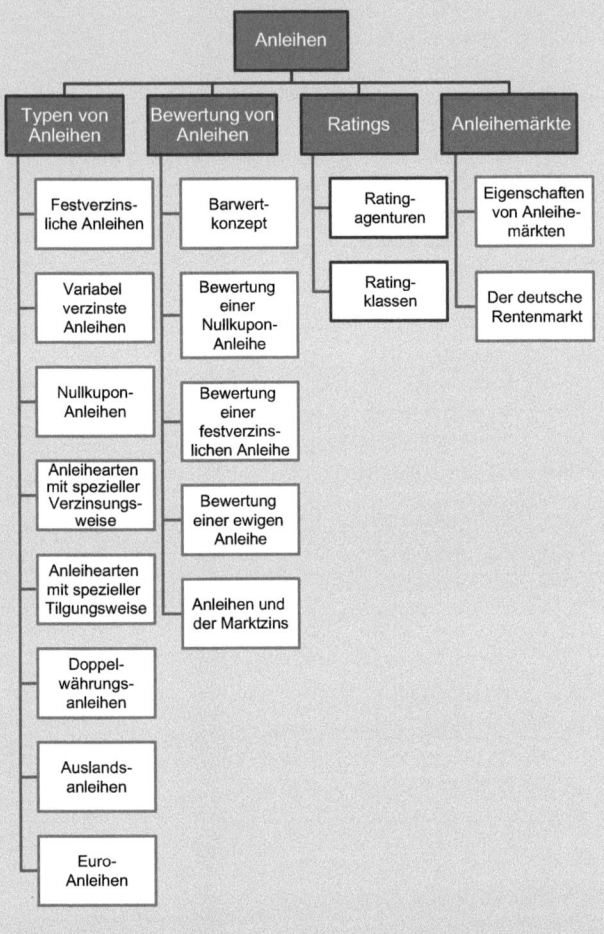

Anleihen gehören zu den klassischen Mitteln bei der Beschaffung von Fremdkapital.
◼ Tabelle 1.1 zeigt unterschiedliche Unternehmensanleihen, wie man sie in Zeitungen oder im Internet findet.

◼ **Tab. 1.1** Unternehmensanleihen (Quelle: Stuttgarter Börse 2015, Stand: 25.05.2015)

WKN	Zins	Emittent	Fälligkeit	Rendite	Kurs	Whrg.
AB100A	8,500%	Air Berlin PLC	10.11.2015	19,89	95,90	Euro
AB100B	8,250%	Air Berlin PLC	19.04.2018	11,57	93,73	Euro
A1H3F2	7,250%	Albert Reiff GmbH &. Co..	27.05.2016	4,45	102,70 G	Euro
A1TNGG	6,000%	Cloud No. 7 GmbH	03.07.2017	4,38	103,20 G	Euro
A1MLSJ	8,750%	Ekosem Agrar GmbH	23.03.2017	9,18	99,25 G	Euro
A1R0RZ	8,500%	Ekosem Agrar GmbH	07.12.2018	9,52	98,50	Euro
A1R1A1	9,750%	Ekotechnika GmbH	10.05.2018	114,19	18,00 G	Euro
A1REXA	8,000%	eterna Mode Holding GmbH	09.10.2017	6,24	103,75 G	Euro
A1H3J6	7,250%	German Pellets GmbH	01.04.2016	3,94	102,70 G	Euro
A1TNAP	7,250%	German Pellets GmbH	09.07.2018	6,17	103,01 G	Euro
A1RFBP	6,750%	IPSAK mbH	07.12.2019	5,76	103,75 G	Euro
A1H3GE	8,000%	Joh. Friedrich Behrens A..	15.03.2016	5,35	102,00 G	Euro
A1ELQU	6,750%	KTG Agrar SE	15.09.2015	5,78	100,25 G	Euro
A1H3EY	7,500%	MAG IAS GmbH	08.02.2016	21,92	91,25 G	Euro
A1K0NJ	7,750%	MITEC Automotive AG	30.03.2017	7,73	100,00 G	Euro
A1TND4	8,125%	More & More AG	11.06.2018	48,52	43,00 G	Euro

Die Anleihen werden alle mit bestimmten Merkmalen beschrieben. So ist die Anleihe von Albert Reiff GmbH &. Co. am 27.05.2016 fällig und weist eine Rendite von 4,45 % auf. Doch was sind Anleihen und warum geben Unternehmen diese Art von Wertpapieren aus? Diese und andere Fragen wird dieses Kapitel klären.

1.1 Einführung

Benötigt eine Privatperson einen Kredit, wird dieser bei einem Kreditinstitut beantragt. Die Bank oder Sparkasse gibt die Bedingungen vor, zu denen der Kredit aufgenommen werden kann. Im Gegensatz zu Privatpersonen haben staatliche Institutionen, private Unternehmen oder Banken zusätzlich die Möglichkeit, das Geld auf dem Kapitalmarkt zu beschaffen. Benötigt beispielsweise ein großes deutsches Chemieunternehmen Geld, um den Bau einer neuen Fabrikanlage zu finanzieren, kann dies über die Eigenkapital- oder Fremdkapitalbeschaffung geschehen. Entscheidet sich das Unternehmen für die Aufnahme von Fremdkapital, hat es mehrere Möglichkeiten, das Geld aufzunehmen. Der klassische Weg ist die Kreditaufnahme bei einer Bank. Eine weitere Möglichkeit ist die Ausgabe eines verzinslichen Wertpapiers, der Anleihe. In diesem Fall emittiert das Unternehmen Anleihen auf dem Kapitalmarkt.

Die ◘ Abb. 1.1 zeigt den Umlauf festverzinslicher Wertpapiere inländischer Emittenten. Die am meisten emittierten Anleihen sind die Anleihen der öffentlichen Hand (z. B. Staatsanleihen), gefolgt von Bankschuldverschreibungen. Das einleitende Kapitel erklärt die Unterschiede zwischen solchen Anleihen.

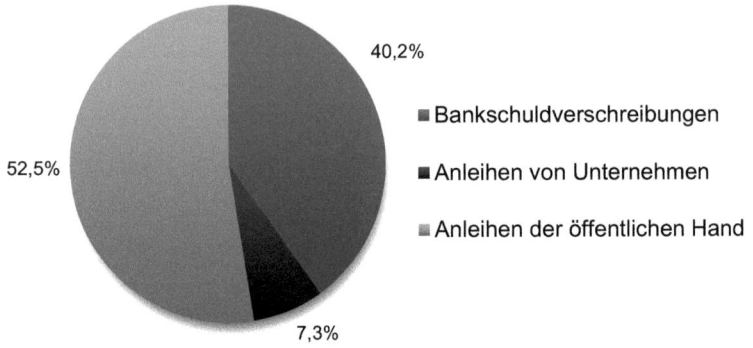

◘ **Abb. 1.1** Umlauf festverzinslicher Wertpapiere inländischer Emittenten (in % des Gesamtumlaufs) (Quelle: Deutsche Bundesbank 2014, Stand: Juli 2014)

1.2 Typen von Anleihen

Eine **Anleihe** wird auch als Rentenpapier, Bond oder Obligation bezeichnet. Der Herausgeber der Anleihe (Emittent) nimmt einen Kredit bei vielen verschiedenen Anlegern auf. Der Gesamtbetrag des Kredits (Emissionsvolumen) wird dabei in mehrere Anteile zerstückelt. Diese Anteile heißen Teilschuldverschreibungen. Der Nennwert dieser Anteile beträgt meistens 1.000 €. Der Emittent geht die Verpflichtung ein, diese Anteile nach einer festgelegten Zeit zurückzuzahlen. Dieser Zeitraum von Ausgabe bis Rückzahlung, welcher als die Laufzeit der Anleihe bezeichnet wird, kann sich von wenigen Monaten bis zu mehreren Jahren ausstrecken. Der Zeitpunkt, zu dem der Kredit zurückgezahlt wird, bezeichnet man als die Fälligkeit der Anleihe. Bezahlt der Emittent am Ende der Laufzeit den Gesamtbetrag an den Käufer der Anleihe, so spricht man von der Tilgung des Kredits.

> **Merke!**
>
> Eine **Anleihe** ist ein Wertpapier mit mittel- oder langfristiger Laufzeit.

Für das von ihm zur Verfügung gestellte Geld erhält der Anleger ein Entgelt. Dieses Entgelt wird in Form von Zinsen bereitgestellt. Der Käufer (Gläubiger) einer Anleihe gibt also sein Geld an das Unternehmen und erhält im Gegenzug das Versprechen auf die verzinste Rückzahlung der zur Verfügung gestellten Summe (Kapitalschuld). Der Zinssatz wird auch Kupon genannt. Die Zinsen werden in regelmäßigen Abständen, meist einmal jährlich (per annum, abgekürzt p. a.), während der gesamten Laufzeit der Anleihe ausbezahlt. Die Höhe des zu zahlenden Zinses, des Nominalzinses, wird vom Nennwert der Anleihe berechnet. Der Gläubiger kann die Anleihe bis zum Fälligkeitsdatum halten. Es besteht aber die Möglichkeit, die Anleihe zu einem früheren Zeitpunkt am Kapitalmarkt zu verkaufen. Dabei geht der Gläubiger jedoch das Risiko ein, durch den vorzeitigen Verkauf des Wertpapiers einen Verlust in Form eines Kursverlusts zu erleiden.

Beispiel

Der Emittent, das Bundesland Nordrhein-Westfalen, bietet am 20. Januar 2014 eine Anleihe an, um den Bau einer neuen Schule zu finanzieren. Die Anleihe enthält folgende Konditionen:

Emissionsvolumen:	300.000 €
Nennwert:	1.000 €
Laufzeit:	10 Jahre
Kupon:	2,5 % p. a.

Die Anleihe wird in 300 Teilschuldverschreibungen je 1.000 € ausgegeben.
Der Käufer einer Teilschuldverschreibung kann also jährlich am 20. Januar mit einer Zinszahlung von 250 € rechnen. Nach den zehn Jahren, also am 20. Januar 2024 erhält der Käufer als Tilgung 1.025 €. Dieser Betrag setzt sich aus dem Nennwert von 1.000 € plus 25 € Zinsen zusammen.

Früher lagen die Anleihen als Papierbogen vor. Der Mantel enthielt die Konditionen (Nennwert, Laufzeit etc.) sowie die Kupons. Stand eine Zinszahlung an, so wurde ein Kupon abgetrennt und gegen Zahlung des Zinses eingelöst.

Anleihen werden, wie auch andere Wertpapiere (z. B. Aktien), an der Börse gehandelt. Der Kurs der Anleihe gibt an, zu welchem Preis ein Händler bereit ist, das Wertpapier zu kaufen oder zu verkaufen. Diese Kurse werden in Prozent angegeben und bilden sich durch Angebot und Nachfrage an der Börse. Hat eine Anleihe beispielsweise einen Kurs von 107 %, bedeutet das, dass ein Anteil mit einem Nennwert von 1.000 € zu einem Preis von 1.070 € gekauft werden kann. Ein Kurs, welcher über 100 % liegt, wird auch als „über pari" bezeichnet. Liegt die Prozentzahl dagegen bei 97 %, so muss für den Kauf eines Anteils mit einem Nennwert von 1.000 €, ein Preis von 970 € bezahlt werden. Die Anleihe wird dann „unter pari" gehandelt. Wenn der Kurs eines

Wertpapiers genau seinem Nennwert entspricht, so ist die Anleihe „zu pari" notiert. Dieser Fall trifft dann zu, wenn der Kupon genau dem Kapitalmarktzins entspricht. Falls der Kauf der Anleihe genau zu einem Zinstermin erfolgt, muss der Käufer keine sogenannten Stückzinsen zahlen. Wird der Handel zwischen zwei Zinsterminen abgeschlossen, so bekommt der Verkäufer der Anleihe einen Teil des Zinses vom nächsten Zinstermin vom Käufer bezahlt. Der Käufer muss also mehr als den angegebenen Prozentsatz zahlen, da er beim nächsten Zinstermin die gesamten Jahreszinsen ausbezahlt bekommt, die Anleihe aber weniger als ein Jahr gehalten hat. Dieser Zinsteil wird – wie oben schon erwähnt – als Stückzins bezeichnet.

1.2.1 Festverzinsliche Anleihen

Festverzinsliche Anleihen (Straight Fixed-Rate Bonds) zeichnen sich durch einen fixen Zinssatz aus. Dieser wird für die gesamte Laufzeit festgesetzt. Der Zinssatz bezieht sich auf den in der Anleihe angegebenen Nominalbetrag. Die Zinsen werden normalerweise periodisch, d. h. jährlich (p. a.) ausgeschüttet. In angelsächsischen Ländern findet man auch oft eine halbjährliche Ausschüttung (p. s.). Die Höhe und der Zeitpunkt von Zinszahlungen sowie der Tilgung werden bei festverzinslichen Anleihen zum Zeitpunkt der Emission festgelegt.

Beispiel

Bei einer Bundesanleihe mit einem Nominalwert von 1.000 €, einem Kurs von 97 %, einer Verzinsung von 5 % p. a. und einer Laufzeit von 10 Jahren werden jährlich 50 € Zinsguthaben gutgeschrieben.

Eine Art der festverzinslichen Anleihen sind Stufenzinsanleihen. Bei diesen kann der Zinssatz während der Gesamtlaufzeit einmal oder mehrmals steigen (Step-up) oder sinken (Step-down). Der Zinssatz wird hierbei in regelmäßigen Abständen angepasst. Die verschiedenen Zinssätze stehen zum Zeitpunkt der Emission schon fest.

Beispiel

Bei einer Bundesanleihe mit einem Nominalwert von 1.000 € und einer Laufzeit von 10 Jahren kann der Zinssatz im ersten Jahr 3,5 %, im zweiten Jahr 3,7 %, usw. betragen. Das heißt, der Zinssatz steigt jedes Jahr an. Dementsprechend wird im ersten Jahr ein Zinsguthaben von 35 € und im zweiten Jahr 37 € ausgezahlt.

❯❯ Auf den Punkt gebracht: Festverzinsliche Anleihen, auch Straight Fixed-Rate Bonds genannt, haben einen für die gesamte Laufzeit festgeschriebenen Zinssatz.

1.2.5.3 **Annuitätenanleihen**

Bei dieser Form der Anleihen, auch Annuity Bonds genannt, erfolgt die Tilgung jährlich. Die gleich hohen Zahlungen an den Gläubiger (Annuität) setzen sich aus einem Zins- und einem Tilgungsteil zusammen. Der Kreditbetrag wird also nicht zum Laufzeitende getilgt, was normalerweise üblich ist.

1.2.5.4 **Ewige Anleihen**

Perpetual Bonds sehen ab Laufzeitbeginn keine Tilgung und damit kein festgelegtes Rückzahlungsdatum vor. Die Rückzahlung wird somit erst bei Liquidation der Gesellschaft fällig. Vorzeitige Rückzahlungsmöglichkeiten (Kaufoption) sind in Ausnahmefällen möglich. Der Zinssatz der jährlichen Kupons wird entweder für die gesamte Zeit genau festgelegt oder aber für die erste Periode, meist zehn Jahre, bestimmt und anschließend in gleichen Zeitabschnitten nach einer in den Anleihebedingungen angegebenen Formel angepasst.

1.2.6 **Doppelwährungsanleihen**

Man spricht von Doppelwährungsanleihen, wenn Emission und Rückzahlung in unterschiedlichen Währungen erfolgen. Die Zinszahlung erfolgt oft in der Emissionswährung. Meist handelt es sich um eine festverzinsliche Anleihe. Der Kurs der Doppelwährungsanleihe wird nicht nur vom Marktzins der beiden involvierten Währungen, sondern auch vom Wechselkurs zwischen den Währungen beeinflusst. Wird eine Doppelwährungsanleihe in Deutschland emittiert, so ist die Ausgabewährung der Euro, die Zinszahlungen werden normalerweise in Euro geleistet und die Rückzahlung erfolgt in einer der wichtigen Auslandswährungen wie US-Dollar, britisches Pfund oder japanischer Yen. Eine Doppelwährungsanleihe kann für ein Unternehmen interessant sein, das eine Produktionsanlage im Ausland bauen will. Der Bau wird mit dem Emissionserlös finanziert und die Rückzahlung erfolgt dann mit dem Gewinn in der Fremdwährung, der durch die Produktionsanlage und den Verkauf der Produkte vor Ort erwirtschaftet wird.

1.2.7 **Auslandsanleihen**

Auslandsanleihen sind im Ausland emittierte Anleihen eines inländischen Schuldners. Sie werden in der jeweiligen ausländischen Währung ausgegeben. Die Bundesrepublik Deutschland hat beispielsweise im Jahr 2005 eine Auslandsanleihe in US-Dollar an der New Yorker Börse emittiert. Wichtig bei einer Auslandsanleihe ist das Währungsrisiko, da Wechselkurse ständigen Schwankungen unterliegen. Emittenten können jedoch von diesen Wechselkursschwankungen durchaus profitieren. Außerdem kann dieses Wechselkursrisiko durch eventuell höhere Zinszahlungen im Ausland ausgeglichen werden. Auslandsanleihen sind meistens festverzinsliche Wertpapiere, eine variable Verzinsung ist eher selten.

1.2.8   Euro-Anleihen

Als Euro-Anleihen, auch Eurobonds genannt, werden Anleihen bezeichnet, welche außerhalb des Sitzlandes des Emittenten verkauft werden. Dies geschieht mithilfe eines internationalen Bankenkonsortiums in einer international dominierenden Währung (z. B. Euro, US-Dollar, britisches Pfund oder japanischer Yen). Die Anleihen, die üblicherweise eine mittlere bis längere Laufzeit haben, werden auf dem Euromarkt platziert. Hierbei handelt es sich um den internationalen Kapitalmarkt für finanzielle Transaktionen, die in einer Währung getätigt werden, die nicht der Landeswährung entspricht. Man spricht z. B. von einer Euro-Anleihe, wenn ein deutsches Unternehmen in Großbritannien eine auf US-Dollar lautende Anleihe begibt. Die Bezeichnung Eurobond hat keinen Zusammenhang zu der Währung Euro.

1.3   Bewertung von Anleihen

Was den jährlichen Ertrag angeht, sind Anleihen im Gegensatz zu Aktien die Anlageformen mit dem geringeren Risiko, da der Zinssatz festgesetzt wird. Jedoch bringen auch Anleihen gewisse Risikofaktoren mit. Diese können in Form von Änderungen des Anleihekurses, die durch schwankende Kapitalmarktzinsen hervorgerufen werden, Zahlungsschwierigkeiten des Schuldners oder Veränderungen der Wechselkurse bei Fremdwährungsanleihen auftreten.

Mit einer Bewertung von Anleihen kann der tatsächliche, heute gültige Barwert einer Anleihe bestimmt werden. Die **Barwertbewertung** basiert auf dem Barwertkonzept.

1.3.1   Barwertkonzept

Das Barwertkonzept ermöglicht den Vergleich von Cashflows, also von Zahlungsströmen, unterschiedlicher Kreditinstrumente, welche mit unterschiedlichen Cashflows ausgestattet sind, die zu unterschiedlichen Zeitpunkten anfallen. Der Barwert sagt aus, welchen Wert eine zukünftige Zahlung heute hat. Die Formel setzt sich wie folgt zusammen:

$$PV = CF/(1 + r)^t,$$

wobei:

- PV = Barwert,
- CF = Cashflow,
- r = Marktzinssatz,
- t = Zeitpunkt der Zahlung.

Beispiel

Man geht von zwei Zahlungen aus. Eine Zahlung in Höhe von 200 € wird in einem Jahr, eine zweite Zahlung in Höhe von 200 € wird in zwei Jahren gezahlt. Der Zinssatz beträgt 6 % p. a. Um den Gegenwartswert zu berechnen, werden die beiden Zahlungen von je 200 € abdiskontiert (so heißt der Vorgang, wenn der Betrag durch $(1 + r)^t$ geteilt wird). Die Zahlung von Jahr 2 wird auf das Jahr 1 und anschließend auf heute abgezinst. Die Zahlung von Jahr 1 muss nur einmal abgezinst werden. Somit ergibt sich die folgende Gleichung.

$$PV = 200/(1 + 0,06) + 200/(1 + 0,06)^2 = 188,68 + 177,99 = 366,67$$

Der Barwert bzw. Gegenwartswert dieser zweier Zahlungen beträgt 366,67 €.

1.3.2 Bewertung einer Nullkupon-Anleihe

1.3.2.1 Barwertberechnung

Die Nullkupon-Anleihe hat, wie bereits erwähnt, keine Zinszahlungen. Deshalb werden diese in der Barwertberechnung einer Nullkupon-Anleihe nicht berücksichtigt. Der Cashflow einer solchen Anleihe ist der Nennwert, der bei Tilgung ausgezahlt wird. Es ergibt sich die folgende Formel zur Berechnung des Barwerts:

$$PV = NW/(1 + r)^n,$$

wobei:

- PV = Barwert,
- NW = Nennwert,
- r = Marktzinssatz,
- n = Laufzeit.

Beispiel

Eine Geschäftsbank emittiert eine Nullkupon-Anleihe mit folgenden Merkmalen:

Emissions-volumen (in €)	Emissions-datum	Fälligkeit	Nennwert (in €)	Marktzinssatz
50.000.000	01.07.2015	30.06.2021	1.000	5 %

Der Barwert dieser Nullkupon-Anleihe lässt sich anhand der Daten folgendermaßen berechnen:

$$PV = 1.000/(1 + 0,05)^6 = 746,22.$$

Der Barwert ist gleichzeitig der Emissionskurs.

1.3.2.2 Effektivzinsberechnung

Der Anleger möchte nicht nur wissen, welchen Wert eine Anleihe heute hat, sondern welche Rendite er bei einer Investition in eine Anleihe mit einem heute bekannten Preis erzielen kann. Der **Effektivzins** ist die Rendite, die man erhält, wenn man eine Anleihe kauft und diese bis zur Fälligkeit hält. Die Rendite entspricht in der Regel nicht dem Marktzinssatz oder dem Kupon der Anleihe. Dies kann unter anderem an der Bonität, der Zahlungsfähigkeit, des Emittenten liegen.

> **Merke!**
>
> Der **Effektivzins** stellt die Rendite einer Anleihe dar, welche der Anleger erhält, wenn er die Anleihe bis zur Fälligkeit hält.

Die Effektivzinsformel lässt sich aus der folgenden Barwertformel eines einmaligen Cashflows ableiten.

$$P = NW/(1 + R)^n$$

Durch Auflösen der Gleichung nach der Rendite R ergibt sich:

$$R = (NW/P)^{1/n} - 1,$$

wobei:
- P = Preis,
- NW = Nennwert,
- R = Rendite,
- n = Laufzeit.

Beispiel

Eine Nullkupon-Anleihe mit einem Nennwert von 1.000 € hat einen derzeitigen Kurs von 596,26 €. Die Laufzeit beträgt 6 Jahre. Wie hoch ist der Effektivzins?

$$596{,}26 = 1.000/(1 + R)^6$$
$$(1 + R)^6 = 1.000/596{,}26$$
$$R = (1.000/596{,}26)^{1/6} - 1$$
$$R = 0{,}09 = 9\,\%$$

Der Effektivzins beträgt 9 %.

1.3.3 Bewertung einer festverzinslichen Anleihe

Der Wert einer Anleihe ist der Barwert des Kapitalflusses (meist als Cashflow bezeichnet), d. h. aller zukünftig erwarteten Zahlungen. Der Wert einer festverzinslichen Anleihe ist also der Gegenwartswert der Zinszahlungen plus der Gegenwartswert der Rückzahlung des überlassenen Kapitalbetrags bzw. des Nennwertes. Der versprochene Zahlungsstrom, der Zins, ist bei der Anleihe genau festgelegt. Um den Barwert einer Anleihe zu bestimmen, müssen die Zinszahlungen mit einem Alternativzinssatz für einen gleich langen Zeitraum abgezinst werden, dem Marktzinssatz. Am Zinsabschlagstag entspricht der so ermittelte Barwert dem Kurs, zu dem die Anleihe im Markt notiert sein müsste, wenn der Markt effizient bewerten würde. Das heißt, der Barwert zeigt den „fairen" Preis der Anleihe auf. Die Formel lautet folgendermaßen:

$$PV = CF_1/(1 + r) + CF_2/(1 + r)^2 + \ldots + (CF_n + NW)/(1 + r)^n,$$

wobei:
- PV = Barwert,
- CF = Kuponzahlung,
- r = Marktzinssatz,
- NW = Nennwert,
- n = Laufzeit.

Da die Zinszahlungen CF jedes Jahr konstant sind, kann alternativ die folgende Formel verwendet werden:

$$PV = CF \cdot [1 - 1/(1 + r)^n]/r + NW/(1 + r)^n.$$

Beispiel

Im Jahr 2014 ergibt sich für eine 7 %-Anleihe mit einem Nennwert von 1.000 € und einer Laufzeit bis 2019 (5 Jahre) bei einem Marktzinssatz von 5 % folgender Cashflow:

Cashflow einer Anleihe (in €)

2015	2016	2017	2018	2019
70	70	70	70	1.070

$$PV = 70/(1{,}05) + 70/(1{,}05)^2 + 7/(1{,}05)^3 + 70/(1{,}05)^4 + 1.070/(1{,}05)^5$$
$$= 66{,}6 + 63{,}5 + 60{,}5 + 57{,}6 + 838{,}4 = 1.086{,}60$$

oder

$$PV = 70[1 - 1/(1{,}05)^5]/0{,}05 + 1.000/(1{,}05)^5$$
$$= 70 \cdot (0{,}2164/0{,}05) + 783{,}52$$
$$= 303{,}08 + 783{,}52$$
$$= 1.086{,}60$$

Diese Anleihe muss also im Jahr 2014 einen theoretischen Preis von 1.086,60 € haben. Da der Barwert über dem Verkaufspreis von derzeit 1.050 € liegt, sollte diese Anleihe gekauft werden. Das heißt, die Anleihe erzielt eine höhere Rendite als der Markt (7 % > 5 %) und der Anleger ist somit bereit, einen höheren Wert als den Barwert der Anleihe zu bezahlen. Generell gilt: Anleihen, deren Barwert den Kurs übersteigt, sollen gekauft werden. Anleihen, deren Kurs über dem Barwert liegt, sollten dagegen verkauft werden.

Beispiel

Die Anleihe der Firma ABC hat einen Nominalwert von 1.000 € mit einer Laufzeit von 3 Jahren. Die Anleihe wird am 01.01.2015 emittiert. Der Kupon beträgt 5 %, der Marktzins liegt ebenfalls bei 5 %. Der derzeitige Kurs der Anleihe beträgt 1.000 €. Der Käufer dieser Anleihe kann mit folgenden Zahlungsströmen in den nächsten drei Jahren rechnen:

Cashflow einer Anleihe (in €)

2015	2016	2017
50	50	1.050

Der Barwert des Papiers ist demnach:

$$PV = 50/(1{,}05) + 50/(1{,}05)^2 + (1.000 + 50)/(1{,}05)^3 = 1.000.$$

Der faire Preis der Anleihe liegt bei 1.000 €. Der Barwert dieser Anleihe entspricht also auch dem Kurs von 1.000 €. Die Anleihe wird zu pari emittiert.

1.3.4 Bewertung einer ewigen Anleihe

Die ewige Anleihe sieht keine Frist für die Rückzahlung der Kapitalanlage des Anlegers vor. Deshalb bleibt die Tilgungssumme bei der Barwertberechnung unberücksichtigt:

$$PV = CF/r,$$

wobei:
- PV = Barwert,
- CF = Kuponzahlung,
- r = Marktzinssatz.

Beispiel
Eine Staatsanleihe zahlt einen jährlichen Zins von 100 €, der Marktzinssatz beträgt 5 %. Wie hoch müsste der Ausgabepreis der Anleihe sein?

$$PV = 100/0,05 = 2.000$$

Beispiel
Eine ewige Anleihe wird derzeit zu einem Kurs von 105 € gehandelt. Der Anleger bekommt eine jährliche Zinszahlung in Höhe von 5 € ohne eine Endfrist ausgezahlt. Vorausgesetz der Emittent bleibt zahlungsfähig, wie hoch ist der derzeitige Marktzinssatz?

$$r = 5/105 = 0,0476 = 4,76\%$$

1.3.5 Anleihen und der Marktzins

Anleihen gelten in langfristigen Betrachtungen als relativ sichere Anlageformen. In der kurzfristigen Betrachtung jedoch können Änderungen des Marktzinses den Anleihekurs, d. h. den Barwert des Wertpapiers, stark bewegen. Dies soll an den folgenden Beispielen deutlich gemacht werden.

Eine Staatsanleihe hat am 10. November 2014 einen Kurswert von 100 € mit Zinszahlung von 5 % pro Jahr entsprechend dem zum Zeitpunkt der Emission der Anleihe gültigen Marktzins. Der Nennwert beträgt ebenfalls 100 €. Ein Anleger investiert 10.000 € in diese Anleihe. Die Merkmale der Anleihe lassen sich wie folgt zusammenfassen:

Investitions-volumen (in €)	Laufzeit	Kurswert zum Kauf-zeitpunkt (in €)	Zinskupon	Marktzins
10.000	10 Jahre	100	5 %	5 %

Der Zinskupon der Anleihe entspricht genau dem zu dem Zeitpunkt (10.11.2014) geltenden Marktzins. Der Zinskupon der Anleihe ist festgeschrieben. Daher kann eine solche Anleihe auf Zinsdifferenzen zwischen dem Zinskupon und dem Marktzins nur mit einer Änderung des Kurswertes reagieren. In diesem Fall stimmen beide Zinswerte überein, da sowohl der Zinskupon als auch der Marktzins bei 5 % liegen. Bei einer Zinsgutschrift von 5 % erhält der Käufer der Anleihe 500 € p. a. Nach Ablauf der 10 Jahre erhält er außerdem eine Rückzahlung des Nennwerts in Höhe von 10.000 €. Der Kurswert der Anleihe beträgt 10.000 €, was genau dem Nennwert entspricht. Die Anleihe wird folglich zu pari notiert. Rechnerisch lässt es sich wie folgt darstellen:

$$PV = 500 \left[1 - 1/(1{,}05)^{10} \right] /0{,}05 + 10.000/(1{,}05)^{10} = 3.860{,}87 + 6.139{,}13$$
$$= 10.000.$$

Hält der Anleger die Anleihe bis zum Ende der Laufzeit, also bis zu 10. November 2024, bekommt er jährlich seine Zinsgutschrift sowie am Ende der Laufzeit den Nennwert ausgezahlt. Wird die Anleihe jedoch vorzeitig verkauft, ergibt sich eine neue Situation. Hier spielt der zu dem Zeitpunkt des Verkaufs gültige Marktzins eine große Rolle.

Der Anleger möchte beispielsweise drei Jahre nach Kauf der Anleihe über das Geld aus der Kapitalanlage verfügen. Der Marktzins ist jedoch von ursprünglich 5 % auf 6,5 % gestiegen. Anleihen werden an der Börse gehandelt. Dort haben andere Interessenten die Wahl eine gerade emittierte Anleihe oder aber die drei Jahre alte Staatsanleihe von dem Anleger zu erwerben. Die Staatsanleihe hat wie zum Zeitpunkt der Emission einen Zinskupon von 5 %. Die aktuellen Anleihen haben jedoch einen Zinskupon von 6,5 %, was dem Marktzins entspricht. Beim gleichen Kurswert beider Anleihen wäre der Käufer der Staatsanleihe mit einem 5-%-Kupon gegenüber dem Kupon der aktuellen Anleihe von 6,5 % benachteiligt, da die Staatsanleihe für die restlichen sieben Jahre einen um 1,5 Prozentpunkte niedrigeren Zinskupon bietet. Dieser Unterschied wird durch die Anpassung des Wertes der Staatsanleihe an den aktuellen Marktzins ausgeglichen. Dabei ändert sich der Kurs der Anleihe. Da potentielle Käufer berücksichtigen, dass sie bei dem alternativen Rentenpapier eine risikolose Verzinsung in Höhe von 6,5 % erhalten (Marktzins), fällt der Kurs der Anleihe. Folglich wäre es für den Käufer der Staatsanleihe unprofitabel, ein Rentenpapier für 10.000 € zu kaufen und eine geringere Verzinsung von nur 5 % in Anspruch zu nehmen. Der Besitzer der Staatsanleihe hat also nur die Möglichkeit, die Anleihe zu verkaufen, wenn er einen niedrigeren Verkaufspreis akzeptiert. Rechnerisch lässt es sich wie folgt darstellen:

$$PV = 500 \left[1 - 1/(1{,}065)^{7} \right] /0{,}065 + 10.000/(1{,}065)^{7} = 9.177{,}32.$$

Investitions-volumen (in €)	Restlaufzeit	Nennwert (in €)	Zinskupon	Marktzins	Kurswert der Anleihe (in €)
10.000	7 Jahre	10.000	5 %	6,5 %	9.177,32

Unter diesen Voraussetzungen würde ein Verkauf der Anleihe nach 3 Jahren einen Verlust von 822,68 € bedeuten, welcher sich aus der Differenz zwischen dem Kaufwert von 10.000 € und dem Kurswert (Barwert) von 9.177,32 € ergibt. Rechnet man den Gewinn aus dieser Staatsanleihe für die ersten drei Jahre aus, so ergibt sich eine Gesamtsumme von 677,32 €. Dieser setzt sich aus $3 \cdot 500$ € Zinskupon minus 822,68 € Kursverlust zusammen.

Der Marktzins kann sich jedoch auch in die andere Richtung bewegen. Sollte sich der Marktzins nach weiteren drei Jahren nicht erhöhen, sondern von 6,5 % auf 3,5 % fallen, ergibt sich eine andere Situation. In diesem Fall entsteht für den Interessenten der Staatsanleihe im Gegensatz zu der aktuellen Anleihe ein Zinsvorteil von 1,5 Prozentpunkten im Vergleich zum Kupon von 5 %. Dieser Vorteil wird auf die verbleibenden vier Jahre gerechnet und ergibt somit 6 % mehr Zinseinnahmen. Da der Marktzins und der Zinskupon sich wieder unterscheiden, wird diese Differenz durch den Kurs der Anleihe ausgeglichen. Somit folgt:

$$PV = 500\left[1 - 1/(1{,}035)^4\right]/0{,}035 + 10.000/(1{,}035)^4 = 1.836{,}51 + 8.714{,}45$$
$$= 10.550{,}96.$$

Investitions-volumen (in €)	Restlaufzeit	Nennwert (in €)	Zinskupon	Marktzins	Kurswert der Anleihe (in €)
10.000	4 Jahre	10.000	5 %	3,5 %	10.550,96

Unter diesen Voraussetzungen würde ein Verkauf der Anleihe nach sechs Jahren einen Gewinn von 550,96 € bedeuten, welcher sich aus der Differenz zwischen dem Kurswert (Barwert) von 10.550,96 € und dem Kaufwert von 10.000 € ergibt. Rechnet man zusätzlich den Gewinn aus dieser Staatsanleihe für die ersten sechs Jahre aus, so ergibt sich eine Gesamtsumme von 3.550,96 €. Dieser setzt sich aus $6 \cdot 500$ € Zinskupon plus 550,96 € Kursgewinn zusammen.

> **Auf den Punkt gebracht: Änderungen des Marktzinses können den Anleihekurs, d. h. den Barwert des Wertpapiers, kurzfristig stark beeinflussen.**

Diese Beispiele machen deutlich, dass Anleihen sowohl Chancen als auch Risiken mitbringen. Die Differenz zwischen dem Marktzins und dem Zinskupon spielt hierbei eine entscheidende Rolle. Da die Differenz mit der Restlaufzeit der Anleihe multipliziert wird, sind die Chancen bei längeren Restlaufzeiten zwar größer, aber auch die Risiken sind nicht zu unterschätzen.

Das Beispiel hat des Weiteren gezeigt, dass Kurs und die Rendite sich immer genau konträr verhalten. Steigt der Kurs, sinkt die Rendite. Sinkt der Kurs, steigt die Rendite. Steigt der Marktzins nach dem Kauf einer Anleihe, so bedeutet das Kursverluste für den Anleger. Fallen dagegen die Rendite am Markt, so resultiert diese Entwicklung in Kursgewinnen.

Generell gilt, bei tendenziell fallenden Marktzinsen sind Anleihen mit längerer Restlaufzeit profitabler. Bei steigenden Kapitalmarktzinsen dagegen sind Anleihen mit kürzerer Restlaufzeit im Moment der Zinsänderung zu empfehlen. Dieser Zusammenhang ist durch die Angleichung der jährlichen Rendite an das steigende bzw. fallende Marktzinsniveau durch Kursgewinne oder Kursverluste zu erklären. Da die Zinszahlungen sich bei Wertpapieren mit einer langen Laufzeit über mehrere Jahre verteilen und die Tilgung später erfolgt, fällt der Kursgewinn bzw. -verlust zum Stichtag der Zinsänderung größer aus als bei einer Anleihe mit Tilgung in naher Zukunft.

Bei Anleihen, welche an der Börse gehandelt werden, kommt das Ausfallrisiko oder die Zahlungsunfähigkeit (Bonität) als weiterer Faktor hinzu. Das Ausfallrisiko beeinflusst sowohl den Kurs als auch die Kuponzahlungen. Demnach ist der Kupon einer Anleihe umso höher über dem alternativen Marktzinssatz, je geringer die Bonität des Emittenten eingeschätzt wird. Eine Verschlechterung der Bonität und somit ein steigendes Ausfallrisiko führen außerdem zu einem größeren Abschlag auf den Wert der Anleihe, was letztendlich den Preis des Wertpapier senkt.

1.4 Ratings

Rating oder Kreditrating steht für „Bewertung" und kommt aus dem Englischen. Im Finanzwesen wird dabei die **Bonität**, die Zahlungsunfähigkeit eines Schuldners, eingeschätzt. Unter dem Bonitätsrisiko versteht man also die Gefahr, dass der Emittent einer Anleihe zahlungsunfähig wird. Die Qualität einer Anleihe hängt von der Bonität des Anleiheemittenten ab. Die Emissionsvorschriften sind nicht in allen Ländern so strikt wie in Deutschland. Daher sollte vor allem bei Auslandsanleihen auf die Bonität des Anleiheschuldners geachtet werden.

> **Merke!**
>
> Ein **Rating** bewertet die Zahlungsfähigkeit des Emittenten und stuft diese in verschiedene Bonitätsklassen ein.

1.4.1 Ratingagenturen

Bei dem Kauf einer Anleihe ist es wichtig, dass der Anleger über die finanzielle Situation sowie die Geschäftsaussichten eines Unternehmens genau Bescheid weiß. Der vom Käufer bereitgestellte Kredit ist nur mit dem Zahlungsversprechen des Unternehmens besichert. Der schnellste und einfachste Weg, sich über die finanziellen Verhältnisse eines Emittenten zu informieren, sind die Bewertungen, welche von spezialisierten Agenturen vorgenommen werden. Diese Ratingagenturen stufen die Bonität des Emittenten als Schuldner ein. Ein Rating bewertet somit die Wahrscheinlichkeit, dass der Emittent einer Anleihe die Zinszahlungen sowie die Tilgung termingerecht und im vollen Umfang leisten kann. Die bekanntesten und einflussreichsten Agenturen sind: Standard & Poor's (S&P), Moody's und Fitch. Diese Ratingagenturen bewerten nicht nur große Unternehmen, sondern auch ganze Staaten. Mittelständische Unternehmen werden in erster Linie von kleineren Ratingagenturen analysiert. Die bekanntesten Dienstleister in diesem Bereich sind Creditreform oder Euler.

Die Analyse der Bonität basiert sowohl auf qualitativer als auch auf quantitativer Bewertung. Teil der quantitativen Bewertung sind betriebswirtschaftliche Kennzahlen wie Eigenkapitalquote, Kapitalrendite, Umsatzrendite und Deckungsgrad, welcher angibt, inwieweit das Anlagevermögen durch das Eigenkapital gedeckt ist. Bei der qualitativen Analyse eines Emittenten werden beispielsweise die Struktur, Organisation oder Strategiekonzepte des Unternehmens untersucht. Des Weiteren fließt die gesamtwirtschaftliche Situation des Landes in die Bewertung mit ein, in dem der Emittent seinen Sitz hat. Zusätzlich werden die Merkmale der Anleihe von juristischer Seite analysiert. Die so gewonnenen Erkenntnisse bilden das Gesamtrating.

1.4.2 Ratingklassen

Die Ratingagenturen benutzen zur Einstufung bestimmte Ratingklassen (vgl. ◻ Tab. 1.2). Die Anleihen werden zum einen in anlagewürdige Papiere und zum anderen in hochverzinsliche Geldanlagen mit spekulativem Charakter, den Junk Bonds, unterteilt.

Die Ratings reichen von AAA über AA zu BB bis schließlich D. Die höchste Bewertung bedeutet eine sehr starke und sichere Zahlungsfähigkeit von Zinskupons sowie der Tilgung. BBB befindet sich im noch befriedigenden Bereich. Ein Unternehmen, das konkursreif ist, wird bei C eingestuft. Man spricht hier auch von illiquiden Schuldnern. Ein Rating im unteren Bereich bedeutet also ein hohes Ausfallrisiko. Diese Anleihen werden vom Emittenten mit höheren Zinsen ausgestattet. Das heißt, die Rendite für den Anleihekäufer ist umso höher, je höher das Ausfallrisiko ist. Bundeswertpapiere, welche von der Bundesrepublik Deutschland herausgegeben werden, zeichnen sich

▪ Tab. 1.2 Ratingstufen und ihre Charakteristika (Quellen: Moody's 2015; Standard & Poor's 2015; Fitch 2015)

Bonitätsbewertung	Moody's	Standard & Poor's	Fitch
Sehr gute Anleihen			
Höchste Qualität bei geringstem Risiko	Aaa	AAA	AAA
Hohe Qualität bei geringem Risiko	Aa1 Aa2 Aa3	AA+ AA AA−	AA+ AA AA−
Gute Anleihen			
Überdurchschnittlich gute Qualität mit einzelnen Risiken	A1 A2 A3	A+ A A−	A+ A A−
Durchschnittliche Qualität mit einzelnen Risiken	Baa1 Baa2 Baa3	BBB+ BBB BBB−	BBB+ BBB BBB−
Spekulative Anleihen			
Unterdurchschnittliche Qualität mit Risiken (etwas spekulativ)	Ba1 Ba2 Ba3	BB+ BB BB−	BB+ BB BB−
Geringe Qualität mit Risiken (spekulativ)	B1 B2 B3	B+ B B−	B+ B B−
Junk Bonds (hoch spekulativ)			
Niedrigste Qualität mit direktem Risiko des Verzugs	Caa Ca C	CCC CC C	CCC CC C
Sicherer Kreditverlust	–	D	D

durch sehr gute Bonität und somit ein sehr gutes Rating aus. Sie werden folglich mit AAA oder Aaa bewertet. Entsprechend sind die Renditen solcher Anleihen in der Regel niedriger.

◻ **Tab. 1.3** Ratings der Volkswagen AG von Standard & Poor's (Quelle: Volkswagen AG 2015)

Unternehmen	Langfristig	Ausblick
Volkswagen AG	A	Stabil
Volkswagen Financial Services AG	A	Stabil
Volkswagen Bank GmbH	A	Stabil

◻ **Tab. 1.4** Ratings der Volkswagen AG von Moody's (Quelle: Volkswagen AG 2015)

Unternehmen	Langfristig	Ausblick
Volkswagen AG	A2	Stabil
Volkswagen Financial Services AG	A2	Überprüfung auf Ratingverbesserung
Volkswagen Bank GmbH	A2	Überprüfung auf Ratingverbesserung

◻ **Tab. 1.5** Ratings der Deutschen Bank AG (Quelle: Deutsche Bank AG 2015)

Ratingagentur	Langfristig	Ausblick
Moody's	A3	Überprüfung auf Herabstufung
Standard & Poor's	A	Überprüfung auf Herabstufung
Fitch Ratings	A	Negativ

⟩ **Auf den Punkt gebracht:** Ratingagenturen wie Standard & Poor's (S&P) oder Moody's sind auf die Vergabe von Ratings spezialisierte Unternehmen, welche nicht nur Unternehmen, sondern auch ganze Staaten bonitätsmäßig bewerten.

In den ◻ Tab. 1.3, 1.4 und 1.5 werden einige Beispiele für die Ratings deutscher Unternehmen aufgeführt.

Während der Finanzkrise wurde deutlich, dass sehr gute Ratings keine hundertprozentige Absicherung gegen hohe Verluste bei den Anlagen darstellen. Die US-amerikanische Investment Bank Lehman Brothers Inc. erhielt noch kurz vor der Insolvenz gute Ratings. Dieses Beispiel macht deutlich, dass Ratings durchaus kritisch betrachtet

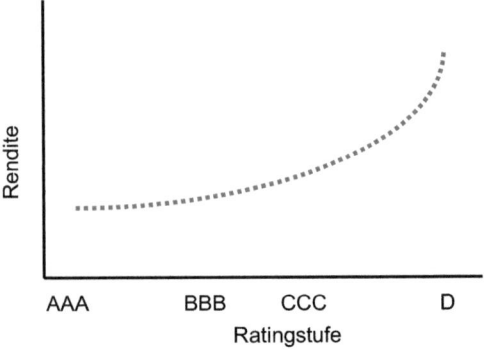

■ **Abb. 1.2** Korrelation zwischen der Rendite und der Ratingstufe

■ **Tab. 1.6** Rating-Migrationsmatrix (in %) (Quelle: Hull 2012, S. 400)

Rating in einem Jahr

		Aaa	Aa	A	Baa	Ba	B	Caa	Ca-C	Default
Aktuelles Rating	**Aaa**	90,42	8,9	0,62	0,01	0,03	0,00	0,00	0,00	0,00
	Aa	1,02	90,12	8,38	0,38	0,05	0,02	0,01	0,00	0,02
	A	0,06	2,82	90,88	5,52	0,51	0,11	0,03	0,01	0,06
	Baa	0,05	0,19	4,79	89,41	4,35	0,82	0,18	0,02	0,19
	Ba	0,01	0,06	0,41	6,22	83,43	7,97	0,59	0,09	1,22
	B	0,01	0,04	0,14	0,38	5,32	82,19	6,45	0,74	4,73
	Caa	0,00	0,02	0,02	0,16	0,53	9,41	68,43	4,67	16,76
	Ca-C	0,00	0,00	0,00	0,00	0,39	2,85	10,66	43,54	42,56
	Default	0,00	0,00	0,00	0,00	0,00	0,00	0,00	0,00	100,00

werden sollten. Ein Rating soll eine Orientierungshilfe darstellen. Die Ratingagenturen sprechen mit einer sehr guten Bewertung keine Verkaufs- oder Kaufempfehlung aus. Der Nachteil eines Ratings liegt in der Verzögerung der Bewertung. Demnach wird ein Rating erst nach einer Veränderung der Bonität eines Emittenten angepasst. Das Rating hat daher kaum Frühwarnfunktion für eine negative Veränderung der Bonität. Lediglich der Ausblick positiv oder negativ lässt auf die zukünftige Entwicklung des Ratings schließen.

Eine Anleihe kann während der Gesamtlaufzeit zwischen verschiedenen Ratingstufen schwanken. Die Veränderung der Bonität und somit des Ratings hat eine erhebliche Wirkung auf die Rendite einer Anleihe. ■ Abbildung 1.2 zeigt die Korrelation zwischen den Renditen und den Bewertungsstufen. Ändert sich das Rating einer Anleihe, führt das des Weiteren in der Regel zu Veränderungen des Kurses der Anleihe. Bei einem sinkendem Rating, d. h. abnehmender Bonität, steigt die Rendite einer Anleihe. Daraus resultierend führen Veränderungen des Ratings auch zu Kursänderungen einer Anleihe. Bei sinkender Bonität sinkt auch der Anleihekurs, da einige Investoren das Wertpapier verkaufen.

◘ Tabelle 1.6 zeigt gerundete Übergangswahrscheinlichkeiten zwischen den einzelnen Ratingstufen. Die Daten, welche im Jahr 2011 erhoben wurden, beruhen auf Angaben der Ratingagentur Moody's und berücksichtigen alle Unternehmen, welche Moody's zwischen 1970 und 2011 bewertet hat. Die erste Spalte zeigt das derzeitige Rating, die erste Zeile das mögliche Rating in einem Jahr. Die letzte Spalte weist auf einen möglichen Default (Ausfall) hin.

Beispielsweise beträgt die Wahrscheinlichkeit 90,42 %, dass eine Anleihe, die ein aktuelles Rating von Aaa hat, in einem Jahr immer noch in derselben Klasse ist. Die Wahrscheinlichkeit, dass diese Aaa-Anleihe ein Jahr später in die schlechtere Klasse Baa abfällt, beträgt 0,01 %. Anleihen können sich natürlich in ihren Klassen oder Stufen verbessern. So besteht eine 1,02-prozentige Wahrscheinlichkeit, dass eine Aa-Anleihe ein Jahr später nach Aaa aufsteigt.

Die Veränderung der Bonität kann verschiedene Ursachen haben und muss nicht ein Eigenverschulden des Unternehmens darstellen. Politische Entwicklungen spielen hier beispielsweise eine wichtige Rolle. So kann es bei einem Regierungswechsel zu Veränderungen der Steuern und Abgaben kommen. Des Weiteren hängt die Veränderung der Bonität von konjunkturellen Entwicklungen wie beispielsweise Aufschwung oder Rezession ab. Außer diesen externen Einflussfaktoren können unternehmensspezifische Veränderungen oder Veränderungen im Industriesektor des Emittenten die Bonität beeinflussen.

Nicht alle Anleihen erhalten automatisch ein Rating. Dies kann verschiedene Gründe haben. Zum einen kann das mit dem kurzen Zeitraum zusammenhängen, die die Anleihen auf dem Markt sind. Häufiger werden allerdings die hohen Kosten einer Bewertung als Grund genannt. Vor allem kleinere Unternehmen sehen von einem Rating deshalb ab. Das Fehlen eines Ratings ist tendenziell als nachteilig für eine Anleihe anzusehen. Die Teilnehmer am Kapitalmarkt vermuten, dass eine Anleihe ohne Rating eher eine schlechte Anleihe ist. Ansonsten hätte das Unternehmen ein Rating erstellen lassen können. Anleihen ohne Rating haben deswegen im Durchschnitt höhere Renditen.

Nicht nur für den privaten Käufer einer Anleihe bilden Ratings eine wertvolle Hilfe. Für viele Versicherungen und Fonds dient das Rating als eines der wichtigsten Kriterien für eine Investition. So gilt für zahlreiche Versicherungen die Pflicht, nur in Anleihen mit der Ratingklasse A zu investieren. Für Unternehmen mit schlechteren Bewertungen bedeutet diese Tatsache, dass sie stärker von Privatinvestoren abhängig sind, da die institutionellen Investoren von einem Kauf von Anleihen solcher Unternehmen absehen.

1.5 Anleihemärkte

1.5.1 Eigenschaften von Anleihemärkten

Auf dem Anleihemarkt, auch als Rentenmarkt oder Bondmarkt bezeichnet, werden verzinsliche Wertpapiere gehandelt. Der Anleihemarkt ist neben dem Aktienmarkt und dem Markt für Investmentanteile ein Segment des Kapitalmarktes. Im Vergleich zum Aktienmarkt weist der Anleihemarkt weniger Schwankungen auf. Das Handelsvolumen ist wesentlich höher.

Der globale Anleihemarkt repräsentiert eine wichtige Investitionsmöglichkeit. Staaten, Industrieunternehmen und Banken nutzen den Rentenmarkt zur Kapitalbeschaffung. Neben Schuldverschreibungen von Unternehmen oder Banken sind auch Bundeswertpapiere auf dem Anleihemarkt vertreten. Der Anleihemarkt bietet eine unüberschaubare Anzahl von Emittenten, welche zum Teil mehrere Wertpapiere mit unterschiedlichen Konditionen und Ausstattungen emittieren. Die dominierenden internationalen Anleihemärkte befinden sich in Deutschland, den Vereinigten Staaten, Großbritannien und Japan. Dabei ist das US-amerikanische Kapitalmarktsegment das mit dem größten Handelsvolumen.

Die Kurse am Anleihemarkt bestimmen die Rendite der Anleihen. Steigende Kurse für Anleihen führen zu sinkenden Renditen, sinkende Kurse für Wertpapiere führen dagegen zu steigenden Zinsrenditen. Die Rendite am Rentenmarkt spielt daher eine große Rolle. Die Renditen, welche die Anleihen bieten, hängen, wie bereits erwähnt, außerdem von der Bonität des Emittenten ab. Bei Unternehmen aus Schwellenländern sind Rendite im zweistelligen Prozentbereich nicht unüblich, da der Käufer solcher Anleihen einem größeren Ausfallrisiko ausgesetzt ist.

1.5.1.1 Organisation der Anleihenmärkte

Der Anleihemarkt kann in zwei Bereiche unterteilt werden: den **Primärmarkt** und den **Sekundärmarkt**. Am Primärmarkt erhält der Emittent von den Gläubigern befristeten Kredit im Austausch gegen die Anleihe. Hier findet der Verkauf der entsprechenden Anleihe zum ersten Mal statt. Diese emittierten Anleihen können am Sekundärmarkt vom Gläubiger weiterverkauft werden.

Der Anleihemarkt ist in seiner Organisation stark segmentiert. Der Grund dafür sind die unterschiedlichen staatlichen Regelungen für die internationalen und regionalen Märkte. Da der Handel mit Anleihen nicht börsenpflichtig ist, werden viele Anleihen, vor allem aber sehr liquide, außerbörslich gehandelt. Dabei spricht man vom außerbörslichen Handel (Over-The-Counter-Handel). So findet beispielsweise ein großer Teil des Handels direkt zwischen den Banken statt. Der außerbörsliche Markt ist ein Freiverkehrsmarkt für Aktien und Anleihen. Der Handel findet meist über Bildschirm- und Telefonsysteme statt. Obwohl der Markt außerbörslich ist, unterliegt er dennoch den Gesetzen für den Handel von Wertpapieren. Elektronische Handelsplattformen sind zum Beispiel Eurex Bonds und Iboxx.

1.5.1.2 Währungen

Insgesamt wird der Anleihemarkt von vier Währungen dominiert. Dazu zählen der US-Dollar, der Euro, das britische Pfund sowie der japanische Yen. Die günstigen Zinsbedingungen, das Volumen sowie die Produktvielfalt wird aber auch von Emittenten anderer Währungsgebiete gern genutzt. Im Gegensatz zu den vier führenden Währungen spielen jedoch Anleihen in anderen Währungen eine kleinere Rolle. Anleiheemissionen in den eher unbedeutenden Währungen werden vorwiegend auf den nationalen Märkten gehandelt.

1.5.1.3 Emittenten

Unter den Emittenten am globalen Anleihemarkt wird den Banken eine herausragende Rolle zugewiesen. Im Bereich der Industrieanleihen sind die Emittenten von Telekommunikationskonzernen zahlreich vertreten. Seit Ende der neunziger Jahre wird der Anleihemarkt von dieser Branche stark für enorme Emissionen genutzt. Diese Tatsache führte unter anderem zu der bedeutenden Stellung des europäischen Rentenmarktes in Bezug auf Unternehmensanleihen. Internationale Organisationen wie die Weltbank spielen wegen ihrer sehr hohen Bonität sowie des internationalen Tätigkeitsfeldes eine bedeutende Rolle. Sie bieten meist liquide Anleihen in vielen verschiedenen Währungen an.

1.5.1.4 Nationale, internationale und Euro-Finanzmärkte

Bei den Anleihemärkten kann zwischen nationalen, internationalen und Euro-Finanzmärkten unterschieden werden (vgl. ◘ Tab. 1.7). Emissionen, die von inländischen Emittenten, besonders durch den Staat, in der Inlandswährung ausgegeben werden, werden auf dem nationalen Markt notiert (Inlandsanleihen). Wenn ausländische Emittenten auf dem nationalen Anleihemarkt Anleihen in dessen Währung begeben, so spricht man von Auslandsanleihen. Euro-Finanzmärkte zeichnen sich dadurch aus, dass der Sitz des Emittenten und die Platzierung der Anleihe nicht übereinstimmen sowie die Emissionswährung nicht der Landeswährung entspricht. Das wäre ein Beispiel für eine Euro-Anleihe.

◘ **Tab. 1.7** Nationale, internationale und Euro-Finanzmärkte (Quelle: Eigene Darstellung)

	Emittent	Währung
Inlandsanleihen	inländisch	inländisch
Auslandsanleihen	ausländisch	inländisch
Euro-Anleihen	ausländisch	ausländisch

1.5.1.5 Marktentwicklung

Eine starke Entwicklung machte der Anleihemarkt in den 1980er sowie 1990er Jahren durch. In dieser Zeit stieg das Handelsvolumen durch das Wachstum des Segments für Unternehmensanleihen rasant an. Ein weiterer wichtiger Schritt in der Entwicklung des Anleihemarktes war die Einführung einer gemeinsamen Währung, des Euro, Anfang 1999. Durch diese Entwicklung entstand ein europäischer Rentenmarkt. Dieser gewährte durch ein einheitliches Zinsniveau sowie das Fehlen eines Währungsrisikos mehr Transparenz für die Akteure des Anleihemarktes. Somit war für die Anleger eine bessere Möglichkeit zum Vergleich zwischen den zahlreichen emittierten Papieren gegeben. Die starke Nachfrage nach dem Euro lies die gemeinsame Währung zur zweitwichtigsten Währung nach dem US-Dollar am internationalen Anleihemarkt werden.

> **Auf den Punkt gebracht:** Auf dem Anleihemarkt findet der Handel mit verzinslichen Wertpapieren statt. Er wird auch als Renten- oder Bondmarkt bezeichnet und kann in nationale, internationale und Euro-Finanzmärkte eingeteilt werden.

1.5.2 Der deutsche Rentenmarkt

Gemessen an Volumen der umlaufenden Anleihen ist der deutsche Rentenmarkt der drittgrößte Rentenmarkt der Welt. Vor Deutschland besetzt der US-Markt den ersten sowie Japan den zweiten Platz. In erster Linie bezieht sich der deutsche Rentenmarkt auf den Handel mit öffentlichen Anleihen und Bankschuldverschreibungen mit mehrjähriger Laufzeit. Die Kursentwicklungen der Rentenmärkte werden mit Rentenindizes gemessen. Der Deutsche Rentenindex (REX) bildet dabei den führenden Rentenindex für Deutschland.

1.5.2.1 Deutscher Rentenindex (REX)

Die Kursentwicklung aller deutschen Anleihen ist nur schwer zu erkennen. Nicht nur, dass das Angebot kaum überschaubar ist, auch ist die Kursveränderung je nach Laufzeit und Emittent sehr unterschiedlich und teilweise konträr. Damit die Anleger jedoch einen ausreichenden Überblick über die Kursentwicklung der Anleihen am deutschen Rentenmarkt behalten, wurde am 11. Juni 1991 der **Deutsche Rentenindex** gegründet. Das Hauptziel des Rentenindex besteht darin, die Entwicklung des Marktes in einer Zahl (Indexzahl) zusammenzufassen.

Merke!

Der **Deutsche Rentenindex** (REX) ist ein Kurs-Index der Deutschen Börse AG, welcher die Kursentwicklung von deutschen Staatsanleihen misst.

Die Basis der Berechnung des REX bilden dreißig Anleihen mit Laufzeiten von ein bis zehn Jahren und mit drei Kupontypen von jeweils 6 %, 7,5 % und 9 %. Dabei orientiert sich der Kurs an einem fiktiven Bundeswertpapier mit einem Kupon von 7,44 % und einer Laufzeit von 5,49 Jahren. Jede der dreißig Anleihen wird mit einem vorgegebenen Marktanteil gewichtet. Der REX wird in fünf Schritten berechnet. Als Erstes werden aus den Einheitskursen an der Frankfurter Wertpapierbörse die aktuellen Renditen errechnet. Aus diesen Renditen wird in Abhängigkeit von Restlaufzeit und Kupon eine Renditestruktur erstellt. Dieses Ergebnis liefert die Basis für die Bestimmung der fiktiven Renditen der dreißig Anleihen. Hieraus werden die entsprechenden Kurse berechnet. Jeder der dreißig Kurse wird mit seinem Gewicht multipliziert. Die Summe der dreißig gewichteten Kurse ist der REX.

Der Deutsche Rentenindex wird täglich von der Deutschen Börse ermittelt und hat neben einer Orientierungsfunktion auch eine Prognose- und Vergleichsfunktion. Ein steigender Kurs des Deutschen Rentenindex bedeutet fallende Renditen, wohingegen ein fallender Index steigende Renditen am deutschen Anleihemarkt signalisiert.

1.6 Lern-Kontrolle

Kurz und bündig

Anleihen sind verzinsliche Wertpapiere und gehören zu den klassischen Mitteln bei der Beschaffung von Fremdkapital. Die Aufnahme des Fremdkapitals erfolgt durch den Emittenten, welcher sich für die Bereitstellung des Kapitals zu Zinszahlungen und zur Rückzahlung des Nennwerts am Laufzeitende an die Anleger verpflichtet. Es existiert eine Reihe von unterschiedlichen Anleiharten. Die Anleihen unterscheiden sich hauptsächlich durch die Zinszahlungskonditionen sowie die Tilgungstermine.

Die Bewertung von Anleihen erfolgt durch das Barwertprinzip. Hierbei wird der tatsächliche, heute gültige Barwert einer Anleihe bestimmt. Der Wert der Anleihe ist der Barwert aller zukünftigen Zahlungen an den Gläubiger und zeigt den „fairen" Preis einer Anleihe an. Der Gläubiger geht beim Erwerb von Anleihen ein Kreditrisiko ein, weshalb die Kreditwürdigkeit des Emittenten eine entscheidende Rolle spielt. Als Orientierungshilfe dienen hierbei die Ratings von spezialisierten Agenturen wie Moody's und Standard & Poor's, welche die Bonität des Emittenten beurteilen und einstufen. Nicht nur für den privaten Käufer, auch für viele Versicherungen und Investmentfonds, dient das Rating als eines der wichtigsten Kriterien für eine Investition.

Anleihen werden an der Börse gehandelt. Der Anleihemarkt wird auch als Renten- oder Bondmarkt bezeichnet. Bei den Anleihemärkten kann zwischen nationalen, internationalen und Euro-Finanzmärkten unterschieden werden. Gemessen am Volumen der umlaufenden Anleihen ist der deutsche Rentenmarkt der drittgrößte Rentenmarkt der Welt. Der deutsche Rentenindex (REX) fasst die Kursentwicklung des Rentenmarktes in einer Zahl (Indexzahl) zusammen.

❷ Let's check

1. Geben Sie an, ob die folgende Aussage richtig oder falsch ist.

   Festverzinsliche Anleihen sind Anleihen mit einem variablen Zinssatz, der für die gesamte Laufzeit festgesetzt wird.

   ☐ Richtig

   ☐ Falsch

2. Setzen Sie aus den fünf vorgegeben Begriffen den jeweils richtigen in die Lücken ein:

   Wandelanleihen, Euro-Anleihen, Junk Bonds, ewige Anleihen, festverzinsliche Anleihen

   a. _____ werden außerhalb des Landes des Emittenten in einer international dominierenden Währung verkauft, wobei die Emissionswährung nicht der Landeswährung entspricht.

   b. _____ sehen ab Laufzeitbeginn keine Tilgung und damit kein festgelegtes Rückzahlungsdatum vor.

   c. _____ zeichnen sich durch einen fixen Zinssatz aus, welcher für die gesamte Laufzeit festgesetzt wird und sich auf den in der Anleihe angegebenen Nominalbetrag bezieht.

   d. _____ sind eine spezielle Form der Anleihe, bei der das Recht besteht, die Anleihe nach einer bestimmten Frist in Aktien des emittierenden Unternehmens umzutauschen.

   e. _____ werden von Emittenten ausgestellt, welche eine schlechte Bonität besitzen und folglich eine deutlich über dem Marktzinsniveau liegende Verzinsung der Anleihe als Risikoausgleich aufweisen.

3. Was stellt den Referenzzinssatz für den Euro-Geldmarkt dar?

   ☐ LIBOR

   ☐ EURIBOR

   ☐ Euro-LIBOR

   ☐ PIBOR

4. Berechnen Sie im folgenden Beispiel die jährlichen Zinszahlungen einer Teilschuldverschreibung mit einem Nennwert von 1.000 € und einem Anleihekurs 103 % und kreuzen Sie die richtige Antwort an.

   Die Bayerlich AG emittierte zur teilweisen Finanzierung einer Unternehmensakquisition eine Anleihe mit einem Nominalvolumen von 1.000 Mio. €, einer Laufzeit von sieben Jahren und einem Kupon von 4,5 %.

   ☐   45 €

   ☐   450 €

   ☐   4,5 €

   ☐   0,45 €

5. Welche der folgenden Formeln eignet sich zur Barwertberechnung einer festverzinslichen Anleihe?

☐ $PV = CF / r$

☐ $PV = CF [1 - 1 / (1 + r)^n] / r + NW / (1 + r)^n$

☐ $PV = NW / (1 + r)^n$

☐ $PV = NW + CF / (1 + r)^n$

6. Die Deutsche Post möchte eine Nullkupon-Anleihe mit einer Laufzeit von 20 Jahren ausgeben, die zum Ende der Laufzeit einschließlich der angesammelten Zinseszinsen zu 1.000 € zurückgezahlt wird. Der aktuelle Marktzinssatz beträgt 8 %.

a. Wie hoch ist der Ausgabepreis der Nullkupon-Anleihe?

☐ 214,55 €

☐ 248,57 €

☐ 358,98 €

☐ 369,58 €

b. Nach 10 Jahren betrage der Marktzinssatz nur noch 6 %. Wie hoch ist der Marktwert der Nullkupon-Anleihe nach 10 Jahren?

☐ 258,39 €

☐ 458,39 €

☐ 558,39 €

☐ 658,39 €

7. Geben Sie an, welche der Antworten richtig ist.

☐ Steigt der Kurs, sinkt die Rendite.

☐ Steigt der Kurs, steigt die Rendite.

☐ Sinkt der Kurs, sinkt die Rendite.

☐ Sinkt der Kurs, steigt die Rendite.

8. Wählen Sie die richtige Antwort.

Ein Rating ist eine …

☐ … Bewertung der Zahlungsfähigkeit eines Anlegers.

☐ … Bewertung der Bonität eines Schuldners.

☐ … Bewertung, die im Zeitverlauf immer gleich bleibt.

☐ … Bewertung der Produktqualität eines Unternehmens.

9. Wählen Sie die richtige Antwort.

☐ Sinkt das Rating, steigt die Rendite einer Anleihe.

☐ Sinkt das Rating, sinkt die Rendite einer Anleihe.

☐ Ein Rating hat keine Auswirkung auf die Rendite einer Anleihe.

☐ Ein fehlendes Rating senkt die Rendite einer Anleihe.

10. Welche Ursachen kann eine Verschlechterung eines Ratings haben? (Mehrfachnennung möglich)

☐ Politische Entwicklungen

☐ Zahlungsunfähigkeit des Schuldners

☐ Konjunkturelle Entwicklungen

☐ Naturkatastrophen

11. Vervollständigen Sie den Satz.

   Die dominierenden Währungen auf dem Anleihemarkt sind ...

   ☐ ... Euro, Schweizer Franken, kanadischer Dollar, chinesischer Renminbi.

   ☐ ... US-Dollar, Euro, japanischer Yen, britisches Pfund.

   ☐ ... US-Dollar, Euro, dänische Krone, britisches Pfund.

   ☐ ... US-Dollar, Euro, dänische Krone, russischer Rubel.

12. Geben Sie an, ob die folgende Aussage richtig oder falsch ist.

   Der Deutsche Rentenindex bildet die Kursentwicklung der fünfzig umsatzstärksten Anleihen am deutschen Rentenmarkt ab.

   ☐ Richtig

   ☐ Falsch

13. Tragen Sie die jeweils richtigen Begriffe in die Lücken ein.

   Inlandsanleihen, Euro-Anleihen, Auslandsanleihen

   a. Bei _____ wird die Anleihe nicht im Land des Emittenten und in einer im Vergleich zum Emissionsland anderen Währung begeben.

   b. Bei _____ emittiert ein inländischer Schuldner eine Anleihe in einheimischer Währung an einem Anleihemarkt seines Landes.

   c. Bei _____ hat der Emittent keinen Sitz im Inland und emittiert die Anleihe in inländischer Währung.

❓ Vernetzende Aufgaben

1. Stellen Sie die Unterschiede zwischen einer Inlandsanleihe, einer Auslandsanleihe und einer Euro-Anleihe genau dar. Machen Sie für jeden Anleihetyp ein Beispiel.

2. Ein Börsenmakler soll den Kurs einer Nullkupon-Anleihe (Nennwert 100 €) mit einer restlichen Laufzeit von sieben Jahren bei einem derzeitigen Marktzinssatz von 6,2 % berechnen.

   a. Zu welchem Kurs kann er die Anleihe an der Börse anbieten?

   b. Die Nullkupon-Anleihe hat einen derzeitigen Kurs von 95 €. Die Laufzeit beträgt sieben Jahre. Wie hoch ist der Effektivzins?

3. Ein Investor hat bei einem Marktzins von 5 % folgende Anlagealternativen:

   – Festverzinsliche Anleihe: Nennwert 1.000 €, Laufzeit 5 Jahre, Kupon 5 %

   – Nullkupon-Anleihe: Nennwert 1.000 €, Laufzeit 5 Jahre, kein Kupon

   – Ewige Anleihe: Jährliche Zinszahlung 30 €

   a. Stellen Sie die Barwerte der Investmentalternativen dar.

   b. Nach einem Jahr beträgt der Marktzins 7 %. Berechnen Sie die Kurse, zu denen die Wertpapiere notiert werden.

4. Erklären Sie, was ein Rating aussagt. Erläutern Sie, welche Einflussfaktoren die Bonität eines Unternehmens und damit sein Rating bestimmt.

5. Besuchen Sie die Homepage der Deutschen Börse (► http://www.boerse-frank-furt.de/DE/index.aspx?pageID=82&ISIN=DE0008469107). Gehen Sie dort zu Börse Frankfurt – Anleihen – Indizes – REX Kursindex.

   Schauen Sie sich die Kursentwicklung des REX für drei Monate, ein Jahr und zehn Jahre an. Wie stark schwankt der Index abhängig von der betrachteten Periode? Wie erklären Sie sich diese Entwicklungen?

🛈 Lesen und Vertiefen

– Diwald, H. (2012). *Anleihen verstehen: Grundlagen verzinslicher Wertpapiere und weiterführende Produkte.* München: Verlag C. H. Beck.

  Dieses Buch vermittelt die Grundlagen von Anleihen und erklärt anhand zahlreicher Beispiele die verschiedenen Typen von verzinslichen Wertpapieren.

– Jahrmann, F.-U. (2009). *Finanzierung: Darstellung, Kontrollfragen, Aufgaben und Lösungen.* Herne/Berlin: Verlag Neue Wirtschafts-Briefe, Abschn. 4.3 und 4.4.

  Das Kapitel „Finanzierung durch Schuldverschreibung" liefert ausführliche Informationen über die Emission von Anleihen und beschreibt die unterschiedlichen Schuldverschreibungen im Detail.

– Prätsch, J., Schikorra, U., Ludwig, E., (2012). *Finanzmanagement: Lehr- und Praxisbuch für Investition, Finanzierung und Finanzcontrolling.* Berlin: Springer, Abschn. 3.2.2.

  Dieses anwendungsorientierte Lehr- und Praxisbuch stellt im Kapitel „Anleihen" die wichtigsten Begriffe im Zusammenhang mit verzinslichen Wertpapieren vor und veranschaulicht in einem Beispiel die Emission von Anleihen.

Eigenkapitalinstrumente und Aktienmärkte

Thomas Schuster, Margarita Uskova

T. Schuster, M. Uskova, *Finanzierung: Anleihen, Aktien, Optionen,*
Studienwissen kompakt, DOI 10.1007/978-3-662-46239-3_2,
© Springer-Verlag Berlin Heidelberg 2015

Lern-Agenda

Leser erlernen in diesem Kapitel die Grundlagen von Aktien als Eigenkapitalinstrumente. Nach erfolgreicher Bearbeitung dieses Kapitels können sie verschiedene Aktientypen unterscheiden und diesen ihre spezifischen Merkmale zuordnen. Des Weiteren sind sie in der Lage, Aktien selbstständig zu bewerten und vorhandene Bewertungen zu analysieren. Sie verstehen die zentrale Bedeutung von Aktienmärkten und die Funktion, welche die Börse ausübt.

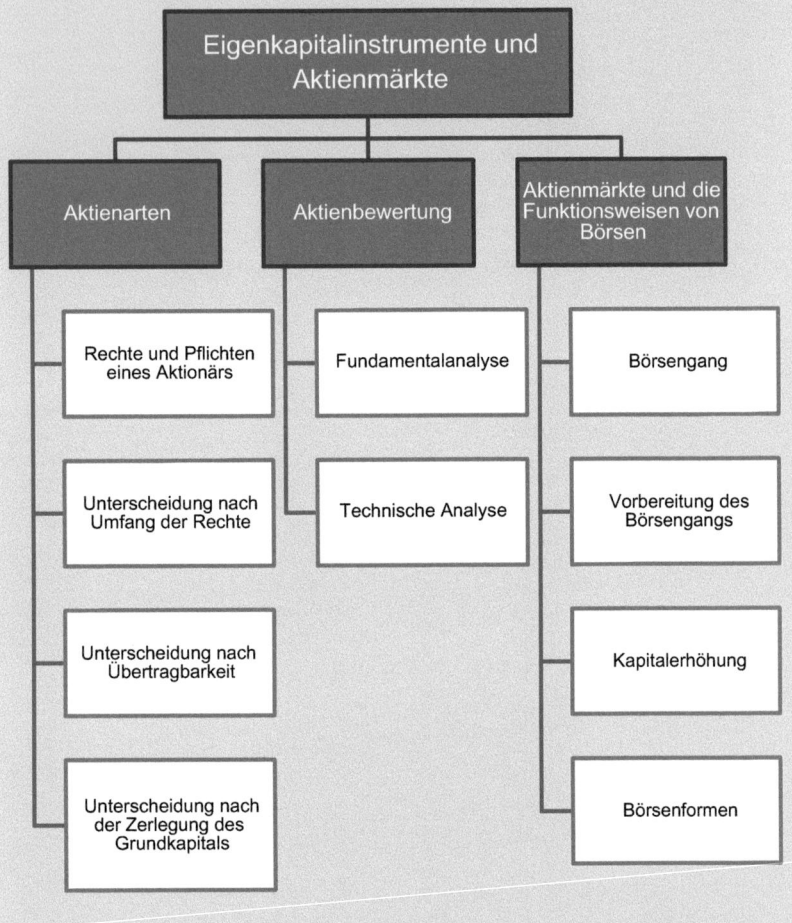

◻ Tab. 2.1 Kursliste DAX 30 (Quelle: www.finanzen.net, Stand: 24.05.2015)

Name ISIN	Letzter Vortag	Tief Hoch	+/- %	Zeit Datum	+/- 3 Mon. % 3 Mon.	+/- 6 Mon. % 6 Mon.	+/- 1 Jahr % 1 Jahr
adidas DE000A1EWWW0	75,34 75,84	74,50 75,88	-0,50 -0,66	18:01:00 22.05.2015	7,51 10,91	10,73 16,36	-1,56 -2,00
Allianz DE0008404005	152,47 152,40	151,90 152,93	0,07 0,05	19:31:00 22.05.2015	5,05 3,44	18,20 13,64	30,55 25,23
BASF DE000BASF111	87,83 87,75	87,70 88,30	0,08 0,10	18:22:00 22.05.2015	4,46 5,34	16,85 23,70	5,52 6,70
Bayer DE000BAY0017	137,50 137,73	136,75 137,98	-0,23 -0,17	19:43:00 22.05.2015	12,75 10,24	23,15 20,29	34,60 33,71
Beiersdorf DE0005 200000	82,98 83,29	82,98 83,84	-0,31 -0,37	12:01:00 22.05.2015	8,49 11,41	13,39 19,26	9,20 12,48
BMW DE0005190003	104,80 105,28	103,99 105,50	-0,48 -0,45	19:04:00 22.05.2015	-4,65 -4,19	21,55 25,38	18,45 20,97
Commerzbank DE000CBK1001	12,48 12,55	12,44 12,61	-0,06 -0,51	19:14:00 22.05.2015	0,69 5,77	0,98 8,40	1,54 13,86
Continental DE0005439004	218,30 219,05	217,05 219,05	-0,75 -0,34	19:10:00 22.05.2015	4,70 2,18	61,65 38,96	55,80 34,00
Daimler DE0007100000	89,60 89,99	89,20 90,21	-0,39 -0,43	19:51:00 22.05.205	4,93 5,82	26,80 42,60	23,25 34,98
Deutsche Bank DE0005140008	28,80 29,47	28,75 29,08	-0,67 -2,27	19:51:00 22.05.2015	0,48 1,66	5,50 22,75	0,81 2,80
Deutsche Boerse DE0005810055	74,41 74,05	74,32 74,59	0,36 0,49	16:24:00 22.05.2015	3,13 4,41	18,71 33,82	20,27 37,70
Deutsche Post DE0005552004	28,99 29,07	28,83 29,29	-0,08 -0,27	19:02:00 22.05.2015	-0,85 -2,85	4,23 17,20	2,03 7,59
Deutsche Telekom DE0005557508	16,35 17,00	16,19 16,62	-0,65 -3,81	2000:00 22.05.2015	1,05 6,57	3,96 30,46	4,55 36,61
E.ON DE000ENAG999	14,05 14,11	14,02 14,22	-0,06 -0,45	18:25:00 22.05.2015	1,22 9,37	1,51 11,89	1,14 8,72
Fresenius DE0005785604	57,59 57,46	57,00 57,69	0,13 0,23	19:16:00 22.05.2015	9,82 20,60	15,55 37,05	21,18 58,33
Fresenius Medical Care DE0005785802	78,62 78,53	78,27 78,80	0,09 0,11	18:45:00 22.05.2015	13,87 21,61	19,51 33,32	30,91 65,56
HeidelbergCement DE0006047004	75,50 77,11	75,50 76,87	-1,61 -2,09	18:00:00 22.05.2015	5,73 8,11	18,76 32,58	15,48 25,43
Henkel vz DE0006048432	107,44 108,31	107,31 108,38	-0,87 -0,80	17:52:00 22.05.2015	8,60 8,60	23,80 28,05	24,08 28,47

DAX-Kurse in Euro

Täglich hören wir von Aktien, Aktienkursen, der Wall Street oder den Punkteverlusten des DAX. Aktien und Aktienmärkte spielen eine große Rolle in der Welt von Unternehmen. Dieses Kapitel erklärt Schritt für Schritt, was Aktien sind, wie man Aktienkurse liest und wie Unternehmen den Aktienmarkt zur Eigenkapitalbeschaffung nutzen können. ◻ Tabelle 2.1 zeigt beispielhaft die DAX 30-Unternehmen mit ihren jeweiligen Aktienkursen.

2.1 Aktienarten

Die Ausgabe von Aktien stellt eine Form der Eigenkapitalfinanzierung dar. Eine Art der Fremdkapitalfinanzierung wäre die Ausgabe von Anleihen, welche bereits im ersten Kapitel erläutert wurde. Um eine Investition zu tätigen, kann ein Unternehmen sowohl die Eigenkapitalfinanzierung als auch die Fremdkapitalfinanzierung zur Beschaffung von finanziellen Mitteln nutzen. Eine Aktie unterscheidet sich jedoch beträchtlich von einer Anleihe.

Eine **Aktie** ist ein Teilhaberpapier, welches ihrem Inhaber ein wirtschaftliches Miteigentum – Anteilsrechte – am Gesamtvermögen einer Aktiengesellschaft verschafft. Durch diese Verbriefung wird ein Aktienkäufer durch das Einbringen einer gewissen Menge an Kapital direkt am unternehmerischen Erfolg sowie am Risiko beteiligt. Die Gewinnbeteiligung erfolgt in Form von Dividenden. Die Höhe der Dividende hängt vom Erfolg des Unternehmens ab. In Europa ist es üblich, die Dividende nur einmal jährlich auszuschütten. In den USA sind auch quartalsweise Dividendenzahlungen üblich.

> **Merke!**
>
> Eine **Aktie** verschafft ihrem Inhaber Anteilsrechte am Gesamtvermögen einer Aktiengesellschaft.

Der Inhaber der Aktie wird auch als **Aktionär** bezeichnet. Im Gegensatz zum Gläubiger einer Anleihe wird ein Aktionär zum Miteigentümer des Unternehmens. Während der Gläubiger von Anleihen regelmäßige Zinszahlungen erhält, bekommt ein Aktionär einen Teil des wirtschaftlichen Gewinns der Firma. Gläubiger von Anleihen werden jedoch bei finanziellen Schwierigkeiten bevorzugt behandelt. So haben im Fall der Insolvenz die Gläubiger das Vorrecht auf das Restvermögen, bevor die Aktionäre etwas erhalten. Deshalb bedeutet eine Aktie für den Inhaber zwar ein höheres Risiko, bietet aber möglicherweise auch eine höhere Rendite als eine Anleihe. Der Aktionär haftet aber nur in Höhe des von ihm eingesetzten Kapitals.

Ein weiterer Unterscheidungspunkt ist das Mitspracherecht. Gläubiger haben grundsätzlich keinen rechtlichen Einfluss auf die Geschäftsführung. Aktionäre sind hingegen die Miteigentümer des Unternehmens und haben durch ihre Stimme auf der Hauptversammlung ein vielfältiges Mitspracherecht.

Im Fall von Nennwertaktien stellt der Nennwert aller Aktien zusammen das Grundkapital einer Aktiengesellschaft dar. Dieses Grundkapital besteht meistens aus Millionen von Aktien. Normalerweise ist jedoch der aktuelle Börsenwert der Aktien höher als der Nennwert. Multipliziert man den Aktienkurs aller umlaufenden Aktien mit ihrem Wert, so ergibt sich die Marktkapitalisierung des Unternehmens.

Beispiel

Die adidas AG hatte insgesamt 209.216.186 Aktien ausgegeben, die zu 49,10 € gehandelt werden. Die Marktkapitalisierung der adidas AG errechnet sich somit wie folgt:

$$209.216.186 \cdot 49,02 = 10.255,777 \text{ Mio. } € = 10,3 \text{ Mrd. } €.$$

Aktien werden von einer Aktiengesellschaft (AG) oder einer Kommanditgesellschaft auf Aktien (KGaA) ausgegeben. Eine KGaA ist eine Zusammensetzung aus einer Aktiengesellschaft und Kommanditgesellschaft. Statt des Vorstandes wie bei einer AG verfügt eine KGaA über persönlich haftende Gesellschafter (Komplementäre). Die Grundidee solcher Unternehmen besteht darin, die Entwicklung eines Unternehmens durch Investitionen voranzutreiben, welche von zahlreichen Kapitalanlegern bereitgestellt wird. Die Finanzmittel werden dem Eigenkapital der AG/KGaA zugeordnet und ermöglichen durch die neue Investitionskraft eine starkes Wachstum und Wettbewerbsfähigkeit der Unternehmen.

▶ **Auf den Punkt gebracht: Der Aktionär ist der Miteigentümer des Aktien emittierenden Unternehmens. Er wird am wirtschaftlichen Gewinn des Unternehmens, aber auch an Risiken, beteiligt.**

Hintergrund: Aktiengesellschaft

Eine **Aktiengesellschaft** besteht aus drei Gremien: der Hauptversammlung, dem Aufsichtsrat und dem Vorstand.

Auf der Hauptversammlung kommen alle Aktionäre zusammen. Normalerweise findet sie einmal pro Jahr statt. In der Hauptversammlung erhalten die Aktionäre vom Vorstand Information über den Verlauf des Geschäfts. Die Aktionäre haben das Recht, Fragen zu stellen sowie Voten abzugeben. Sie legen auf dieser Versammlung die Dividende fest und haben das Recht, die Mitglieder des Aufsichtsrats zu wählen.

Der von den Aktionären gewählte Aufsichtsrat hat eine Überwachungsfunktion. Der Rat vertritt nicht nur die Aktionäre, sondern auch die Belegschaft der Firma. Teil des Aufsichtsrats können Vertreter der Großaktionäre, Vertreter der Arbeitnehmer sowie Personen aus Wirtschaft, Politik oder Gesellschaft sein. Der Aufsichtsrat ist dafür verantwortlich, die Vorstandsmitglieder einzuberufen und diese gegebenenfalls wieder abzusetzen.

Der Vorstand ist für die Leitung der Geschäfte des Unternehmens verantwortlich. Der Vorstandsvorsitzende wird im Englischen als CEO (Chief Executive Officer) bezeichnet. Beim Vorstand liegt die Hauptverantwortung für den wirtschaftlichen Erfolg des Unternehmens. Wichtige Entscheidungen werden in Absprache mit dem Aufsichtsrat getroffen.

2.1.1 Rechte und Pflichten eines Aktionärs

Unter anderem gehören die folgenden Verwaltungs- und Vermögensrechte zu denen eines Aktionärs:

2.1.1.1 Verwaltungsrechte

2.1.1.1.1 Recht auf Teilnahme in der Hauptversammlung

Die Aktionäre von Stammaktien können mithilfe des Verwaltungsrechts ihre eigenen Interessen am Unternehmen verfolgen. Das geschieht auf der meist einmal jährlich stattfindenden Hauptversammlung. Die Hauptversammlung trifft Entscheidungen, welche im Aktiengesetz und in der Satzung der Gesellschaft festgeschrieben sind. Diskussionspunkte können beispielsweise der Gewinnverwendungsvorschlag, Erhöhung des Kapitals oder Änderungen der Satzung sein.

Die depotführende Bank, der Verwalter der Aktien des Unternehmens, informiert den Aktionär über die Einberufung der Hauptversammlung, Tagesordnungspunkte sowie über Anträge und Wahlvorschläge anderer Aktionäre. Die Teilnahme an der Hauptversammlung erfordert eine sogenannte Stimmkarte. Diese Eintrittskarte wird von der depotführenden Bank auf Wunsch zur Verfügung gestellt. Des Weiteren kann die depotführende Bank als Berater bei der Stimmrechtausübung fungieren oder aber in Vertretung des Aktionärs vom Stimmrecht Gebrauch machen.

Außerdem kann eine Minderheit von Aktionären, die mindestens 20 % des Grundkapitals des Unternehmens halten, eine Hauptversammlung einberufen.

2.1.1.1.2 Recht auf Information

Der Aktionär hat grundsätzlich ein Recht auf Informationen über den rechtlichen und geschäftlichen Bereich des Unternehmens. Der Vorstand der Aktiengesellschaft ist des Weiteren verpflichtet, dem Aktionär gewissenhafte und wahrheitsgetreue Rechenschaft über bestimmte Tagesordnungspunkte zu geben. Damit soll den Aktionären die Möglichkeit gegeben werden, sich ausreichend zu informieren, bevor sie den Vorstand und den Aufsichtsrat entlasten. Unter dem Begriff Entlastung versteht man die Billigung der Arbeit der beiden Gremien durch die Aktionäre.

2.1.1.1.3 Stimmrecht auf der Hauptversammlung

Jede Aktie verbrieft eine Stimme (Ausnahme: Mehrstimmrechtsaktien). Der Aktionär kann diese Stimme entweder selbst wahrnehmen oder aber die Stimmrechte an seine depotführende Bank bzw. an einen anderen Dritten übertragen. Das Stimmrecht gibt dem Aktionär die Möglichkeit, an den Entscheidungen der Hauptversammlungen teilzuhaben und somit den Kurs eines Unternehmens mitzubestimmen. Da viele Aktionäre jedoch nicht genug Aktien und somit Anteile an der Gesellschaft halten, hat ihre Stimme kaum Gewicht.

2.1.1.2 Vermögensrechte

2.1.1.2.1 Recht auf anteilige Dividende

Die Dividende ist ein Gewinnanteil und ist vom Bilanzgewinn des entsprechenden Geschäftsjahres der Aktiengesellschaft abhängig. Jeder Aktionär hat Anspruch auf diese Gewinnbeteiligung. Die Höhe der Dividende wird auf der Hauptversammlung festgelegt und in Euro pro Stück ausgedrückt. Der Anteil des einzelnen Aktionärs richtet sich nach seinem Anteil am Unternehmenskapital. In Deutschland werden 15 % des festgelegten Gewinns als Körperschaftsteuer dem Staat zugewiesen. Der restliche Gewinn kann ausgeschüttet werden.

Die Aktien eines Unternehmens können auch unterschiedlich hohe Dividenden auszahlen. Dieser Fall tritt unter Umständen ein, wenn eine Aktiengesellschaft neue Aktien ausgibt und diese mit niedrigerer Dividende ausstattet als die bereits im Umlauf befindlichen Aktien des Unternehmens. Es könnte beispielsweise in den Emissionsbedingungen festgelegt sein, dass die neuen Aktien für das laufende Geschäftsjahr nicht dividendenberechtigt sind.

2.1.1.2.2 Bezugsrecht

Jeder Aktionär hat das Recht, bei einer Kapitalerhöhung einen Teil der neu emittierten Aktien zu beziehen. Diese Aktien werden junge Aktien genannt und werden in Höhe der bereits vorhandenen Aktienanzahl des Aktionärs ausgegeben.

Bei der Ausgabe von jungen Aktien kommt es häufig dazu, dass sich ein Mittelkurs aus dem niedrigeren Bezugskurs der neuen und dem höheren Aktienkurs der alten Aktien bildet. Der Inhaber der alten Aktie muss durch die Neuemission einen Kursverlust hinnehmen. Das Bezugsrecht erlaubt es, die Verluste, die sich aus der Emission ergeben, zu kompensieren.

2.1.1.2.3 Recht auf Gratisaktien (Zusatz- oder Berichtigungsaktien)

Gratisaktien oder Berichtigungsaktien sind Aktien aus einer Kapitalerhöhung aus Gesellschaftsmitteln. Die Aktionäre des Emittenten erhalten Berichtigungsaktien im Verhältnis zu den bereits gehaltenen Aktien. Da durch die Kapitalerhöhung der Kurs der Aktien sinkt, bleibt durch die Ausgabe neuer Aktien der Depotwert des Aktionärs betragsmäßig unverändert.

2.1.1.2.4 Recht auf Liquidationserlös

Im Falle eines Konkurses der Aktiengesellschaft hat der Aktieninhaber das Recht auf einen Teil aus dem Liquidationserlös. Allerdings werden zuerst die Fremdkapitalgeber ausbezahlt, da sie das Vorrecht auf das Restvermögen haben. In den meisten Fällen bleibt dann für die Aktionäre nichts mehr übrig.

2.1.2 Unterscheidung nach Umfang der Rechte

Generell gilt, eine Aktie ist nicht gleich Aktie. Es bestehen hinsichtlich der Ausstattungsmerkmale einer Aktie gewisse Unterschiede, welche vor allem durch die Gewährung unterschiedlicher Rechte entstehen. Die gängigsten Formen von Aktien sind die Stamm- und Vorzugsaktien.

2.1.2.1 Stammaktien

Die Stammaktien gehören zu der Grundform von Aktien und sind die am häufigsten gehandelte Aktienform in Deutschland. Bei dieser Aktienform hat der Aktionär die üblichen gesetzlichen und satzungsgemäßen Rechte und Pflichten, welche das Aktiengesetz (AktG) sowie die Satzung der AG regelt. Jede Stammaktie hat jeweils ein Stimmrecht, welches der Aktionär auf der Hauptversammlung einsetzen kann.

2.1.2.2 Vorzugsaktien

Neben der Stammaktie kann eine Aktiengesellschaft eine sogenannte Vorzugsaktie emittieren. Die Vorzugsaktionäre können mehr Rechte und Pflichten als die Stammaktieninhaber haben, beispielsweise hinsichtlich der Ansprüche auf Dividende, Stimmrecht, Bezugsrecht oder Liquidationserlös. In Deutschland ist die Vorzugsaktie im Gegensatz zur Stammaktie allerdings meist nicht mit dem Stimmrecht ausgestattet. Man spricht daher auch von einer stimmrechtslosen Vorzugsaktie. Der „Vorzug" ist dann in Wahrheit ein „Nachteil". Damit verfolgt ein Emittent das Ziel, die Stimmrechtsverhältnisse in der Hauptversammlung durch die Emission der Vorzugsaktien unberührt zu lassen. Es gibt jedoch Ausnahmen, bei denen Vorzugsaktien mit Stimmrecht emittiert werden.

Das Fehlen des Stimmrechts bei einer Vorzugsaktie wird – wie oben erwähnt – in der Regel durch Vorzüge, beispielsweise den einen Anspruch auf eine sicherere, meist höhere Zahlung der Dividende ausgeglichen. Die Vorzugsaktie eignet sich daher besonders für die Aktionäre, die von ihrem Stimmrecht auf der Hauptversammlung keinen Gebrauch machen möchten. Des Weiteren kann bei einer langfristigen Anlage die Rendite aufgrund der höheren Dividende insgesamt höher ausfallen als bei einer Stammaktie.

Das Fehlen des Stimmrechts muss für einen Kleinaktionär nicht vom Nachteil sein. Oft sind die Anteile so gering, dass ein Votum keinen größeren Einfluss in der Hauptversammlung hat. Negativ auswirken könnte sich eine Vorzugsaktie jedoch bei Übernahmen oder Fusionen. In diesen Fällen haben die Stammaktien eine größere Bedeutung, um eine Kapitalmehrheit zu erreichen. Die Stammaktien bekommen dementsprechend höhere Abfindungen im Falle einer Übernahme oder es kommt bei Fusionen zu Kurssteigerungen.

Eine Vorzugsaktie kann in eine Stammaktie umgewandelt werden. Diese Umwandlung muss von der Hauptversammlung genehmigt und vom Aufsichtsrat und dem Vorstand beschlossen werden. Bei einem Beschluss ist eine weitere Zustimmung der

Vorzugsaktionäre notwendig. Erst dann darf ein Vorzugsaktieninhaber seine Aktie in eine Stammaktie umwandeln. Für die Umwandlung hat der Aktieninhaber eine Umwandlungsprämie zu entrichten.

> ❱❱ Auf den Punkt gebracht: Im Gegensatz zur Stammaktie mit jeweils einem Stimmrecht und den üblichen gesetzlichen und satzungsgemäßen Rechten und Pflichten bietet die Vorzugsaktie dem Inhaber zwar in der Regel keine Stimmrechte, jedoch besondere Vorzüge bezüglich der Ansprüche auf Dividende, Bezugsrecht oder Liquidationserlös.

2.1.2.3 Mehrstimmrechtsaktien

Mehrstimmrechtsaktien sind Aktien, welche im Gegensatz zur Stammaktie dem Aktionär ein mehrfaches Stimmrecht bei gleichem Nennwert gewähren. In Deutschland sind diese Aktien seit 1998 unzulässig (§ 12, Abs. 2 AktG). Ausnahme bilden die Mehrstimmrechtsaktien vom Bundeswirtschaftsministerium zur Wahrung gesamtwirtschaftlicher Interessen. In manchen Staaten werden Mehrstimmrechtsaktien ohne Einschränkungen emittiert.

2.1.3   Unterscheidung nach Übertragbarkeit

2.1.3.1 Inhaberaktie

Die gebräuchlichste Form ist die Inhaberaktie, welche nicht auf einen bestimmten Namen ausgestellt ist. Diese Aktie lauten auf den jeweiligen Inhaber und können ohne formelle Anträge übertragen werden. Das deutsche Aktiengesetz betrachtet die Inhaberaktie als Regelfall. Demzufolge werden in deutschen Aktiengesellschaften – anders als in ausländischen – vorwiegend Inhaberaktien emittiert. Bei vielen großen Unternehmen ist jedoch der Trend zu Namensaktien zu beobachten.

2.1.3.2 Namensaktie

Namensaktien werden auf den Namen einer natürlichen oder juristischen Person ausgestellt. Der Aktionär ist zur Angabe seines Namens, Geburtsdatums, Adresse und der Stückzahl der gehaltenen Aktien verpflichtet. Der Inhaber der Aktie und seine Daten werden in das Aktienregister des Unternehmens eingetragen. Das ermöglicht eine direkte Kontaktaufnahme mit dem Namensaktieninhaber und somit eine bessere Informationspolitik. Dem Emittenten bieten diese Aktien eine höhere Transparenz der Aktionärsstruktur. Namensaktien können übertragen werden.

In Deutschland besteht die Pflicht, bis zur vollen Einzahlung des Nennbetrags Interimsscheine auszugeben. Diese Zwischenscheine müssen auf den Namen des Einzahlenden lauten. Diese Pflicht ermöglicht es dem Unternehmen, den Aktionär auf seine Bonität für die restliche Einzahlung zu prüfen.

2.1.3.3 **Vinkulierte Namensaktie**

Die vinkulierte Namensaktie ist eine Sonderform der Namensaktie. Zur Übertragung der Aktie auf einen anderen Aktionär wird eine Zustimmung des Emittenten benötigt. Namensaktien werden vinkuliert, wenn bestimmte Aktionäre (z. B. Wettbewerber) vom Besitz der Aktien ausgeschlossen werden sollen.

Vinkulierte Namensaktien werden überwiegend in Sektoren emittiert, welche hoher Sicherheit bedürfen (z. B. Rüstungsindustrie). Es gibt sogar Gesetze, die die Emission solcher Aktien vorschreiben. Die Lufthansa AG emittiert beispielsweise seit 1997 vinkulierte Namensaktien, um in den EU-Richtlinien geforderten Nachweis zu erbringen, dass diese Aktien überwiegend in deutschen Händen liegen.

Bei Aktienkursen findet man oft die Bezeichnung von Namens- und Inhaberaktien als Kürzel hinter dem Firmennamen. BASF N. steht beispielsweise für die Namensaktie der BASF SE. I steht dann für Inhaberaktie, Vz. steht für Vorzugsaktie.

2.1.4   **Unterscheidung nach der Zerlegung des Grundkapitals**

2.1.4.1 **Nennwertaktien**

Diese Aktien lauten auf einen festen Nennwert. Die Nennbeträge müssen nicht alle denselben Betrag aufweisen und können zu unterschiedlichen Nennbeträgen emittiert werden. Die Summe der Nennwerte aller ausgegebenen Aktien ergibt das Grundkapital. Eine Emission unter pari ist bei dieser Aktie nicht erlaubt, d. h. die Nennwertaktien dürfen nicht unter ihrem Nennbetrag ausgegeben werden.

2.1.4.2 **Stückaktien**

Die Stückaktien haben keinen Nennwert. Sie sind seit 1998 in Deutschland zugelassen. Diese nennwertlosen Aktien werden zu gleichen Teilen ausgegeben und spiegeln somit die gleichen Anteile am Grundkapital des Emittenten wider. Ein theoretischer Nennwert ergibt sich jedoch, wenn man das Grundkapital durch die ausgegebenen Aktien teilt. Stückaktien werden auch als unechte nennwertlose Aktien bezeichnet.

2.1.4.3 **Quotenaktien**

Diese Aktien lauten auf eine Quote am Grundkapital des Unternehmens. Diese Art der Aktien ist in Deutschland verboten. In Kanada und den USA jedoch stellt die Quotenaktie als echte nennwertlose Aktie eine gebräuchliche Form der Aktienanlage dar. Eine Quotenaktie hat einen bestimmten Anteil am Reinvermögen des Emittenten. Bei 10.000 emittierten Aktien berechtigt eine Aktie beispielsweise zu 1/10.000 des Unternehmensvermögens.

2.2 Aktienbewertung

Die Kursentwicklung und damit der Wert einer Aktie hängt von vielen unterschiedlichen Faktoren ab. Die Teilnehmer am Aktienmarkt bewerten die ihnen zugängliche Information subjektiv, woraus sich dann Angebot und Nachfrage entwickeln.

Die **Aktienanalyse** untersucht die Wertpapiere im Hinblick auf die möglichen Kursgewinne und Dividendenausschüttungen. Dementsprechend steht die Untersuchung der für die Nachfrage und Angebot an der Börse bestimmenden Faktoren im Mittelpunkt der Bewertung.

Es gibt keine Börsenprognose, welche mit hundertprozentiger Sicherheit die Kursrichtung einer Aktie bestimmen kann. Jedoch lässt sich mithilfe der Fundamentalanalyse sowie der technischen Analyse die Kursentwicklung etwas transparenter gestalten (vgl. ◘ Abb. 2.1).

2.2.1 Fundamentalanalyse

Der Kerngedanke der Fundamentalanalyse ist, dass die Kursentwicklung von Aktien durch den inneren Wert einer Aktie bestimmt wird. Den inneren Wert, den Barwert, haben wir bereits im ersten Kapitel über Anleihen kennengelernt. Der innere Wert sagt aus, wie hoch der „faire" Preis oder der Barwert eines Wertpapiers ist. Somit stehen bei der Fundamentalanalyse die Aktie sowie der Emittent der Aktie im Mittelpunkt der Untersuchung. Die Fundamentalanalyse vergleicht den tatsächlichen, inneren Wert der Aktie mit dem Kurswert. Ist der innere Wert höher als der Kurswert, so müsste theoretisch auch der Kurswert steigen. Ist der tatsächliche Barwert der Aktie jedoch

◘ **Abb. 2.1** Fundamentalanalyse und technische Analyse (Quelle: Eigene Darstellung)

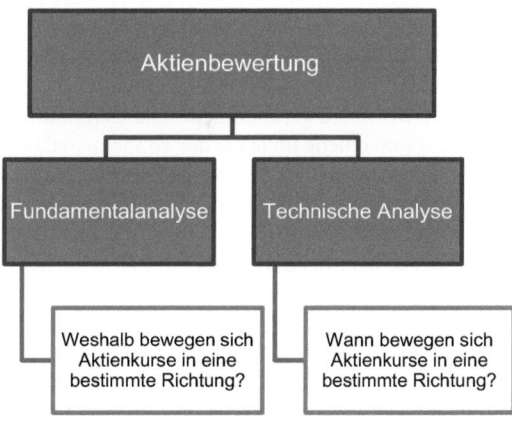

niedriger, passt sich der Kurswert dem Niveau an, indem er sinkt. Die fundamentale Analyse ist nicht nur eine Analyse, sondern kann durchaus als eine Empfehlung angesehen werden. Es gilt folgender Zusammenhang:

- Innerer Wert > Kurswert → Kaufempfehlung,
- Innerer Wert < Kurswert → Verkaufsempfehlung.

Merke!

Die **Fundamentalanalyse** basiert auf der Annahme, dass die Kursentwicklung von Aktien durch den inneren Wert einer Aktie bestimmt wird.

Jede Analyse wird jedoch einen anderen inneren Wert ergeben, da die Untersuchungen auf subjektiven Meinungen beruhen.

Um den inneren Wert der Aktie bestimmen zu können, muss erst der gesamte Wert der Aktiengesellschaft ermittelt und auf die umlaufenden Aktien aufgeteilt werden. Mithilfe von Fundamentaldaten untersucht man in mehreren Stufen, im sogenannten Topdown-Ansatz, erst die gesamtwirtschaftlichen Daten, dann die branchenspezifischen und schließlich das Unternehmen selbst. Man verschafft sich also ein Gesamtbild. Ein Augenmerk liegt auf den volks- und betriebswirtschaftlichen Daten, welche den Kurs direkt beeinflussen oder zu Kursänderungen führen können. Der Analyst geht bei dieser Art der Untersuchung davon aus, dass der Börsenkurs stark von der Entwicklung des Gesamtmarktes, der Branche und natürlich von den Unternehmensdaten beeinflusst wird. Die einzelnen Schritte setzen sich wie folgt zusammen:

2.2.1.1 Makroanalyse

Bei diesem ersten Schritt wird unter anderem die aktuelle konjunkturelle Lage analysiert. Dabei schaut man auf Daten wie Inflationsrate, Zinsniveau oder das Konsumverhalten der Verbraucher. Diese Daten sind in der Presse und im Internet verfügbar und werden beispielsweise von der Europäischen Zentralbank oder den Wirtschaftsforschungsinstituten veröffentlicht. Die Geldpolitik der Europäischen Zentralbank spielt eine wesentliche Rolle bei der Fundamentalanalyse, da diese Institution für die Stabilität der Geldmärkte verantwortlich ist. Änderungen der Geldpolitik durch die Europäische Zentralbank können Zinssatzerhöhungen oder -senkungen sein, was wiederum eine Prognose über die Entwicklung der Wirtschaft ermöglicht. Steigende Preise führen langfristig dazu, dass die EZB den Leitzins erhöht. Starke Preissteigerungsraten sind ein Signal für Aktionäre. Die dadurch verursachte Zinserhöhung führt zu einem Konjunkturrückschlag. Die Aktionäre fürchten Kursverluste, verkaufen deshalb die Aktien. Die Einzelauswertung aller bei der Makroanalyse berücksichtigten Faktoren ergibt die wirtschaftliche Lage, welche die Unternehmen, deren Gewinne und damit deren Aktienkurse positiv oder negativ beeinflusst.

2.2.1.2 Industrieanalyse

Dieser Schritt beinhaltet die Analyse der aktuellen Situation sowie die zukünftige Prognose für den Sektor, dem das Unternehmen angehört. Hierbei stellt man sich die Frage, ob die spezifische Industrie Besonderheiten aufweist oder sich konform zur Gesamtwirtschaft entwickelt. Einzelne Branchenverbände liefern hierzu eine Antwort. Des Weiteren werden die Wettbewerber durchleuchtet. Der Fokus liegt auf der Bewertung und Analyse der Position des Unternehmens im Vergleich zu anderen Wettbewerbern in der Branche.

2.2.1.3 Unternehmensanalyse

Die Unternehmensanalyse untersucht die Fundamentaldaten des Unternehmens anhand bestimmter Kennzahlen. Die Informationen dazu findet man in den Geschäftsberichten und anderen öffentlich zugänglichen Informationen über das Unternehmen. Auch Ad-hoc-Informationen und Pressemitteilungen des Unternehmens können die Geschäftslage widerspiegeln. Die Kennzahlen allein sagen wenig über die Lage des Unternehmens aus. Bestimmte Aussagen können erst nach der Beurteilung der historischen Entwicklung und durch Relation zu anderen Unternehmen aus der gleichen Branche gemacht werden. Die wichtigen Faktoren, welche bei der Unternehmensanalyse eine Rolle spielen, werden im Nachfolgenden erläutert.

> ❯ Auf den Punkt gebracht: Im Top-down-Ansatz der Fundamentalanalyse werden zuerst die gesamtwirtschaftlichen Daten, dann die branchenspezifischen Daten und anschließend das Unternehmen selbst analysiert.

2.2.1.4 Finanzkennzahlen der Fundamentalanalyse

Folgende Kennzahlen spielen bei der Fundamentalanalyse eine wichtige Rolle:

2.2.1.4.1 Kurs-Gewinn-Verhältnis (KGV)

Dies ist die bekannteste Kennzahl der Fundamentalanalyse. Sie wird im Englischen als Price-Earnings Ratio bezeichnet. Man ermittelt das **Kurs-Gewinn-Verhältnis**, indem man den aktuellen Kurs der Aktie durch den erwarteten Gewinn pro Aktie dividiert.

$$KGV = Aktienkurs/Gewinn\ pro\ Aktie$$

Das Ergebnis gibt Aufschluss darüber, ob der Kurs der Aktie in Relation zur Gewinnentwicklung gerechtfertigt ist. Ist das Kurs-Gewinn-Verhältnis eher niedrig, so wird die Aktie als günstig bezeichnet und umgekehrt. Das heißt, Aktien mit einem niedrigeren KGV deuten eine Unterbewertung an, eine Überwertung liegt dagegen bei hohen KGVs vor. Wie bereits erwähnt sollte man diese Zahl nicht für sich alleine betrachten. Das Kurs-Gewinn-Verhältnis sollte im Zeitverlauf beobachtet und in Relation zu anderen Unternehmen gestellt werden. Nach einem Vergleich der Unternehmen wird die Aktie favorisiert, welche das geringste KGV aufweist.

Bei dieser Kennzahl sollte man außerdem die Branche nicht außer Acht lassen. Die Technologiebranchen weisen normalerweise höhere KGVs auf als beispielsweise Energieversorger oder die Chemieindustrie. Das KGV darf und soll nur für Unternehmen aus der gleichen Industrie zum Vergleich herangezogen werden.

Des Weiteren sollte man das KGV nicht für Aktien aus unterschiedlichen Ländern verwenden. Da im internationalen Vergleich die Ermittlung des Gewinns sehr unterschiedlich ausfallen kann, sollte sich das KGV auf Aktien aus einem Land beschränken. So besitzen Aktien aus Japan ein doppelt so hohes KGV wie Aktien aus Deutschland.

Beispiel
Unternehmen A erzielt pro Jahr einen Gewinn von 50 Mio. € bei einem Aktienkurs von 10 € je Aktie. Insgesamt hat die Firma 100 Mio. Aktien im Umlauf. Der Gewinn pro Aktie entspricht demnach 0,50 € (50 Mio. / 100 Mio.). Das KGV beträgt demzufolge:

KGV = 10/0,5 = 20.

Beim Kurs-Gewinn-Verhältnis gilt es, nach Aktien Ausschau zu halten, die ein geringes KGV haben. Bei einem KGV unter 12 gilt eine Aktie in der Regel als preiswert. Liegt das KGV hingegen über 20, erscheint sie als teuer.

Beispiel
Unternehmen B notiert Aktien zu 50 € am Markt. Der Gewinn beträgt 2 € pro Aktie.

KGV = 50/2 = 25

Beim KGV gilt die grobe Merkregel: „Das KGV gibt die Rückzahlungsperiode einer Investition in eine bestimmte Aktie an". Das heißt, wie viele Jahre der Anleger warten muss, bis er die Anfangsinvestition durch den erwirtschafteten Gewinn wieder zurückbekommen hat. Die Rückzahlungsperiode wäre in diesem Fall 25 Jahre.

2.2.1.4.2 Kurs-Umsatz-Verhältnis (KUV)

Beim **Kurs-Umsatz-Verhältnis** wird der Aktienkurs im Verhältnis zum Umsatz gemessen. Das heißt, hier betrachtet man die Kursentwicklung und die Umsatzentwicklung.

KUV = Aktienkurs/Umsatz pro Aktie

Meist ist die Kennzahl im Zeitverlauf relativ konstant. Liegt bei dieser Kennzahl hingegen keine Kontinuität vor, kann das verschiedene Gründe haben. Umsatzdiskontinuität kann beispielsweise in Folge von Übernahmen oder Verkauf von Geschäftsfeldern auftreten. Generell gilt, dass im Industrievergleich die Aktien präferiert werden, die ein niedrigeres KUV aufweisen.

Das KUV zieht die Profitabilität des Unternehmens nicht in Betracht. Diese Kennzahl ist vor allem für Unternehmen geeignet, welche noch keine Gewinne erwirtschaften oder aber derzeit Verluste aufweisen. Auch bei zyklischen Aktien, die sehr stark auf konjunkturelle Schwankungen reagieren, kann das KUV eingesetzt werden.

Beispiel

Das Unternehmen A emittiert insgesamt 100 Mio. Aktien und hat im letzten Geschäftsjahr einen Umsatz von 1 Mrd. € erwirtschaftet. Damit beträgt der Umsatz pro Aktie 1.000 / 100 = 10 €. Der aktuelle Aktienkurs liegt bei 35 €.

$$KUV = 35/10 = 3{,}5$$

Beim KUV ist ein möglichst geringer Wert wünschenswert, ein KUV über 1,5 gilt oft bereits als zu teuer. Diese Aktie hätte demnach ein hohes KUV und wäre, wenn man nur diese eine Kennzahl heranziehen würde, nicht empfehlenswert.

2.2.1.4.3 Kurs-Cashflow-Verhältnis (KCV)

Das **Kurs-Cashflow-Verhältnis** errechnet sich aus der Relation zwischen dem Kurs und dem Cashflow einer Aktie.

$$KCV = \text{Aktienkurs}/\text{Cashflow je Aktie}$$

Das Kurs-Cashflow-Verhältnis eignet sich besonders für internationale Vergleiche, da hier nicht der Nachsteuergewinn als Grundlage dient, sondern der Cashflow. Der Cashflow bezeichnet den finanziellen Überschuss eines Geschäftsjahres. Es handelt sich dabei um eine Liquiditätskennzahl, die aufzeigt, ob ein Unternehmen dazu in der Lage ist, Schulden zu tilgen oder größere Investitionen zu finanzieren.

Die Aktien, die einen niedrigeren KCV aufweisen, werden favorisiert. Doch auch hier sollte auf die Branche geachtet werden. So haben beispielsweise Banken im Gegensatz zu Chemieunternehmen ein niedrigeres KCV, da personalintensive Unternehmen grundsätzlich geringere Abschreibungen tätigen und somit der Cashflow niedriger ausfällt.

Die Durchschnittwerte des KCV liegen bei etwa 4. Ein Kurs-Cashflow-Verhältnis von 3 gibt an, dass der aktuelle Aktienkurs innerhalb von rund drei Jahren aus dem Finanzmittelzufluss gedeckt ist.

Beispiel

Im Jahresbericht des Unternehmens A wird als Cashflow 700 Mio. € angegeben. Die Anzahl der gehandelten Aktien beträgt 250 Mio. Der Cashflow pro Aktie ist demnach 2,80 €. Der Kurs je Aktie liegt bei 35 €.

KCV = 35/2,80 = 1,25

2.2.1.4.4 Dividendenrendite

Bei der Berechnung der **Dividendenrendite** wird die erwartete Dividende in Relation zum Aktienkurs gesetzt und mit 100 multipliziert. So kann der Anleger ermitteln, wie hoch die Rendite sein wird, die er beim Kauf der Aktie erhält.

Dividendenrendite = (Dividende/Aktienkurs) · 100

Die Formel zeigt, dass die Dividende alleine als Zahl nicht ausreicht. Eine vom Betrag her höhere Dividende kann durchaus weniger Rendite bringen als eine mit einem kleineren Wert. Deshalb ist der Bezug zum jeweiligen Aktienkurs von großer Bedeutung.

Da der Kurs ständigen Schwankungen ausgesetzt ist, ist die Dividendenrendite ein dynamischer Wert. Ein hoher Wert im Ergebnis sagt jedoch aus, dass der Emittent einen relativ großen Gewinn erwirtschaftet und/oder einen hohen Teil des Gewinns an die Aktionäre ausschüttet. Eine hohe Dividendenrendite ist ein Indiz für die Ertragskraft eines Unternehmens. Die durchschnittliche Dividendenrendite der im DAX (Deutscher Aktienindex) vertretenen dreißig Unternehmen liegt bei 2–3 % p. a. Spitzenreiter bei der Dividendenrendite ist u. a. die Münchener Rück (Stand: September 2014) mit ca. 4,53 % Rendite. Die veröffentlichten Dividendenrenditen beziehen sich üblicherweise auf die vom betreffenden Unternehmen zuletzt an die Aktionäre ausbezahlte Dividende und den aktuellen Kurs der Aktie.

Beispiel

Welche Dividendenrendite ergibt sich bei einer Aktie mit einem Kurs von 67 €, für die eine jährliche Dividende in Höhe von 3,50 € an die Aktionäre ausgezahlt wird?

Dividendenrendite = (3,50/67) · 100 = 5,22 %

Beispiel

Welche Dividendenrendite ergibt sich bei einer Aktie mit einem Kurs von 6.700 €, für die eine jährliche Dividende in Höhe von 35 € an die Aktionäre ausgezahlt wird?

Dividendenrendite = (35/6.700) · 100 = 0,52 %

◼ Tab. 2.2 KGV und Dividendenrendite der DAX-Unternehmen (Quelle: www.finanzen.net, Stand: 24.05.2015)

Name	KGV	KGV*	KGV*	Dividendenrendite
adidas AG	18,86 (2014)	22,08 (2015)	19,32 (2016)	2,61 %
Allianz	10,06 (2014)	10,64 (2015)	10,51 (2016)	4,97 %
BASF	12,91 (2014)	15,98 (2015)	14,17 (2016)	3,99 %
Bayer	18,81 (2014)	19,37 (2015)	17,13 (2016)	1,99 %
Beiersdorf AG	26,80 (2014)	29,12 (2015)	26,83 (2016)	1,03 %
BMW AG	10,20 (2014)	10,94 (2015)	10,26 (2016)	3,22 %
Commerzbank	47,35 (2014)	13,89 (2015)	11,91 (2016)	
Continental AG	14,75 (2014)	15,35 (2015)	13,94 (2016)	1,85 %
Daimler AG	11,33 (2014)	11,76 (2015)	10,45 (2016)	3,52 %
Deutsche Bank AG	19,20 (2014)	14,12 (2015)	9,54 (2016)	2,98 %
Deutsche Börse AG	16,21 (2014)	18,46 (2015)	16,92 (2016)	3,54 %
Deutsche Lufthansa AG	115,61 (2014)	6,92 (2015)	6,01 (2016)	
Deutsche Post AG	16,52 (2014)	16,23 (2015)	14,50 (2016)	3,12 %
Deutsche Telekom AG	24,23 (2014)	23,65 (2015)	20,01 (2016)	3,75 %
E.ON SE	17,00 (2014)	16,03 (2015)	17,09 (2016)	3,50 %
Fresenius Medical Care AG & Co. KGaA (FMC) St.	21,45 (2014)	23,75 (2015)	20,36 (2016)	1,25 %
Fresenius SE & Co. KGaA (St.)	21,43 (2014)	21,73 (2015)	18,90 (2016)	1,02 %
HeidelbergCement AG	17,26 (2014)	16,20 (2015)	13,33 (2016)	1,27 %
Henkel KGaA Vz.	20,46 (2014)	21,52 (2015)	19,91 (2016)	1,46 %
Infineon Technologies AG	18,09 (2014)	19,67 (2015)	15,80 (2016)	2,20 %
K+S AG	11,93 (2014)	11,23 (2015)	12,13 (2016)	3,93 %
LANXESS AG	19,53 (2014)	25,25 (2015)	17,06 (2016)	1,29 %
Linde AG	21,61 (2014)	21,38 (2015)	19,17 (2016)	2,04 %
Merck KGaA	17,09 (2014)	20,23 (2015)	17,58 (2016)	1,27 %
Münchener Rückversicherungs Gesellschaft AG (vink.NA)	9,09 (2014)	10,39 (2015)	10,60 (2016)	4,65 %
RWE AG St.	12,29 (2014)	11,29 (2015)	13,32 (2016)	3,89 %
SAP SE	16,72 (2014)	18,41 (2015)	16,89 (2016)	1,73 %
Siemens AG	14,74 (2014)	15,51 (2015)	13,91 (2016)	3,51 %
ThyssenKrupp AG	60,35 (2014)	26,20 (2015)	16,66 (2016)	0,53 %
Volkswagen AG Vz. (VW AG)	8,44 (2014)	9,03 (2015)	8,06 (2016)	2,63 %

* Die Schätzungen des KGVs sind die durchschnittlichen Schätz-Werte von bewertenden Analysten. Die Daten werden von FactSet zur Verfügung gestellt.

Diese Beispiele zeigen, dass eine höhere Dividende (3,50 € im Vergleich zu 35,00 €) nicht gleich eine höhere Dividendenrendite für den Anleger bedeutet. Erst im Verhältnis zum Kurs wird die Rendite richtig dargestellt. In ◼ Tab. 2.2 sehen Sie eine Zusammenstellung der KGVs und der Dividendenrenditen aller DAX-Unternehmen.

Neben diesen Börsenkennzahlen gibt es eine Reihe von Aktienbewertungsmodellen, welche die zukünftigen Dividenden in den Fokus stellen und so den theoretischen Preis der Aktie berechnen. Dabei werden die Dividendenzahlungen in ein Barwertmodell transferiert. Die dominierenden Modelle sind das Gewinnmodell, das Dividendendiskontierungsmodell und das Dividendenwachstumsmodell.

2.2.1.5 Gewinnmodell

Das Gewinnmodell ist der einfachste Ansatz zur Aktienbewertung. Das Modell prognostiziert für das Unternehmen ein Nullwachstum und somit eine jährlich gleichbleibende Dividende, die dem Jahresüberschuss pro Aktie entspricht (bei hundertprozentiger Ausschüttung).

Nach dem Gewinnmodell entspricht der theoretische Aktienpreis dem zukünftigen erwarteten konstanten Jahresüberschuss pro Aktie (EPS = Earnings per share), diskontiert mit dem Eigenkapitalkostensatz. Der Eigenkapitalkostensatz ist die von den Eigenkapitalgebern erwartete bzw. verlangte Rendite.

$$PV = EPS/k_{EK},$$

wobei:
- PV = Barwert der Aktie,
- EPS = erwarteter Reingewinn pro Aktie,
- k_{EK} = Eigenkapitalkostensatz.

Beispiel
Der (gleich bleibende) Jahresüberschuss je Aktie der adidas Group beträgt EPS = 2,71 €, der Eigenkapitalkostensatz k_{EK} = 10 %. Der Barwert der Aktie entspricht:

$$PV = 2,71/0,1 = 27,10$$

Der Wiederverkaufserlös der Aktie wird hier nicht berücksichtigt, da das Gewinnmodell von einer ewigen Haltedauer ausgeht. Die Schwierigkeit bei diesem Modell zeigt sich in der Schätzung des Jahresüberschusses. Solche Prognosen können nie mit hundertprozentiger Sicherheit gemacht werden.

Merke!

Nach dem **Gewinnmodell** entspricht der theoretische Aktienpreis dem zukünftigen erwarteten konstanten Jahresüberschuss pro Aktie, welcher mit dem Eigenkapitalkostensatz diskontiert wird.

2.2.1.6 Dividendendiskontierungsmodell

Geht man davon aus, dass ein Unternehmen nicht den Annahmen des Gewinnmodells folgt (Nullwachstum, vollständige Gewinnausschüttung), müssen die für jede Periode erwarteten Dividenden einzeln kapitalisiert werden. Der Grundgedanke des Dividendendiskontierungsmodells ist, dass der innere Wert einer Aktie der Barwert aller zukünftigen Dividenden ist.

$$PV = D_1/(1 + k_{EK}) + D_2/(1 + k_{EK})^2 + D_3/(1 + k_{EK})^3 + \ldots$$

Vereinfacht dargestellt ergibt sich:

$$PV = \sum_{t=1}^{\infty} \frac{D_t}{(1 + k_{EK})^t},$$

wobei:
- PV = Barwert der Aktie,
- D_t = erwartete Dividende,
- k_{EK} = Eigenkapitalkostensatz,
- t = Periode.

Beispiel

Die Dividende pro Aktie der Deutschen Bank beträgt $D_0 = 0{,}75$ €. Für die ersten drei Jahre rechnet man mit einem Dividendenwachstum $g = 20\%$, für die darauf folgenden drei Jahre mit einem Wachstum von $g = 10\%$. Ab dem siebten Jahr wird eine konstante jährliche Dividende D_k = Jahresüberschuss/Aktie von 2 € erwartet. Der Eigenkapitalkostensatz k_{EK} beträgt 10 %. Der Anleger kauft die Aktie am Tag der Dividendenausschüttung und ist damit erst in einem Jahr zum ersten Mal dividendenberechtigt. Der innere Wert der Aktie lässt sich wie folgt berechnen:

Dividende für Jahr 1: $0{,}75 + 0{,}75 \cdot 0{,}2 = 0{,}75 \cdot 1{,}2 = 0{,}9,$

$PV = 0{,}9/1{,}1 + 1{,}08/1{,}1^2 + 1{,}296/1{,}1^3 + 1{,}426 \cdot 1{,}1/1{,}1^4 + 1{,}569/1{,}1^5$

$\quad + 1{,}726/1{,}1^6 + (2/0{,}1)/1{,}1^6$

$\quad = 0{,}818 + 0{,}893 + 0{,}974 + 0{,}974 + 0{,}974 + 0{,}974 + 0{,}974 + 11{,}289$

$\quad = 17{,}87.$

Der Aktienwert beträgt dementsprechend 17,87 €.

Hinweis: Eine Modellvariante des Dividendendiskontierungsmodells besteht darin, von einer Dividende auszugehen, die durch eine jährlich konstante Wachstumsrate gekennzeichnet ist. In dem obigen Beispiel wurde die konstante Wachstumsrate für unterschiedliche Zeitabschnitte (jeweils drei Jahre) festgelegt.

2.2.1.7 Dividendenwachstumsmodell

Beim Dividendenwachstumsmodell wird der innere Wert der Aktie mit einer Dividende berechnet, welche konstant mit der Vermehrung des Gewinns und des Vermögens eines Unternehmens wächst. Die Wachstumsrate g ist hier der entscheidende Faktor.

$$PV = D_1/(1 + k_{EK}) + D_1(1 + g)/(1 + k_{EK})^2 + \ldots + D_1(1 + g)^{n-1}/(1 + k_{EK})^n$$

Vereinfacht dargestellt ergibt sich für eine unendlich große Anzahl von Perioden:

$$PV = D_1/(k_{EK} - g),$$

wobei:
- PV = Barwert der Aktie,
- D_1 = erwartete Dividende mit $D_1 = D_0 (1 + g)$,
- k_{EK} = Eigenkapitalkostensatz,
- g = Wachstumsrate der Dividende.

Beispiel

Die Dividende des DAX-Unternehmens E.ON beträgt D_0 = 1,50 €. Man nimmt an, dass dieser Betrag über die nächsten Jahre konstant um den Wert g = 5 % wachsen wird. Die geforderte Rendite der Aktie beträgt 9 %. Somit lässt sich der Barwert dieser Aktie wie folgt berechnen:

$$PV = 1,50(1 + 0,05)/(0,09 - 0,05) = 39,38.$$

Beispiel

Delta Airlines hat eine Dividende in Höhe von D_0 = 0,75 $ ausbezahlt. Die erwartete Erhöhung der Dividende beträgt 2 % p. a. Die Anleger erwarten eine Rendite von 9 %. Wie hoch sollte der Barwert dieser Aktie sein?

$$PV = 0,75(1 + 0,02)/(0,09 - 0,02) = 10,93$$

Der Preis der Aktie beträgt 13,34 $. Ein Vergleich zeigt 13,34 > 10,93. Das bedeutet, dass die Aktie der Delta Airlines überbewertet ist.

Ergibt die Berechnung des Barwerts eine Überbewertung der Aktie, so wird ein Verkauf dieses Wertpapiers empfohlen. Bei unterbewerteten Aktien empfiehlt sich hingegen ein Kauf.

Es soll an dieser Stelle beachtet werden, dass eine Unterbewertung der Aktie zwar zeigen könnte, dass die Börse das Potential des Wertpapiers unterschätzt. Eine Unterbewertung könnte jedoch auch in einer zu optimistischen Wachstumsprognose begründet sein.

2.2.1.8 Bestimmung der Wachstumsrate g

Zur Bestimmung des „fairen" Aktienpreises wurde eine vorgegebene Dividendenwachstumsrate g verwendet. Wie wird nun diese Wachstumsrate g bestimmt? In der Regel wächst die Dividende, wenn die Gewinne gesteigert werden. Am einfachsten geschieht dies, wenn ein Unternehmen expandiert, es also eine Nettoinvestition tätigt. Eine Nettoinvestition ist eine Bruttoinvestition abzüglich der Abschreibungen. Die Investitionen müssen also größer als die Abschreibungen sein, wenn ein Unternehmen expandieren will.

Eine positive Nettoinvestition finanziert man am einfachsten durch die Einbehaltung der Gewinne. Das heißt, das Unternehmen verzichtet auf eine Ausschüttung der Gewinne in Form von Dividenden. Gewinne werden einbehalten, wenn das Management eines Unternehmens eine höhere Rendite durch die Re-Investition dieser Gewinne erhofft. Es ergibt sich folgender Zusammenhang:

Gewinn im nächsten Jahr =

Gewinn dieses Jahr + Gewinneinbehaltung · Rendite auf Gewinneinbehaltung.

Die Gewinneinbehaltung wird auch Gewinnthesaurierung genannt.

Im zweiten Schritt werden beide Seiten der Gleichung durch diesjährige Gewinne dividiert:

Gewinn im nächsten Jahr/Gewinn dieses Jahr =

Gewinn dieses Jahr/Gewinn dieses Jahr

+ Gewinneinbehaltung/Gewinn dieses Jahr · Rendite auf Gewinneinbehaltung.

Der Quotient aus dem Gewinn im nächsten Jahr und dem Gewinn dieses Jahr ergibt $1 + g$. Der Quotient aus der Gewinneinbehaltung sowie dem Gewinn dieses Jahr ist die Gewinneinbehaltungsquote oder auch Thesaurierungsquote. Somit ergibt sich:

$$1 + g = 1 + (\text{Thesaurierungsquote} \cdot \text{Rendite auf Gewinneinbehaltung}).$$

Das heißt, eine Gewinnsteigerung bzw. Dividendensteigerung ist eine Funktion mit den Einflussgrößen Gewinneinbehaltungsquote und der dazugehörigen Rendite.

Die Rendite auf einbehaltene Gewinne ist ein Schätzwert, da die Information über geplante Projekte oftmals nicht öffentlich gemacht wird. Als Referenzwert dient daher häufig die Rendite vergangener Projekte. Dazu wird die historische Eigenkapitalrendite (ROE) herangezogen. Bei der Berechnung der Wachstumsrate g soll daher beachtet werden, dass es sich um Annahmen bezüglich der Werte handelt. Die Wachstumsrate ist demnach:

$$g = \text{Thesaurierungsquote} \cdot \text{Rendite auf Gewinneinbehaltung}.$$

Beispiel
Ein Unternehmen meldete für das aktuelle Jahr Erträge in Höhe von 2 Mio. €. Das Unternehmen plant mit einer Thesaurierungsquote von 40 %, also 800.000 € (2.000.000 · 0,40). Die historische Eigenkapitalrendite beträgt 16 %. Die geschätzte Gewinnsteigerung beträgt demnach:

$$800.000 \cdot 0,16 = 128.000 \text{ €.}$$

Prozentual ausgedrückt ergibt sich:

$$128.000/2.000.000 = 0,064 = 6,4 \%.$$

In einem Jahr würde der Gewinn 2.128.000 € (2.000.000 · 0,064) betragen.
Setzen wir die gegebenen Werte in die eben hergeleitete Gleichung ein, so ergibt sich ebenfalls eine Wachstumsrate von 6,4 %.

$$g = \text{Thesaurierungsquote} \cdot \text{Rendite auf Gewinneinbehaltung} = 0,40 \cdot 0,16$$
$$= 0,064 = 6,4 \%$$

2.2.1.9 Bestimmung der Eigenkapitalkostensatzes k_{EK}

Die Berechnung des Aktienpreises erfolgte des Weiteren auf Basis des vorgegebenen Eigenkapitalkostensatzes k_{EK}. Die Kalkulation des Aktienpreises ergab:

$$PV = D_1/(k_{EK} - g).$$

Löst man diese Gleichung nach k_{EK} auf, so ergibt sich:

$$k_{EK} - g = D_1/PV,$$
$$k_{EK} = D_1/PV + g.$$

Der Eigenkapitalkostensatz besteht folglich aus zwei Komponenten, D_1/PV und g. Da PV dem Aktienkurs entspricht, ist D_1/PV gleich der Dividendenrendite. Die Wachstumsrate g, mit welcher der Investition wächst, kann an dieser Stelle als Kapitalgewinnrendite bezeichnet werden, da die Dividendenwachstumsrate gleichzeitig die Wachstumsrate des Gewinns darstellt und die Wachstumsrate des Aktienpreises auch als Kapitalgewinnrendite bezeichnet wird. Dieser Zusammenhang soll durch das folgende Beispiel dargestellt werden.

Beispiel

Eine Aktie notiert zu einem Wert von 20 €. Die Höhe der nächsten Dividende beträgt 1 € je Aktie. Es wird angenommen, dass die Dividendenwachstumsrate über eine ungewisse Zeit 10 % pro Jahr betragen wird. Wie hoch ist der Eigenkapitalkostensatz bzw. die Rendite des Eigenkapitals in diesem Fall?

$$k_{EK} = D_1/PV + g = 1/20 + 0,10 = 0,15 = 15\,\%$$

Die Aktie hat also eine erwartete Rendite von 15 %.

Dieser Wert kann durch die Berechnung des Aktienkurses in einem Jahr überprüft werden. Nach dem Dividendenwachstumsmodell ergibt sich Folgendes:

$$PV = D_0(1 + g)/(k_{EK} - g) = 1 \cdot (1 + 0,10)/(0,15 - 0,10) = 1,10/0,05 = 22\,\text{€}.$$

Der Aktienpreis ist somit um 10 % gestiegen (20·0,10). Würde man diese Aktie heute kaufen, so bekommt man 1 € Dividende am Ende des Jahres und erzielt einen Gewinn von 22 € minus 20 €, also 2 €. Die Dividendenrendite beträgt folglich 5 % (1 / 20), der Kapitalgewinn liegt bei 10 % (2 / 20). Damit ergibt sich eine Eigenkapitalrendite von 15 %.

2.2.2 Technische Analyse

Neben der Fundamentalanalyse existiert noch eine zweite Form der Aktienbewertung: die technische Analyse. Diese Form der Analyse ist in der Fachwelt eher umstritten, da sie auf der Untersuchung der Kursdiagramme (Charts) und deren Entwicklung in der Vergangenheit basiert. Die betriebswirtschaftlichen Fundamentaldaten und das volkswirtschaftliche Umfeld des Unternehmens werden hier unberücksichtigt gelassen. Der Fokus liegt ausschließlich auf den historischen Börsendaten.

┌─ **Merke!** ──

Die **technische Analyse** fokussiert sich auf die historischen Kursverläufe, um die zukünftige Entwicklung eines Aktienkurses vorherzubestimmen.

└──

Mithilfe der **Chartanalysen** versucht die technische Analyse, den perfekten Kauf- sowie Verkaufszeitpunkt zu finden. Die Analysten der Charts, die sogenannten Charttechniker, nehmen an, dass bestimmte Muster und Formationen der Charts eine Kursrichtung voraussagen können.

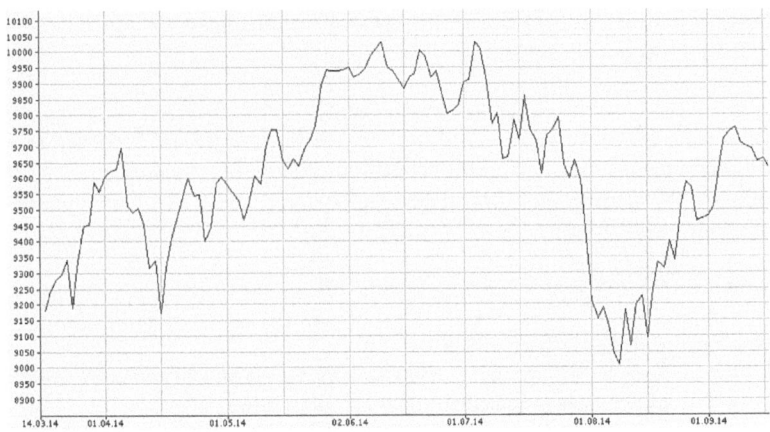

◨ **Abb. 2.2** DAX 30 (6 Monate) (Quelle: ► www.finanzen.net, Stand: 16.09.2014)

Bei der Chartanalyse gilt das Prinzip der sich selbsterfüllenden Prophezeiung: Wenn zum Beispiel viele Anleger glauben, dass das Ausbrechen des Aktienkurses aus einem Trendkanal ein Verkaufssignal darstellt, werden sie ihre Aktien verkaufen. Wenn viele Anleger so handeln, wird der Kurs der Aktie sinken. Da die Börse demnach nicht nur auf Daten und Fakten basiert, sondern auch durch die Psychologie der Anleger emotional gesteuert wird, liefert die Charttechnik manchmal verwertbare Aussagen.

Charts sieht man oft im Fernsehen, in der Zeitung oder im Internet. So veröffentlicht die Deutsche Börse beispielsweise täglich die Entwicklung des DAX. ◨ Abbildung 2.2 zeigt ein solches Kursdiagramm mit einem Zeitraum von sechs Monaten.

Ein Chart stellt den graphischen Kursverlauf über einen bestimmten Zeitraum dar. Wie man ◨ Abb. 2.3 entnehmen kann, schwankt der Kurs permanent. Nach der Betrachtung bestimmter Formationen, welche sich wiederholen, lässt sich der Trend eines Kurses feststellen und somit der vermutete weitere Verlauf der Aktie. Charttechniker bestimmen auf diese Weise den Abwärts- oder den Aufwärtstrend.

Die Kursschwankungen im Chart werden durch die Durchschnittskurven „geglättet". Dazu kann die 38-Tage-, 100-Tage- oder die 200-Tage-Linie herangezogen werden. Die **Durchschnittslinie** dient hier als Kauf- oder Verkaufssignal. Wenn der Aktienkurs die Durchschnittslinie von unten nach oben durchbricht, wird ein Kaufsignal gesendet. Durchbricht der Chart die Linie von oben nach unten, ist das als ein Verkaufssignal zu werten. Je weiter der Kurs von der Durchschnittslinie entfernt liegt, desto wahrscheinlicher ist eine Kursumkehr. Dies kann man gut am Schaubild des DAX beobachten. Anfang August durchbrach der DAX die Durchschnittslinie nach unten, was ein Verkaufssignal darstellte. Der Index brach danach einige Tage ein.

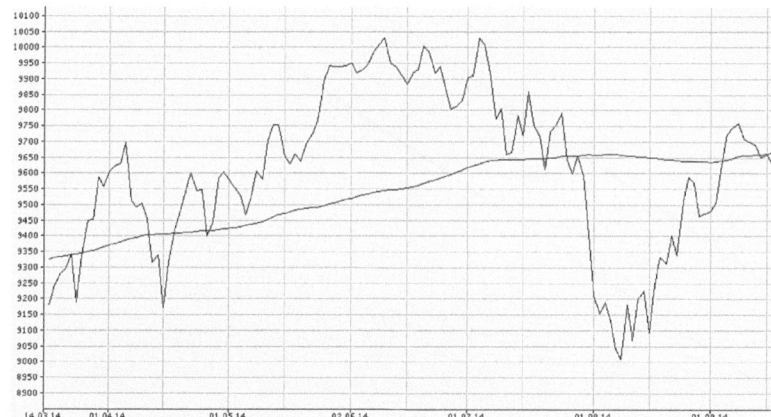

■ **Abb. 2.3** DAX 30 100-Tage-Durchschnittskurve (Quelle: ▶ www.finanzen.net, Stand: 16.09.2014)

Ein weiteres Instrument der technischen Analyse ist der **Trendkanal**. Um den Trendkanal zu bestimmen, identifiziert man die Hoch- und Tiefpunkte des Charts. Diese werden als Widerstands- und Unterstützungslinien bezeichnet. Bei einem parallelen Verlauf der Linien, spricht man von einem Trend. Die Verbindungslinie zwischen den sinkenden Hochpunkten zeigt den Abwärtstrend, die Verbindungslinie zwischen den steigenden Tiefpunkten steht für den Aufwärtstrend. In diesem Trendkanal bewegen sich die Aktienkurse. Durchbricht der Kurs die Linie nach unten, wie in ■ Abb. 2.4 zu sehen, so signalisiert dies sinkende Kurse und umgekehrt.

2.2.2.1 Das Momentum

Das Momentum stellt in der technischen Analyse eine wichtige Größe dar. Es gibt Aufschluss darüber, mit welcher Geschwindigkeit sich die Kurse in Relation zum aktuellen Kursniveau bewegen. Anhand des Momentums lässt sich der vorherrschende Trend bestimmen. Man erhält das Momentum, indem man den Kurs einer bestimmten Periode vom aktuellen Kurs subtrahiert. Das Momentum ist demnach die Kursdifferenz für eine gegebene Zeitperiode. Die Formel lautet:

$$M_t = K_t - K_{t-x},$$

wobei:
- M = Momentum,
- K_t = Schlusskurs heute,
- K_{t-x} = Schlusskurs vor x Tagen.

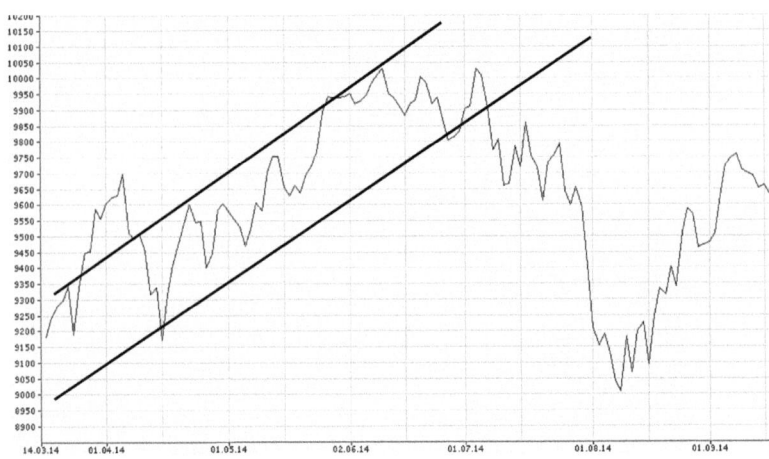

◘ Abb. 2.4 Trendkanal (Quelle: ► www.finanzen.net, Stand: 16.09.2014)

Für ein 10-Tage-Momentum, welches oft von Charttechnikern erstellt wird, wird die Differenz zwischen dem aktuellen Schlusskurs und dem Schlusskurs, welcher vor 10 Tagen feststand, errechnet.

Merke!

Das **Momentum** misst die Geschwindigkeit von Kursbewegungen in Relation zum aktuellen Kursniveau der Aktien und kann somit die weitere Kursentwicklung bestimmen.

Grundsätzlich steigt oder fällt ein Momentum. Entscheidend ist jedoch, ob das Steigen oder Sinken über oder unter der Null-Linie stattfindet. Die Null-Linie dient als eine Signal-Linie. Ein positives Momentum wird über der Null-Linie eingetragen und bedeutet einen Aufwärtstrend. Steigt das Momentum in diesem Bereich, so deutet das auf eine positive Schwungkraft des Marktes hin. Der Aufwärtstrend wird sich halten. Fällt dagegen das Momentum in positiven Bereich, dann lässt die Schwungkraft nach und der Aufwärtstrend könnte sich in einen Abwärtstrend umkehren.

Ist das Momentum negativ, so trägt man den Wert unter der Null-Linie ein. Ein negatives Ergebnis bedeutet einen Kursverfall oder einen Abwärtstrend. Fällt das Momentum, so wird das als eine negative Schwungkraft des Marktes gedeutet. Der Abwärtstrend sollte bestehen bleiben. Steigt das Momentum im negativen Bereich,

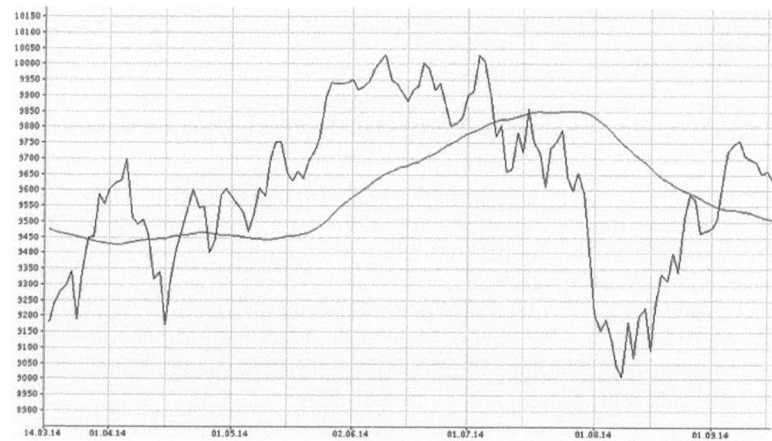

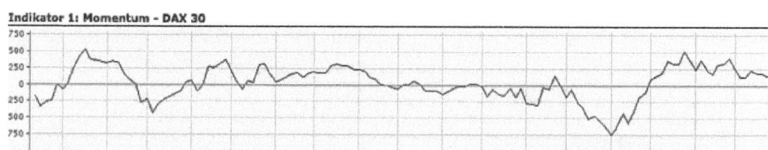

■ **Abb. 2.5** DAX-30-Momentum (Quelle: ► www.finanzen.net, Stand: 16.09.2014)

lässt die negative Entwicklung nach und der Abwärtstrend setzt sich nicht fort. ■ Abbildung 2.5 zeigt ein Momentum für den DAX.

Das Momentum, welches sich im unteren Teil des Diagramms befindet, bewegt sich überwiegend im positiven Bereich. Diese Bewegung über der Null-Linie steht für einen Aufwärtstrend. Jedoch lässt sich erkennen, dass die Steigung des Momentums im Zeitverlauf fällt. Das heißt, die Schwungkraft des Marktes lässt nach und der Aufwärtstrend wird sich in einen Abwärtstrend umkehren.

In der Fachwelt wird die technische Analyse kritisch beurteilt. Sind die Kapitalmärkte effizient, so kann man aus den historischen Kursen keine Schlüsse auf die Zukunft ziehen. Deswegen entscheiden die meisten Profis wie zum Beispiel Aktienfonds auf Grundlage der Fundamentalanalyse über die Zusammensetzung ihrer Portfolios. Nichtsdestotrotz erfreut sich die technische Analyse bei Privatinvestoren einer gewissen Beliebtheit.

❯ **Auf den Punkt gebracht: In der technischen Analyse, welche auf der Chartanalyse basiert, bestimmen die Muster und Formationen der Charts die Kursentwicklung**

der Aktien. Wichtige Instrumente sind hierbei die Durchschnittslinie oder der Trendkanal.

2.3 Aktienmärkte und die Funktionsweisen von Börsen

Die **Börse** ist ein organisierter Markt für den Handel mit Wertpapieren, Devisen oder bestimmten Waren. Die Börse agiert als ein Marktplatz, wo das Angebot und die Nachfrage für Wertpapiere zusammengeführt werden. Die Kurse oder Preise werden je nach Angebot und Nachfrage festgelegt.

Zu den Aufgaben der Börse gehören neben der Bereitstellung einer Handelsplattform für Wertpapiere auch die Bereitstellung von wichtigen Informationen (z. B. Preisen). Des Weiteren sorgt die Börse für die größtmögliche Transparenz, Liquidität und Rechtssicherheit für die Anleger.

Der Grundgedanke der Börse besteht darin, dem Unternehmen eine Möglichkeit zu bieten, eine größere Menge Geld auf dem Kapitalmarkt zu beschaffen. Den Aktionären eröffnet es die Möglichkeit, Aktien zu kaufen bzw. zu verkaufen und sich an der wirtschaftlichen Entwicklung des Unternehmens zu beteiligen.

2.3.1 Börsengang

Aktien können im Zuge der **Erstemission (Going Public)** nach der Gründung eines Unternehmens oder bei einer Kapitalerhöhung eines bereits börsennotierten Unternehmens emittiert werden.

Beim ersten Gang an die Börse gibt eine Gesellschaft erstmalig seine Aktien aus (Erstemission). Hier fungiert die Börse als Primärmarkt. Aktiengesellschaften gehen an die Börse, wenn größere Mengen Eigenkapital benötigt werden, welche nicht über alternative Finanzierungsformen, beispielsweise über die Erhöhung des Gesellschaftskapitals, beschafft werden können. Das Kapital wird meist in größere Projekte, wie Entwicklung neuer Technologien oder allgemein für den Ausbau der Marktposition, investiert.

In der Regel gibt die emittierende Gesellschaft die Aktien nicht selbst aus. Die Emission wird meistens von einem Zusammenschluss mehrerer Banken, einem Bankenkonsortium oder einem einzelnen Kreditinstitut übernommen.

2.3.2 Vorbereitung des Börsengangs

Der Börsengang ist ein sehr komplexer und zeitintensiver Prozess. Bevor ein Unternehmen an die Börse gehen darf, muss es erst seine Börsenreife überprüfen.

Börsenreife ist die Grundvoraussetzung, damit ein Unternehmen an der Börse aufgenommen wird. Dazu gehören unter anderem die passende Rechtsform, kapitalmarktfähige Unternehmensstruktur oder ein professionelles und leistungsfähiges Berichtwesen.

Sobald ein Unternehmen börsenreif ist, wird eine „Equity Story" festgelegt, welche die Positionierung des Unternehmens am Kapitalmarkt beschreibt. Die „Equity Story" beinhaltet die zukünftige Unternehmensstrategie sowie eine angemessene Finanzplanung. Die Ergebnisse der „Equity Story" fließen in das Emissionsprospekt mit ein. Das Unternehmen gibt darin Informationen über Geschäftsstrategie, Finanzplanung, den Platzierungsumfang, den Zeitplan oder das angestrebte Börsensegment.

Nach dieser Vorbereitungsphase wählt das Unternehmen die konsortialführende Bank aus. Die Auswahl findet in einem sogenannten „Beauty Contest" statt. Im „Beauty Contest" erhalten die Banken nach den Management-Präsentationen die Möglichkeit, ihre Konzepte zur Börseneinführung vorzustellen. In der anschließenden Mandatsvereinbarung (Letter of Engagement) verhandelt das Management mit der ausgewählten Bank die Eckpunkte der Emission. Bei Unterzeichnung der Mandatsvereinbarung wird die Bank zum Konsortialführer der Emission. Neben der konsortialführenden Bank sind andere Banken im Konsortium vertreten.

Im nächsten Schritt wird eine Sorgfältigkeitsprüfung, auch Due Diligence genannt, durchgeführt. Diese Prüfung findet in der Regel mithilfe von Wirtschaftsprüfern und Rechtsanwälten statt und umfasst steuerliche, rechtliche und finanzielle Aspekte. Gleichzeitig erstellt das Unternehmen ein vorläufiges Emissionsprospekt. Das Emissionsprospekt beinhaltet unter anderem Emissionseckpunkte, mögliche Risiken und das Geschäftsmodell. Das vorläufige Emissionsprospekt wird einige Monate vor der Platzierung erstellt. Etwa vier Wochen bevor das endgültige Emissionsprospekt fertiggestellt wird, finden Investoren-Konferenzen statt, auf der die Größe der Kapitalerhöhung sowie die Art der zu emittierenden Wertpapiere festgelegt werden. Im Anschluss an die Konferenzen wird ein Emissionspreis vereinbart. Außerdem fasst das Unternehmen alle für die Platzierung relevanten Daten im endgültigen Emissionsprospekt zusammen.

Im letzten Schritt wird die Erstemission vollzogen. Die konsortialführende Bank kauft eine vereinbarte Menge der Aktien, um diese an der Börse zu verkaufen. Für die Festlegung des Emissionspreises gibt es zahlreiche Möglichkeit. Die geläufigsten sind Festpreisverfahren, Bookbuilding-Verfahren oder Auktionsverfahren.

2.3.2.1 Festpreisverfahren

Beim Festpreisverfahren wird der Emissionspreis der Aktien von der Gesellschaft und dem Bankenkonsortium vor der Emission gemeinsam festgelegt. Der Preis hängt von der aktuellen Marktlage, der Unternehmensbewertung und von den Preisen ähnlicher börsennotierter Unternehmen ab. Die Anleger können innerhalb einer festgesetzten Zeitspanne ihre Zeichnungsangebote, das heißt ihre Preisvorschläge, abgeben. Dabei kommt es oft zu Über- oder Unterzeichnungen bezüglich des vorher festgelegten Preises. Ist die Nachfrage größer als das Angebot, so ergeben sich Überzeichnungen. Die Nachfrage kann das Angebot übersteigen, wenn der festgesetzte Preis unter den Erwartungen der Anleger liegt. In solchen Fällen wird die Zeichnung vorzeitig geschlossen. Wenn dagegen das Angebot die Nachfrage übersteigt und der Preis über den Erwartungen der Anleger liegt, ergeben sich Unterzeichnungen. Da es nicht genug Käufer für die Aktien gibt, übernimmt das Bankenkonsortium oft einen Teil der Aktien in ihr Portefeuille. Um dieses Risiko zu umgehen, greifen viele Erstemittenten auf das Bookbuilding-Verfahren zurück.

2.3.2.2 Bookbuilding-Verfahren

Das Bookbuilding-Verfahren ist international etabliert und zeichnet sich durch eine dynamische Preisfindung aus. Im Gegensatz zum Festpreisverfahren wird hier der Anleger direkt in die Preisfindung einbezogen. Die für die Emission zuständigen Banken geben eine Preisspanne vor, innerhalb welcher die Angebote der Anleger liegen müssen. Auf der Basis der abgegebenen Angebote wird dann der Preis der Aktie ermittelt. Der Preis der neu emittierten Aktien der adidas AG oder der T-Aktie der Deutschen Telekom wurde beispielsweise mithilfe des Bookbuilding-Verfahrens ermittelt.

Das Bookbuilding-Verfahren lässt sich in vier Stufen einteilen:

1. Pre-Marketing-Phase:
    In dieser Phase werden institutionelle Anleger, beispielsweise Versicherungen, über die kommende Emission informiert. Dies geschieht über spezielle Veranstaltungen wie Werbe- oder Presseaktionen. Aus den von potentiellen Großaktionären abgegebenen unverbindlichen Angeboten wird eine Zeichnungsspanne ermittelt. Diese dient als Richtgröße für den späteren Emissionskurs der Aktie.

2. Marketing-Phase:
    Während der Marketing-Phase werden institutionelle Großinvestoren gezielt mithilfe von Präsentationsmappen oder PowerPoint-Präsentationen angesprochen. Die Präsentationen finden bei einer sogenannten Road-Show statt, welche meist durch Finanzmetropolen führt.

3. Order-Taking-Phase:
    Nach der Marketing-Phase werden die Aufträge entgegengenommen. Hier können sowohl institutionelle als auch private Investoren ihre Zeichnungswünsche abgeben. Die vorgegebene Zeitspanne beträgt meistens zwei Wochen. Aus den abgegebenen Angeboten wird schließlich der endgültige Emissionspreis ermittelt. Hier werden jedoch nur die Zeichnungswünsche der institutionellen Investoren in Betracht gezogen.

4. Zuteilungsphase:
    In der letzten Phase des Bookbuilding-Verfahrens werden die Aktien ausgegeben. Die Investoren, dessen Gebot mindestens dem Emissionspreis entsprach, haben das Recht, die Aktien zu beziehen. Ist die Emission überzeichnet, legt die konsor-

tialführende Bank für einen bestimmten Teil der Aktien Zuteilungsquoten fest. Neben diesen Aktien bekommen die Konsortialbanken weitere Aktien, welche sie in eigener Verantwortung vor allem den Privatkunden zuteilen können.

Wenn beispielsweise ein Unternehmen 200.000 Aktien an der Börse plazieren möchte, die Anzahl der gezeichneten Aktien aber 400.000 beträgt, kann der Konsortialführer beschließen, dass nur 50 % der Aktien zugeteilt werden. Das bedeutet, ein Anleger, welcher 100 Aktien gezeichnet hat, hat ein Recht auf 50 %, also 50 Aktien.

2.3.2.3 Auktionsverfahren

Bei diesem Verfahren zur Bestimmung des Kurses für ein neu emittiertes Wertpapier haben die Investoren die Möglichkeit, in einem festgelegten Zeitraum ihre Zeichnungswünsche in Form einer Preis-Mengen-Kombination abzugeben. Nach Auktionsende werden die abgegebenen Gebote nach der Höhe des gebotenen Preises sortiert und den Investoren zugeteilt. Zunächst bekommen die Investoren ihre Zuteilung, die das höchste Gebot abgegeben haben. Die Zuteilung wird solange durchgeführt, bis das Emissionsvolumen erschöpft ist. Dabei bildet das niedrigste Gebot, welches aber noch zur Zuteilung zugelassen ist, den Emissionspreis, zu dem alle Aktien zugeteilt werden. Die unter dem Emissionspreis liegende Gebote werden nicht berücksichtigt.

Im Gegensatz zu den ersten beiden Verfahren haben die Bank und der Emittent bei einem Auktionsverfahren keinen Einfluss auf die Anlegerstruktur. Diese Art der Preisbestimmung ist weniger gebräuchlich und stößt vor allem bei institutionellen Anlegern auf Widerstand. Dennoch hat Google als eines der wenigen führenden Unternehmen bei ihrem Going Public im August 2004 das Auktionsverfahren gewählt. Die Nachfrage der Investoren lag jedoch weit unter dem erwarteten Wert. Der ursprünglich anvisierte Preis lag bei 135 US-Dollar. Der Emissionspreis wurde jedoch mit 85 US-Dollar festgelegt. Das Anwenden des Auktionsverfahrens führte zu einer deutlichen Unterbewertung (Underpricing), denn der Preis der Aktien auf dem Sekundärmarkt lag bei 100 US-Dollar. Nach zwei Monaten hatte sich der Aktienkurs sogar mehr als verdoppelt. Somit kann man davon ausgehen, dass Google mit einem traditionellen Emissionsverfahren einen deutlich höheren Preis erzielt hätte.

> **Auf den Punkt gebracht:** Die geläufigsten Methoden zur Festlegung des Emissionspreises sind das Festpreisverfahren, das Bookbuilding-Verfahren oder das Auktionsverfahren.

2.3.3 Kapitalerhöhung

Ein Unternehmen hat die Möglichkeit, nach einer Erstemission den Aktienmarkt erneut zur Kapitalaufstockung zu nutzen. Hier spricht man von einer Kapitalerhöhung.

Eine Kapitalerhöhung erfordert eine 3/4-Mehrheit auf der Hauptversammlung. Bei der Kapitalerhöhung unterscheidet man zwischen der effektiven und der nominellen Kapitalerhöhung.

2.3.3.1 Effektive Kapitalerhöhung

Die **effektive Kapitalerhöhung** schließt eine ordentliche, bedingte oder genehmigte Kapitalerhöhung ein. In der Regel wird die ordentliche Kapitalerhöhung gewählt. Sie wird auch als Kapitalerhöhung gegen Einlagen bezeichnet. Hier gibt das Unternehmen neue Aktien aus. Die Altaktionäre haben ein Bezugsrecht, um die neuen Aktien zu erwerben. Diese Aktien werden junge Aktien genannt.

Die bedingte Kapitalerhöhung darf nur in bestimmten Fällen durchgeführt werden. Dazu zählen der Tausch von Wandelanleihen in Aktien oder der Erwerb von Aktien zu Optionsanleihen, die Vorbereitung einer bevorstehenden Fusion oder die Ausgabe von Belegschaftsaktien. Die bedingte Kapitalerhöhung gibt den Aktionären kein Bezugsrecht.

Die genehmigte Kapitalerhöhung erlaubt es dem Unternehmen, das Grundkapital bis zu einem genehmigten Betrag innerhalb einer Zeitspanne von fünf Jahren zu erhöhen. Hierzu bedarf es einer Genehmigung durch die Hauptversammlung. Der Emissionszeitpunkt richtet sich hierbei nach einem für die Emission günstigen Zeitpunkt. Da die Genehmigung im Vorfeld erfolgt, erlaubt die genehmigte Kapitalerhöhung eine schnelle Kapitalbeschaffung.

2.3.3.2 Nominelle Kapitalerhöhung

Die **nominelle Kapitalerhöhung** sieht keine Kapitalzufuhr vor. Die Kapitalerhöhung wird aus Gesellschaftsmitteln bestritten. Bei einer nominellen Kapitalerhöhung wandelt das Unternehmen die Rücklagen in gezeichnetes Kapital um. Die Altaktionäre bekommen in diesem Fall Gratisaktien ausgehändigt. Da die Rücklagen nicht ausgezahlte Dividenden sind, erlangen die Aktionäre durch die Ausgabe der Gratisaktien keinen finanziellen Vorteil.

> ❯ **Auf den Punkt gebracht: Bei der Kapitalerhöhung kann zwischen der effektiven und der nominellen Kapitalerhöhung unterschieden werden, wobei die effektive Kapitalerhöhung eine ordentliche, bedingte oder genehmigte Kapitalerhöhung einschließt.**

2.3.3.3 Bezugsrecht

Gibt ein Unternehmen neue Aktien im Rahmen einer ordentlichen Kapitalerhöhung aus, so haben die bestehenden Aktionäre ein Vorkaufsrecht. Die Anzahl der jungen Aktien, welche sie erwerben dürfen, hängt von der Menge der Aktien, die sie halten, und dem **Bezugsverhältnis** ab.

Das Bezugsverhältnis bildet eine Relation zwischen den Altaktien und den jungen Aktien. Es gibt an, wie viele Altaktien den Bezug einer jungen Aktie decken.

Bezugsverhältnis = altes Grundkapital/Erhöhungskapital

Beispiel
Der Wert der umlaufenden Aktien eines Unternehmens beträgt 200.000 €. Durch die Ausgabe neuer Aktien ergab sich eine Kapitalerhöhung von 50.000 €. Somit ergibt sich ein Bezugsverhältnis von:

Bezugsverhältnis = 200.000/50.000 = 4/1.

Ein Bezugsverhältnis von 4:1 bedeutet, dass für vier Altaktien eine junge Aktie erworben werden kann.

Durch das Bezugsrecht kann der Aktionär die nachteiligen Effekte der Aktienemission ausgleichen. Nach der Kapitalerhöhung fällt der Aktienkurs der alten Aktie, da mehr Aktien im Umlauf sind. Dadurch sind nach der Ausgabe neuer Aktien mehr Anteilseigner am Vermögen des Unternehmens beteiligt, die sich den Gewinn des Unternehmens teilen. Dieses Ergebnis wird als Kapitalverwässerung bezeichnet. Durch das Bezugsrecht haben die Altaktionäre die Möglichkeit, die entstandenen Vermögensnachteile auszugleichen.

Beispiel
Der Anleger hält Aktien der BASF SE. Der Aktienkurs beläuft sich auf 60 € je Aktie. Der Bezugskurs der neuen Aktie liegt bei 30 €. Das Bezugsverhältnis beträgt 2:1.
Das heißt, zwei Altaktien haben einen Wert von 120 €. Bezieht der Aktionär die neue Aktie, so hält er drei Aktien mit einem Wert von 150 € (120 + 30). Daraus ergibt sich ein neuer Aktienkurs zu 50 € (150/3). Durch die Ausgabe neuer Aktien muss der Altaktionär also einen Verlust von 10 € je Aktie (60 – 50) hinnehmen. Diesen kann er jedoch durch das Bezugsrecht ausgleichen.
Das Bezugsrecht hat für den Altaktionär einen bestimmten Wert, da er die Aktie mithilfe des Bezugsrechts zu 30 € statt zu 50 € erwerben kann. Der Wert des Bezugsrechts ermittelt sich wie folgt:

$$B = \frac{K_a - K_n}{\frac{a}{n} + 1},$$

wobei:
— K_a = alter Aktienkurs,
— K_n = Bezugskurs der neuen Aktie,
— a = Anzahl der alten Aktien,
— n = Anzahl der neuen Aktien.

Im Beispiel ergibt sich folgender Wert des Bezugsrechts:

$$B = \frac{60 - 30}{\frac{2}{1} + 1} = \frac{30}{3} = 10.$$

Der Wert des Bezugsrechts (10 €) entspricht genau dem Verlust des Aktionärs (10 €). Der Altaktionär kann entweder sein Bezugsrecht an der Börse verkaufen oder das Bezugsrecht ausüben. In beiden Fällen wird dadurch sein Verlust aus dem Kursverfall der Aktie durch die Emission genau ausgeglichen. Das Bezugsrecht soll außerdem dabei helfen, die bestehenden Stimmrechtsverhältnisse beizubehalten.

2.3.4 Börsenformen

Bei den Börsenformen wird zwischen der Präsenzbörse und der Computerbörse unterschieden.

Präsenzbörse oder Parkettbörse ist die klassische Form der Börse. Hier wird der Handel von den Maklern persönlich abgewickelt. An der Präsenzbörse treffen sich zu festgesetzten Zeiten die Makler, zugelassene Unternehmen sowie die Skontoführer. Die Wertpapiere werden im Auftrag oder auf eigene Rechnung gekauft oder verkauft.

Die Präsenzbörse findet man überwiegend bei kleinen Regionalbörsen. Diese Form der Börse wird immer mehr von computergestützten Börsenhandelssystemen verdrängt.

Bei der **Computerbörse** finden der Handel und die Auftragsabwicklung elektronisch statt. Ein Beispiel dafür ist die Computerbörse der Deutschen Börse AG – Xetra (Exchange Electronic Trading). In Deutschland werden über 95 % des deutschen Aktienhandels über Xetra abgewickelt. Die Computerbörse ist im Gegensatz zur Präsenzbörse nicht ortsgebunden und kann per Internet genutzt werden.

2.3.4.1 Preisfestsetzung: Händlermarkt vs. Auktionsmarkt

Auf dem Sekundärmarkt, auch als Umlaufmarkt bezeichnet, werden bereits emittierte Wertpapiere gehandelt. Der Sekundärmarkt ist für die Bewertung und die Preisbildung der umlaufenden Wertpapiere zuständig und kann in zwei Arten unterteilt werden, den Händlermarkt und den Auktionsmarkt.

2.3.4.1.1 Händlermarkt

Der **Händlermarkt** ist ein Over-The-Counter-Markt (OTC-Markt). Es handelt es sich um eine reine Computerbörse. Die Aktienpreise werden in einem Art Katalog im Computer elektronisch gelistet. Die Anbieter bieten ihre Aktien zu einem festen Geldkurs an (Bid Price), während die Nachfrager zu einem festen Briefkurs nachfragen (Ask Price). Ein Börsenmakler veröffentlicht diese Kauf- und Verkaufskurse, auch Quotes genannt. Er stimmt die Transaktion für Käufer und Verkäufer ab und sichert die Marktliquidität, jedoch nicht im Auftrag des Emittenten, sondern zum eigenen Vorteil. Die durch den Börsenmakler erhöhte Liquidität dient der Preisqualitätsverbesserung und ermöglicht so den Investoren ein Kaufen und Verkaufen zu angemessenen Preisen. Bei einer Überlappung von Angebot und Nachfrage kommt es zu Transaktionen und es bildet sich der tatsächliche Aktienpreis. Ein Beispiel des Händlermarkts ist die NASDAQ (National Association of Securities Dealers Automated Quotations), eine US-amerikanische elektronische Börse. Hier agieren unterschiedliche Maklerfirmen (z. B. Goldman Sachs) zwischen Käufern und Verkäufern als „Vermittler".

> **Merke!**
>
> Bei dem **Händlermarkt** handelt es sich um ein Over-The-Counter-Markt (OTC-Markt), welcher eine Computerbörse ist.

2.3.4.1.2 Auktionsmarkt

Im Gegensatz zum Händlermarkt hat der **Auktionsmarkt** einen festen physikalischen Sitz, beispielsweise die Wall Street in New York. Die Großzahl führender Unternehmen handelt am Auktionsmarkt. Ein Beispiel hierfür ist die Börse NYSE (New York Stock Exchange). Dabei werden der nachgefragte Preis und der angebotene Preis elektronisch zusammengeführt. Hier wird mithilfe eines Auktionssystems der Aktienkurs ermittelt. Die Aktienkurse werden ohne Verzögerung an die Öffentlichkeit weitergegeben. Der Wertpapierhandel findet auf einer Plattform statt und ist von jedem Standort der Welt möglich.

Die London Stock Exchange ist ein Beispiel für beides, eine Händlerbörse und eine Auktionsbörse. Während im Jahr 2009 etwa 2.700 Aktien über die London Stock Exchange durch Broker gehandelt wurden, wurden gleichzeitig 900 Wertpapiere über das Auktionssystem SETS (Stock Exchange Trading System) gehandelt. An der SETS haben die Händler die Möglichkeit, ihre Kaufs- oder Verkaufsorder zu einem angegebenen Preis in einer begrenzten Periode aufzugeben oder aber eine angegebene Menge an Aktien zum besten Preis mit sofortiger Wirkung zu erwerben.

> **Merke!**
>
> Der **Auktionsmarkt** ist ortsgebunden. Hier wird der Aktienkurs mithilfe eines Auktionssystems ermittelt.

▶ **Auf den Punkt gebracht: Bei den Börsenformen wird zwischen der Präsenzbörse und der Computerbörse unterschieden. Während an der Präsenzbörse der Handel und die Auftragsabwicklung durch Makler stattfinden, wird an der Computerbörse der Handel elektronisch abgewickelt.**

2.3.4.2 Wichtige Handelsplätze

Deutschland verfügt über insgesamt acht Börsen: Berlin, Hamburg, Hannover, Bremen, Stuttgart, Düsseldorf, München und eine der weltgrößten Handelsplätze für Wertpapiere, die Frankfurter Börse. Sie alle gehören zur „Deutsche Börse Gruppe". Die „Deutsche Börse Gruppe" ist eine der größten Börsenorganisationen der Welt, welche Unternehmen und Investoren Zugang zum Weltkapitalmarkt bietet. Weitere international führende Börsenplätze sind:

- New York Stock Exchange (NYSE),
- New Yorker Computerbörse NASDAQ,
- London Stock Exchange,
- Tokyo Stock Exchange.

2.3.4.3 New York Stock Exchange

Die New York Stock Exchange (NYSE) ist die weltgrößte Wertpapierbörse. Sie gehört zu der NYSE Euronext-Gruppe. In den Nachrichten wird oft nur von der „Wall Street" gesprochen, da die NYSE ihren Sitz in der gleichnamigen Straße in New York, USA hat.

An der NYSE werden täglich Milliarden von Aktien gehandelt. Im Jahr 2008 hatten 3.507 Unternehmen eine Börsennotierung an der NYSE. Davon waren 3.097 US-Unternehmen wie Apple, Boeing oder General Motors. Zu den deutschen Unternehmen, welche an der NYSE gelistet sind, gehören unter anderem Deutsche Bank, Fresenius Medical Care und SAP.

Aufgrund ihrer Größe und Bedeutung gilt die NYSE als Leitbörse für alle Märkte. Eine wichtige Rolle spielt der bekannteste Aktienindex der NYSE, der Dow Jones Industrial Average. Dieser setzt sich aus den dreißig größten US-Unternehmen zusammen und ist ein weltweiter Indikator für die Stimmung auf dem Aktienmarkt. Die Auf- und Abwärtsbewegungen des Dow Jones beeinflussen die Kursentwicklungen auf dem gesamten Globus. Wenn die Anleger von sinkenden Kursen an der Wall Street hören, verkaufen sie sofort ihre Aktien, was eben zu einem Kursverfall in London oder Frankfurt führt.

Merke!

Die **New York Stock Exchange** (NYSE) ist die weltgrößte Wertpapierbörse und gilt somit als Leitbörse für alle Märkte.

Die im Dow Jones gelisteten Aktien müssen keine bestimmten Aufnahmekriterien erfüllen. Die Zusammensetzung der dreißig Unternehmen wird von einem unabhängigen Komitee des „Wall Street Journal" festgelegt. Bei der Auswahl wird auf Umsatz, Gewinnwachstum und Marktkapitalisierung eines Unternehmens geachtet.

2.3.4.4 Frankfurter Wertpapierbörse

Die Frankfurter Wertpapierbörse, inklusive der Computerbörse Xetra, ist die wichtigste Börse Deutschlands. Mit einem Marktanteil von rund 90 % des Handels (gemessen am Umsatz) ist sie die größte und umsatzreichste Wertpapierbörse in Deutschland. Bei ausländischen Aktien betrug der Anteil rund 83 % des Umsatzes (bezogen auf Präsenzhandel der Frankfurter Wertpapierbörse und Computerbörse Xetra). Am 23. Mai 2011 wurde jedoch der maklergestützte Parketthandel der Frankfurter Börse eingestellt und komplett auf das Xetra-System umgestellt. An der Börse Frankfurt sind die Aktien von mehr als 10.000 nationalen und internationalen Unternehmen aus 70 Ländern notiert.

Um in Europa auf dem Kapitalmarkt zu agieren, gibt es generell zwei Wege. Die Aktiengesellschaft kann sich am EU-regulierten Markt listen lassen oder aber am regulierten Markt der Börse (regulierter inoffizieller Markt). An der Frankfurter Börse bedeutet eine Notierung auf dem regulierten Markt, dass die Aktie entweder im General-Standard- oder im Prime-Standard-Segment gelistet ist, während die Zulassung zum Handel am regulierten inoffiziellen Markt zu einer Notierung im Entry-Standard-Segment führt. Die Deutsche Börse hat mit der Einführung neuer Marktsegmente mehr Transparenz an der Frankfurter Börse geschaffen. Früher wurden die Segmente „General Standard" und „Prime Standard" als „Amtlicher Markt" und „Geregelter Markt" bezeichnet. Zu unterscheiden sind diese vom „Freiverkehr", dem ungeregelten Markt. Für Unternehmen mit Aktien, welche in Prime und General Standard gelistet werden, gelten weit striktere Regeln und Bedingungen als für die Aktiengesellschaften, welche im Freiverkehr emittieren.

Unternehmen, deren Anteile im **General Standard** gehandelt werden, müssen die entsprechenden gesetzlichen Anforderungen erfüllen. Zu den gesetzlichen Mindestanforderungen gehören Jahresberichterstattung und Ad-hoc-Mitteilungen über Ereignisse, die Auswirkungen auf den Aktienkurs haben könnten. Dieses Segment eignet sich für Unternehmen, welche Investoren auf nationaler Ebene ansprechen wollen.

Im **Prime Standard** gelten Transparenzanforderungen, welche zusätzlich zu den Anforderungen des Gesetzgebers erfüllt werden müssen. Dazu gehören die Erstellung von Quartalsberichten, das Anwenden des internationalen Rechnungslegungsstandards (IFRS) oder die Veröffentlichung eines Unternehmenskalenders mit den wichtigsten Terminen. Der Prime Standard eignet sich besonders für Unternehmen, welche für internationale Investoren attraktiv sein wollen. Aktienindizes wie der DAX nehmen ausschließlich Aktien aus dem Prime Standard auf.

Der Freiverkehr, welcher den **Entry Standard** der Frankfurter Börse beinhaltet, hat weit weniger anspruchsvolle Anforderungen. Das Segment Entry Standard eignet sich besonders für junge Unternehmen, welche bei ihrem ersten Börsengang erst Vertrauen bei Anlegern schaffen möchten. Unternehmen, die hier emittieren, müssen mehr Transparenz bieten als im normalen Freiverkehr. Zu den Voraussetzungen gehören unter anderem, eine Bank an seiner Seite zu haben, welche beratende und unterstützende Tätigkeiten übernimmt. Doch nicht nur junge Unternehmen emittieren im Entry Standard. Dieses Segment wird durchaus von namhaften Unternehmen wie Moninger Holding AG oder Schwälbchen Molkerei AG genutzt. Diese Firmen möchten zwar auf dem deutschen Markt vertreten sein, doch ist dieser Markt eher von geringer Bedeutung, als dass sie die Kosten sowie die Publikationspflichten, welche mit der Zulassung zum Prime oder General Standard entstehen, übernehmen möchten.

> ⓦ **Auf den Punkt gebracht:** Für die Notierung auf dem regulierten Markt der Frankfurter Börse wird die Aktie entweder im General-Standard- oder im Prime-Standard-Segment gelistet. Die Zulassung zum Handel am regulierten inoffiziellen Markt bedarf einer Notierung im Entry-Standard-Segment.

So wie an der NYSE der Dow Jones eine wichtige Rolle spielt, so ist der **Deutsche Aktienindex (DAX)** das wichtigste Barometer für die Aktienkurse im deutschen Raum. Der DAX vereint die Kursbewegungen der dreißig umsatzstärksten deutschen Aktiengesellschaften in einer einzigen Kennzahl und basiert auf den Kursen des elektronischen Handelssystems Xetra. Dabei steigt der DAX proportional zu dem gewichteten Durchschnitt der Aktienkurse der gelisteten Unternehmen. Diese Unternehmen werden auch als Blue Chips bezeichnet. Dazu gehören u. a. Adidas, BMW, Deutsche Telekom und Lufthansa.

Die Unternehmen, welche im DAX vertreten sind, werden regelmäßig auf ihre Eignung überprüft. Das Management der Deutschen Börse entscheidet dann, ob diese Unternehmen im DAX bleiben oder aber eventuell ausgeschlossen werden.

Hintergrund: Berechnung des DAX

Seit Mai 1999 wird der DAX anhand der Xetra-Werte ermittelt. Die Berechnung des DAX basiert auf einer komplizierten Laspeyres-Formel. Der Kurs jeder der dreißig Aktien wird nicht im Verhältnis 1/30 gewichtet, sondern anhand deren Marktkapitalisierung. Das heißt, die Unternehmen, die eine größere Marktkapitalisierung aufweisen, haben einen stärkeren Einfluss auf die DAX-Entwicklung. Die Berechnung beginnt börsentäglich (Montag bis Freitag) ab 9:00 Uhr und wird sekündlich aktualisiert. Sie endet um 17:30 Uhr. Die Berechnung erfolgt anhand der Eröffnungskurse der dreißig DAX-Unternehmen. Liegen für einzelne Aktien keine Eröffnungskurse vor, so werden die Schlusskurse des Vortags zur Berechnung genutzt.

Neben dem DAX gibt es in Deutschland zahlreiche andere Indizes. Einige wichtige davon sind:

- MDAX: Dieser Index umfasst die fünfzig Werte der mittelgroßen Unternehmen (Mid Caps). Gelistet sind hier unter anderem Axel Springer, Bilfinger oder Fielmann.
- SDAX: Hier sind die fünfzig Werte kleinerer Unternehmen vertreten (Small Caps). In diesem Index sind unter anderem Zalando, Sixt oder Bauer gelistet.
- TecDAX: Er umfasst die dreißig wichtigsten Technologiewerte. Zu diesen Unternehmen zählen u. a. Carl Zeiss Meditec AG, Nordex oder Jenoptik.

Neben den zu nationalen Börsen gehörenden Indizes gibt es auf europäischer Ebene noch den sogenannten EURO STOXX 50 und den STOXX 50. Der EURO STOXX 50 vertritt die fünfzig größten Gesellschaften innerhalb der Eurozone (z. B. BASF, Carrefour, Nokia), während im STOXX 50 die fünfzig bedeutendsten Unternehmen Europas vertreten sind (z. B. Daimler, Credit Suisse Group AG, Total).

2.4 Lern-Kontrolle

Kurz und bündig

Die Emission von Aktien ist eine Form der Eigenkapitalfinanzierung, welche einem Aktionär, also der Inhaber von Aktien, Anteilsrechte am Gesamtvermögen einer Aktiengesellschaft verschafft. Zusätzlich hat der Aktionär bestimmte Verwaltungs- und Vermögensrechte. Dazu gehören unter anderem das Recht auf Teilnahme in der Hauptversammlung oder das Recht auf anteilige Dividende. Aktien können in vielen unterschiedlichen Formen emittiert werden. Die Ausstattungsmerkmale einer Aktie variieren vor allem hinsichtlich der Gewährung unterschiedlicher Rechte. Die gängigsten Formen von Aktien sind die Stamm- und Vorzugsaktien. Die Kursentwicklung und damit der Wert einer Aktie hängen von vielen unterschiedlichen Faktoren ab. Die Kursrichtung einer Aktie kann nie mit hundertprozentiger Sicherheit vorhergesagt werden. Sie kann jedoch mithilfe der Fundamentalanalyse sowie der technischen Analyse bestimmt werden. Die Fundamentalanalyse basiert auf der Annahme, dass die Kursentwicklung von Aktien durch den inneren Wert einer Aktie bestimmt wird. Die technische Analyse hingegen betrachtet die historische Entwicklung von Kursverläufen, um die zukünftige Entwicklung eines Aktienkurses vorherzubestimmen.

Die Aktien werden wie Anleihen an der Börse gehandelt. Die Börse agiert als ein Marktplatz, wo das Angebot und die Nachfrage für Wertpapiere zusammengeführt werden. Aktien können im Zuge der Erstemission (Going Public) nach der Gründung eines Unternehmens oder bei einer Kapitalerhöhung eines bereits börsennotierten Unternehmens emittiert werden. Beim ersten Gang an die Börse gibt eine Gesellschaft erstmalig seine Aktien aus (Erstemission). Hier fungiert die Börse als Primärmarkt. Von einer Kapitalerhöhung spricht man, wenn ein Unternehmen nach einer Erstemission den Aktienmarkt erneut zur Kapitalaufstockung nutzt. Auf dem Sekundärmarkt, auch als Umlaufmarkt bezeichnet, werden bereits emittierte Wertpapiere gehandelt. Der Sekundärmarkt ist für die Bewertung und die Preisbildung der umlaufenden Wertpapiere zuständig und kann in zwei Arten unterteilt werden, den Händlermarkt und den Auktionsmarkt.

Bei den Börsenformen wird zwischen der Präsenzbörse und der Computerbörse unterschieden. Bei der Präsenzbörse wird der Handel von den Maklern persönlich abgewickelt. Bei der Computerbörse finden der Handel und die Auftragsabwicklung elektronisch statt. In Deutschland sind insgesamt acht Börsen vertreten: Berlin, Hamburg, Hannover, Bremen, Stuttgart, Düsseldorf, München und eine der weltgrößten Handelsplätze für Wertpapiere, die Frankfurter Börse. Zu den größten international führenden Börsenplätzen zählen die New

York Stock Exchange (NYSE), New Yorker Computerbörse NASDAQ, London Stock Exchange und Tokyo Stock Exchange.

❓ Let's check

1. Setzen Sie aus den fünf vorgegeben Begriffen den jeweils richtigen in die Lücken ein.

   Stückaktien, vinkulierte Namensaktien, Stammaktien, Vorzugsaktien, Inhaberaktien

   _____ räumen den Aktionären besondere Ansprüche ein, z. B. bei der Dividende, dem Stimmrecht und den Liquidationserlösen.

   _____ sind Aktien, bei denen die Übertragung an Zustimmung der Gesellschaft geknüpft ist.

   _____ werden zu gleichen Teilen ausgegeben und spiegeln somit die gleichen Anteile am Grundkapital des Emittenten wider.

   _____ gehören zu der meist verbreiteten Aktienart in Deutschland, die auf dem Prinzip der Gleichberechtigung basieren, d. h. gleiches Stimmrecht, Dividendenrecht, Recht auf Liquidationserlöse, Recht bei Kapitalerhöhung.

   Die _____ lauten auf den jeweiligen Inhaber und können ohne formellen Antrag veräußert werden. Das deutsche Aktiengesetz betrachtet diese Aktie als Regelfall.

2. Geben Sie an, ob die folgende Aussage richtig oder falsch ist.

   Eine Vorzugsaktie kann in eine Stammaktie umgewandelt werden.

   ☐ Richtig
   ☐ Falsch

3. Kreuzen Sie die richtigen Antworten an (Mehrfachnennung möglich).

   Zu den Rechten eines Stammaktionärs gehören:

   ☐ Recht auf Liquidationserlös
   ☐ Recht auf anteilige Dividende
   ☐ Mehrfachstimmrecht
   ☐ Recht auf Information
   ☐ Recht auf Gratisaktien

4. Welche der folgenden Punkte gehören zu einer Fundamentalanalyse (Mehrfachnennung).

   ☐ Makroanalyse
   ☐ Chartanalyse
   ☐ Industrieanalyse
   ☐ Analyse der Konkurrenten

5. Die Daimler AG zahlt eine Dividende von 2 € pro Aktie aus. Es wird ein konstantes Wachstum der Dividende um 5 % erwartet. Der Eigenkapitalkostensatz beträgt 11 %. Berechnen Sie den Barwert der Aktie.

   ☐ 25 €

☐ 35 €

☐ 45 €

☐ 55 €

6. Die Fundamentalanalyse vergleicht den tatsächlichen, inneren Wert der Aktie mit dem Kurswert. Wenn der errechnete Barwert der Aktie größer ist als der Kurswert, dann sollte die Aktie …

☐ … verkauft werden.

☐ … gekauft werden.

7. Geben Sie an, ob die folgende Aussage richtig oder falsch ist.
Das Momentum gibt Aufschluss darüber, mit welcher Schwungkraft sich die Kurse in Relation zum aktuellen Kursniveau bewegen.

☐ Richtig

☐ Falsch

8. Die weltgrößte Wertpapierbörse ist die …

☐ … Frankfurter Wertpapierbörse.

☐ … New York Stock Exchange.

☐ … Tokio Stock Exchange.

☐ … Hongkong Stock Exchange.

9. Beim Festpreisverfahren …

☐ … bestimmen die Anleger den Aktienpreis.

☐ … bestimmt der Emittent und das Bankenkonsortium den Aktienpreis.

☐ … bestimmt nur der Emittent den Aktienpreis.

☐ … bestimmt nur das Bankenkonsortium den Aktienpreis.

10. Geben Sie an, ob die folgenden Aussagen richtig oder falsch sind.

a. Der Prime Standard der Frankfurter Börse eignet sich besonders für Unternehmen, welche bei nationalen Investoren emittieren wollen.

☐ Richtig

☐ Falsch

b. Der MDAX umfasst die fünfzig Werte mittelgroßer Unternehmen.

☐ Richtig

☐ Falsch

c. An der Präsenzbörse wird der Handel von den Maklern persönlich abgewickelt.

☐ Richtig

☐ Falsch

❓ Vernetzende Aufgaben

1. Erklären Sie, was man unter einer Aktie versteht.

2. Nennen und erklären Sie drei Rechte der Aktionäre.

3. Die Bayer AG gibt eine Dividende in Höhe von 1,50 € aus. Der Gewinn pro Aktie beträgt EPS = 1,50 €.

a.   Man geht von einem Nullwachstum und einer vollständigen Gewinnaus-schüttung aus. Die vom Anleger geforderte Rendite liegt bei 12 %. Wie hoch müsste der theoretische Preis der Aktie sein?

b.   Nun erwartet man ein konstantes Dividendenwachstum von 8 % für die nächsten 3 Jahre sowie einen Wachstum von 5 % für die darauffolgenden zwei Jahre. Danach kann die Aktie für 10 € verkauft werden. Berechnen Sie den Barwert der Aktie.

c.   Wie ändert sich der Wert der Aktie mit einem Dividendenwachstum von 6 % für alle Zukunft?

4.   Erklären Sie den Unterschied zwischen der Fundamentalanalyse und der techni-schen Analyse.

5.   Nennen Sie die drei Arten zur Preisbestimmung von Aktien und erläutern Sie die wesentlichen Unterschiede.

6.   Besuchen Sie die Investor-Relations-Seiten von BMW (► http://www.bmwgroup.com/d/0_0_www_bmwgroup_com/investor_relations/ir_2011.html), Henkel (► http://www.henkel.de/investoren-und-analysten) und Volkswagen (► http://www.volkswagenag.com/vwag/vwcorp/content/de/investor_relations.html). Suchen Sie die rechtlichen Unterschiede zwischen den Vorzugs- und Stammak-tien heraus.

7.   Besuchen Sie die Homepage der Deutschen Börse AG (► http://deut-sche-boerse.com/dbag/dispatch/de/kir/gdb_navigation/home). Suchen Sie die aktuelle Zusammensetzung von DAX, MDAX, SDAX und TecDAX heraus.

ℹ Lesen und Vertiefen

–   Becker, H. P. (2013). *Investition und Finanzierung: Grundlagen der betrieblichen Finanzwirtschaft.* Wiesbaden: Springer Gabler Verlag, Abschn. 2.4.
    Im Kapitel „Beteiligungsfinanzierung emissionsfähiger Unternehmen" werden neben den unterschiedlichen Formen von emissionsfähigen Unternehmen auch die Aktienarten erläutert. Darüber hinaus geht der Autor auf mögliche Kapitaler-höhungsmaßnahmen ein und erklärt den Vorgang des Going Public.

–   Bösch, M. (2013). *Finanzwirtschaft: Investition, Finanzierung, Finanzmärkte und Steuerung.* München: Vahlen, Abschn. B.
    In dem Kapitel „Eigenfinanzierung" findet der Leser ausführliche Informationen zu den Grundlagen der Eigenkapitalfinanzierung.

–   Schäfer, H. (2013). *Unternehmensfinanzen: Grundzüge in Theorie und Manage-ment.* Heidelberg: Physica-Verlag, Kapitel 2, Unterkapitel 4, 5, 6.
    Dieses Buch vermittelt das Basiswissen über Aktien und stellt unterschiedliche Ansätze zur Bestimmung des Aktienwerts vor.

Optionen

Thomas Schuster, Margarita Uskova

T. Schuster, M. Uskova, *Finanzierung: Anleihen, Aktien, Optionen*,
Studienwissen kompakt, DOI 10.1007/978-3-662-46239-3_3,
© Springer-Verlag Berlin Heidelberg 2015

Lern-Agenda

In diesem Kapitel erlernen die Leser die Grundlagen von Optionen. Sie sehen den Unterschied zwischen einer Kauf- und einer Verkaufsoption und wissen, wie man diese strategisch einsetzt. Des Weiteren lernen die Leser, welche Faktoren den Optionswert beeinflussen und wie man den Optionspreis mithilfe des Black-Scholes-Modells bestimmen kann. Schließlich werden die Optionen als Eigenkapital eines Unternehmens dargestellt.

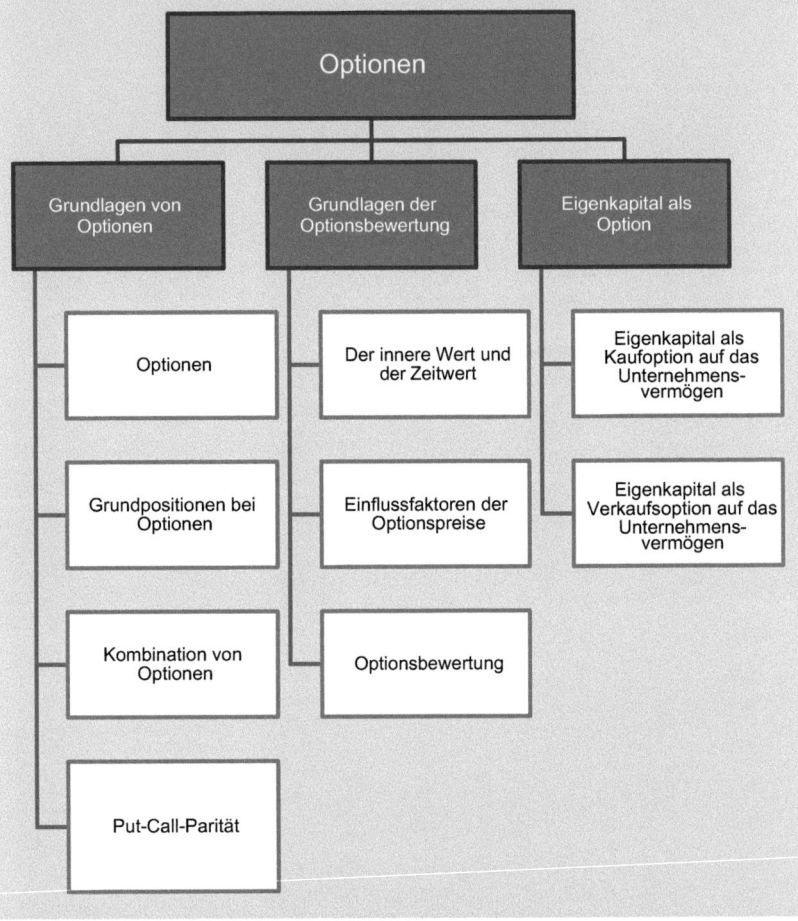

Neben Aktien und Anleihen, gehören Optionen als Derivate zu den wichtigsten Instrumenten der Finanzwelt. Der folgende Artikel gibt einen Einblick in die Bedeutung von Optionen.

Beispiel: Einschätzung von Optionen in einem FAZ-Artikel
„**Portfolio-Strategie:** Optionsscheine gegen Verluste im Aktiendepot
Seit seinem Tiefstand vor zwei Jahren hat sich der DAX inzwischen verdoppelt. Viele Aktien haben seither freilich noch deutlicher zugelegt. Spitzenreiter ist Infineon mit einem Kursplus von rund 2.100 %, gefolgt von Volkswagen mit einem Aufschlag von fast 300 %. Bei so manchem Aktionär regt sich angesichts solcher Kursgewinne Unbehagen. Statt aber gleich auf Nummer sicher zu gehen und die Aktien aus Furcht vor Kursrückgängen zu verkaufen, können Anleger durch den Kauf von Derivaten von den fallenden Kursen sogar profitieren und so einen denkbaren Depotverlust zumindest abfedern. Diese Absicherung ist derzeit vergleichsweise günstig zu haben. Zudem entgehen Anlegern dann keine Kurschancen, falls größere Rückschläge an der Börse ausbleiben sollten. Schlimmstenfalls wäre der Kaufpreis der Derivate als eine Art Versicherungsprämie verloren. (…)"
Quelle: Papon, K. (10.03.2011)

In diesem Kapitel lernen Sie, wie man ein Depot gegen fallende Kurse absichern kann, ohne die darin enthaltenen Wertpapiere zu verkaufen. Man kauft eine Verkaufsoption auf die Wertpapiere des Depots. Falls der Aktienkurs sinkt, steigt der Preis der Verkaufsoption auf diese Aktie. So werden die Kursverluste der Aktien durch die Kursgewinne der Option ausgeglichen. Falls die Kursschwankungen am Aktienmarkt, die durch die sogenannte Volatilität gemessen werden, gering sind, sind die Kurse der Optionen ebenfalls relativ günstig. Kauft man diese Optionen zur Depotabsicherung, muss man relativ wenig Geld ausgeben, um das Depot abzusichern.

3.1 Grundlagen von Optionen

In vorherigen Kapiteln haben wir bereits Anleihen und Aktien als Finanzinstrumente kennengelernt. Wir haben gesehen, dass jedes Instrument Chancen und Risiken mit sich bringt. Eine höhere Rendite geht jedoch immer mit einem höheren Risiko einher. Investoren können bei entsprechender Risikobereitschaft durch Kauf von Optionen und Futures die Chance auf eine höhere Rendite deutlich erhöhen und sich gleichzeitig gegen Kursverluste absichern. Wie der FAZ-Artikel zeigt, wird diese Strategie besonders in Zeiten nach starken Kursanstiegen angewendet. Die Absicherungsstrategie lässt sich mit sogenannten Optionen erreichen. Alternativ können Optionen verwendet werden, um höhere Renditen als am Aktienmarkt üblich zu erreichen. In diesem Fall werden Optionen zu spekulativen Zwecken gekauft.

3.1.1 **Optionen**

Optionen zählen zu den sogenannten Derivaten. Das heißt, der Preis einer Option ist von der Wertentwicklung des jeweiligen Basiswertes, auch Underlying genannt, abhängig. Basiswerte können Aktien, Anleihen, Devisen oder auch Indizes, z. B. der DAX, sein.

Eine Option gibt dem Inhaber das Recht, aber keine Verpflichtung, eine bestimmte Menge eines zugrunde liegenden Basiswertes (z. B. einer Aktie) zu einem heute festgelegten Kurs (Ausübungspreis, Basispreis), während einer Frist oder bei Fälligkeit (Verfallsdatum) zu kaufen (Kaufoption oder Call) oder zu verkaufen (Verkaufsoption oder Put). Bezüglich der Frist unterscheidet man zwischen den europäischen Optionen sowie den amerikanischen Optionen. Während eine europäische Option nur zum Verfallsdatum ausgeübt werden kann, kann der Inhaber einer amerikanischen Option diese jederzeit bis zum Verfallstag oder am Verfallstag ausüben. An der Börse werden überwiegend amerikanische Optionen gehandelt.

Grundsätzlich gibt es zwei Arten von Optionen: eine Kaufoption (Call) und eine Verkaufsoption (Put).

3.1.1.1 **Kaufoption**

Eine Kaufoption gibt dem Inhaber das Recht, eine bestimmte Menge eines zugrunde liegenden Basiswertes zu einem heute festgelegten Ausübungspreis während der Laufzeit oder bei Fälligkeit zu kaufen. Die Eigenschaften einer Kaufoption oder eines Calls sollen an dem folgenden Beispiel erläutert werden.

Ein Anleger kauft 100 europäische Kaufoptionen zum Erwerb von 100 Aktien zu einem Ausübungspreis von 100 €. Der aktuelle Aktienkurs liegt bei 95 €, die Option verfällt in vier Monaten. Der Preis pro Optionsschein beträgt 5 €. Der Optionspreis wird auch als Prämie bezeichnet, die der Anleger für die Absicherung gegen mögliche Preisschwankungen zahlt. Der Anleger investiert also insgesamt 500 €. Die europäische Kaufoption kann nur am Verfallsdatum ausgeübt werden. Wenn der Aktienkurs am Verfallstag unter 100 € liegt, wird der Anleger von seinem Recht, diese Aktie zu kaufen, keinen Gebrauch machen, da der Wert der Aktie unter 100 € liegt. Die Option verfällt. In dieser Situation verliert der Anleger seine Investition von 500 €. Die Option wird nur dann ausgeübt, wenn der Aktienkurs am Verfallsdatum über 100 € liegt. Steigt der Aktienkurs auf beispielsweise 120 €, so kauft der Anleger diese Aktien zu dem vorher festgelegten Ausübungspreis von 100 € und verkauft diese zu einem Kurs von 120 €. Dadurch realisiert er einen Gewinn von 20 € pro Aktie oder 2.000 € für 100 Aktien ($20 \cdot 100$). Da der Anleger 500 € in das Optionsgeschäft investiert hat, bleibt ihm ein Reingewinn von 1.500 € ($2.000 - 500$).

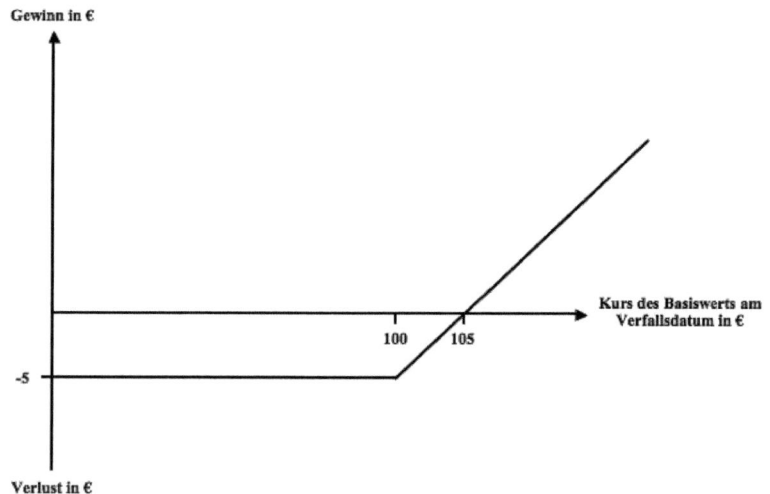

Gewinn in €

Verlust in €

Kurs des Basiswerts am Verfallsdatum in €

100   105

-5

⬛ **Abb. 3.1** Kaufoption mit Ausübungspreis = 100 € und Optionspreis = 5 €

> **Merke!**
>
> Eine **Kaufoption** gibt dem Inhaber das Recht, eine bestimmte Menge eines zugrunde liegenden Basiswertes zu einem heute festgelegten Ausübungspreis während der Laufzeit oder bei Fälligkeit zu kaufen.

Grundsätzlich wird eine Kaufoption immer dann ausgeübt, wenn der Aktienkurs den Basiskurs übersteigt. Allerdings bedeutet eine Ausübung nicht immer einen Gewinn für den Anleger. Steigt der Aktienkurs in ⬛ Abb. 3.1 nicht auf 120 €, sondern auf 102 €, so macht der Anleger zwar einen Gewinn von 200 € (100 · (102 − 100)), durch eine Investition von ursprünglich 500 € ergibt sich aus dem Optionsgeschäft jedoch ein Verlust von 300 €.

Der Wert einer Kaufoption C am Verfallstag (europäische Option) ist demnach:
a. Aktienkurs < Ausübungspreis
   C = 0,
b. Aktienkurs > Ausübungspreis
   C = Aktienkurs − Ausübungspreis.

Der Wert einer Kaufoption am Verfallstag beträgt $\max(0; S_t - X)$, wobei S_t der Aktienkurs am Ausübungsdatum ist und X der Ausübungspreis der Option ist.

Liegt der Aktienkurs unter dem Ausübungspreis, so ist die Kaufoption „aus dem Geld". Umgekehrt, wenn der Aktienkurs über dem Ausübungspreis liegt, so liegt die

Option „im Geld". Ist der Ausübungspreis ungefähr gleich dem Aktienkurs, ist die Option „am Geld".

Beispiel

Die Aktie der Deutschen Telekom steht bei 15 € und verfügt am 20. April 2014 über eine europäische Kaufoption mit folgenden Merkmalen:

Ausübungspreis = 20 €,

Optionsprämie = 5 €,

Verfallstag = 30. September 2014.

Ein Anleger kauft die Option am 20. April 2014. Am 30. September 2014 steigt der Aktienkurs auf 28 €. Die Verkaufsoption befindet sich also „im Geld", da der Aktienkurs höher als der Ausübungspreis ist. Der Anleger übt die Option am 30. September aus und realisiert einen Nettogewinn von 3 € (28 − 20 − 5).

3.1.1.2 Verkaufsoptionen

Eine **Verkaufsoption** gibt dem Inhaber das Recht, eine bestimmte Menge eines zugrunde liegenden Basiswertes zu einem heute festgelegten Ausübungspreis während einer Frist oder bei Fälligkeit zu verkaufen. Bei einer Kaufoption versucht der Käufer durch den steigenden Aktienkurs Gewinne zu erzielen. Bei einer Verkaufsoption hofft der Käufer dagegen auf einen Kursverfall. Dazu das folgende Beispiel.

Beispiel

Ein Anleger erwirbt eine europäische Verkaufsoption für 100 Anteilscheine einer Aktie mit einem Ausübungspreis von 70 €. Der aktuelle Aktienkurs liegt bei 68 €, die Option verfällt in drei Monaten. Der Anleger bezahlt eine Prämie in Höhe von 7 € pro Aktie. Die Gesamtinvestition beläuft sich auf 700 € (100 · 7). Am Verfallsdatum liegt der Aktienkurs bei 60 €. Der Anleger kauft 100 Aktien zu je 60 €, übt die Option aus und verkauft die Aktien für den festgesetzten Preis von 70 € pro Anteil. Der Gewinn aus diesem Optionsgeschäft beläuft sich auf insgesamt 1.000 € [(70 − 60) · 100]. Bei einer Investition von 700 € erzielt der Anleger so einen Reingewinn von 300 €. Der Aktienkurs kann am Verfallsdatum jedoch auch über dem Ausübungspreis liegen. Liegt der Kurs beispielsweise bei 80 €, so wird die Verkaufsoption nicht ausgeübt und verfällt. Der Anleger verliert somit seine Investition von 700 €.

┌─ **Merke!** ──────────────────────────────

Eine **Verkaufsoption** gibt dem Inhaber das Recht, eine bestimmte Menge eines zugrunde liegenden Basiswertes zu einem heute festgelegten Ausübungspreis während einer Frist oder bei Fälligkeit zu verkaufen.

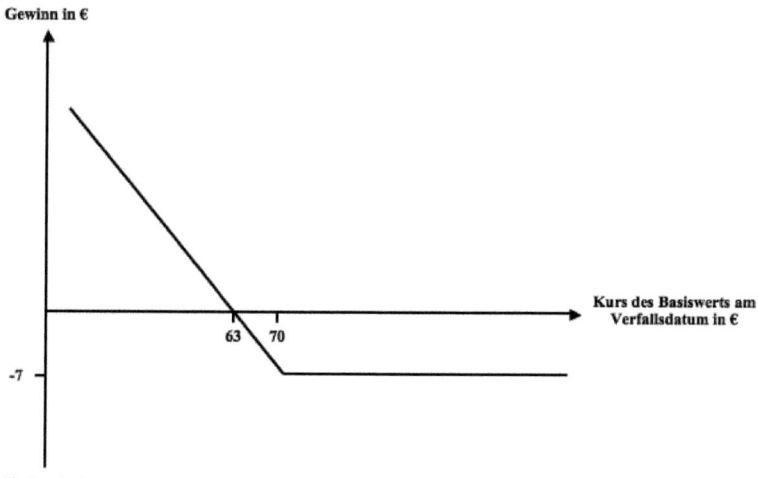

Abb. 3.2 Verkaufsoption mit Ausübungspreis = 70 € und Optionspreis = 7 €

Der Wert einer Verkaufsoption P am Verfallstag (europäische Option) ist demnach:
a. Aktienkurs > Ausübungspreis
   P = 0,
b. Aktienkurs < Ausübungspreis
   P = Ausübungspreis – Aktienkurs.

Der Wert einer Verkaufsoption am Verfallstag ist $\max(0; X - S_t)$, wobei S_t der Aktienkurs am Ausübungsdatum ist und X der Ausübungspreis der Option ist.

Liegt der Aktienkurs unter dem Ausübungspreis, so ist die Option „im Geld". Umgekehrt, wenn der Aktienkurs über dem Ausübungspreis liegt, so ist die Option „aus dem Geld". Ist der Ausübungspreis ungefähr gleich dem Aktienkurs, ist die Option „am Geld" (vgl. **Abb. 3.2).

Beispiel

Die Aktie der BASF SE steht bei 70 €. Eine europäische Kaufoption verfügt am 04. Mai 2014 über folgende Merkmale:

Ausübungspreis = 72 €,

Optionsprämie = 5 €,

Verfallstag = 30. Juni 2014.

◘ Tab. 3.1 Grundpositionen bei Optionen (Quelle: Eigene Darstellung)

	Kaufoption (Call)	Verkaufsoption (Put)
Käuferposition (Long-Position)	Recht zu kaufen	Recht zu verkaufen
Verkäuferposition (Short-Position)	Pflicht zu verkaufen	Pflicht zu kaufen

Am 30. Juni 2014 fällt der Aktienkurs auf 65 €. Die Verkaufsoption befindet sich also „im Geld", da der Aktienkurs kleiner als der Ausübungspreis ist. Der Anleger übt die Option am 30. Juni aus und realisiert einen Nettogewinn von 2 € $(72 - 65 - 5)$.

⊙ Auf den Punkt gebracht: Eine Kaufoption wird immer dann ausgeübt, wenn der Aktienkurs den Basiskurs übersteigt. Bei einer Kaufoption versucht somit der Käufer durch den steigenden Aktienkurs Gewinne zu erzielen. Eine Verkaufsoption wird immer dann ausgeübt, wenn der Aktienkurs kleiner als der Basiskurs ist. Bei einer Verkaufsoption hofft der Käufer dagegen auf einen Kursverfall.

3.1.2   Grundpositionen bei Optionen

Die vier Grundpositionen, welche man beim Optionsgeschäft eingehen kann, lauten: Kauf einer Kaufoption (im Englischen nennt man diese Position „Long Call"), Verkauf einer Kaufoption („Short Call"), Kauf einer Verkaufsoption („Long Put") und Verkauf einer Verkaufsoption („Short Put"). ◘ Tabelle 3.1 gibt eine Übersicht.

„Long-Call-Position" steht für den Kauf einer Kaufoption. Der Optionskäufer bezahlt den Optionspreis (Prämie) und erhält dafür das Recht, eine bestimmte Menge des festgelegten Basiswertes zu einem festgelegten Preis vom Verkäufer der Kaufoption zu kaufen. Der Käufer einer Kaufoption spekuliert darauf, Gewinne aus möglichen Kurssteigerungen zu erzielen. Das Verlustrisiko des Käufers einer Kaufoption begrenzt sich dabei auf den Optionspreis. Wird die Option nicht ausgeübt, verfällt die Option und der Optionspreis geht verloren. ◘ Abbildung 3.3 stellt dies graphisch dar.

Der Verkäufer einer Kaufoption („Short-Call-Position") erhält vom Käufer eine Optionsprämie (Optionspreis) und geht die Verpflichtung ein, eine bestimmte Menge eines festgelegten Basiswertes zu einem vorher festgelegten Preis zu liefern. Der Verkäufer einer Kaufoption spekuliert auf eine fallende oder konstante Kursentwicklung des Basiswertes (vgl. ◘ Abb. 3.4).

Der Käufer einer Verkaufsoption nimmt die „Long-Put-Position" ein. Das heißt, er hat das Recht, aber nicht die Pflicht, die Aktie zu einem festgelegten Preis am oder

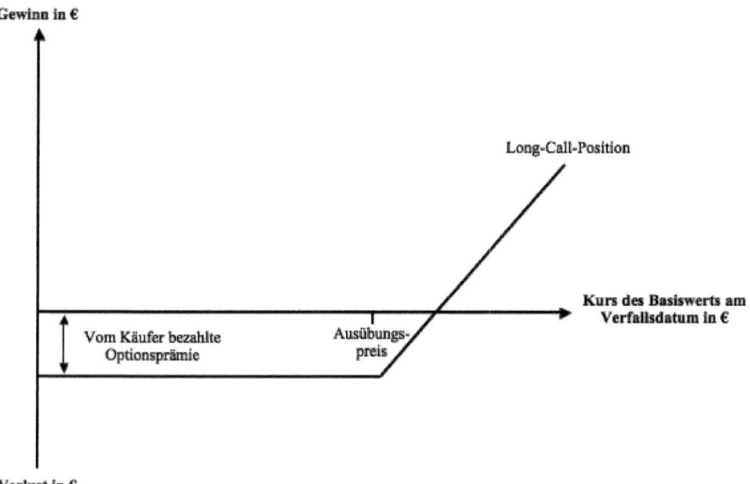

◘ Abb. 3.3 Kauf einer Kaufoption

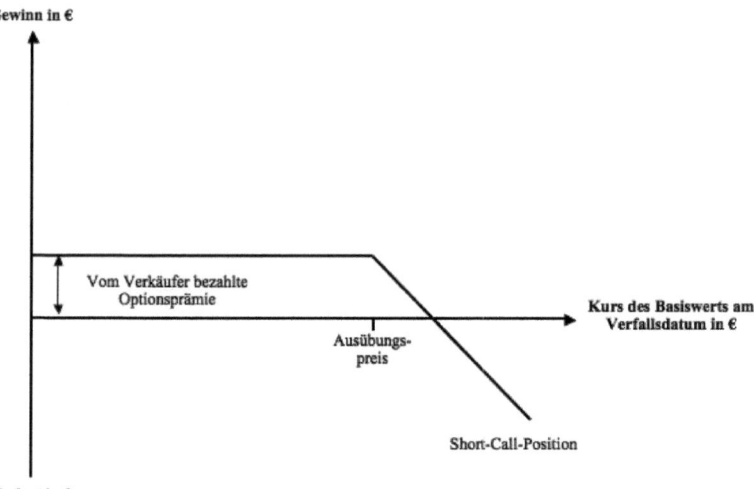

◘ Abb. 3.4 Verkauf einer Kaufoption

bis zum Fälligkeitsdatum zu verkaufen. Der Käufer einer Verkaufsoption spekuliert auf einen Kursverfall. Somit erzielt er einen Gewinn, wenn der Aktienwert unter dem

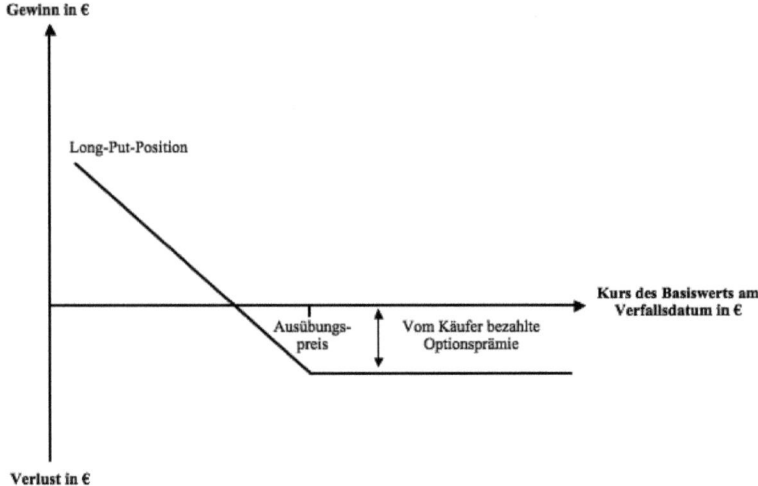

Abb. 3.5 Kauf einer Verkaufsoption

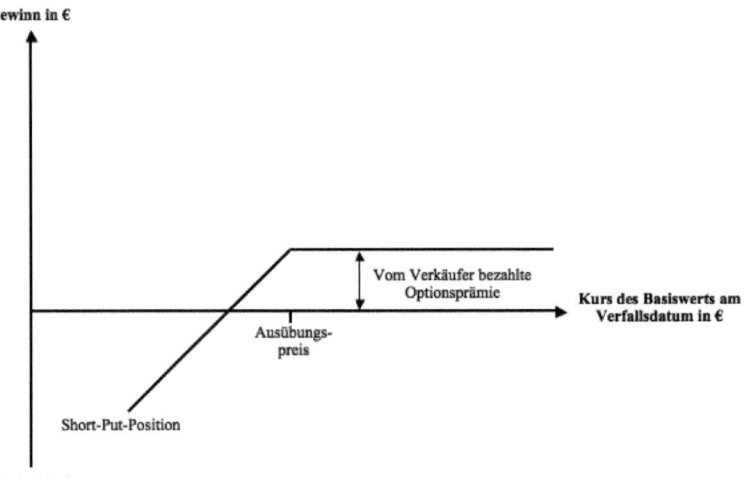

Abb. 3.6 Verkauf einer Verkaufsoption

Basiswert liegt. Wie beim Käufer einer Kaufoption ist das Verlustrisiko auf den Optionspreis begrenzt. Wird die Option nicht ausgeübt, verfällt diese und der Käufer verliert das investierte Kapital in Höhe des Optionspreises (vgl. ◘ Abb. 3.5).

Der Verkäufer einer Verkaufsoption befindet sich in der „Short-Put-Position". Der Verkäufer erhält vom Käufer eine Prämie in Form des Optionspreises und hat die Pflicht, eine bestimmte Menge eines vereinbarten Basiswertes zum festgelegten Preis auf Verlangen des Käufers einer Verkaufsoption zu erwerben. Bei diesem Optionsgeschäft spekuliert der Verkäufer auf steigende Aktienkurse (vgl. ◘ Abb. 3.6).

> ❯❯ Auf den Punkt gebracht: Die Long-Position steht bei einer Kaufoption (Call) für das Recht zu kaufen und bei der Verkaufsoption (Put) für das Recht zu verkaufen, während die Short-Position bei einer Kaufoption zum Verkauf und bei einer Verkaufsoption zum Kauf verpflichtet.

3.1.3 Kombination von Optionen

Optionen bieten eine Reihe unterschiedlicher Handelsstrategien an. Eine der Möglichkeiten stellt der Kauf einer Verkaufsoption und den gleichzeitigen Kauf einer entsprechenden Aktie, des Underlyings, dar. Diese strategische Kombination wird als Protective Put bezeichnet.

3.1.3.1 Protective Put

Die Grundidee eines Protective Puts ist die optionsbasierte Wertsicherung. Durch den Erwerb einer Verkaufsoption wird eine Sicherung gegen Kursverluste angestrebt. Der gleichzeitige Kauf des Basiswertes und der dazugehörigen Verkaufsoption begrenzt die möglichen Verluste. Mit der Verkaufsoption hat der Anleger das Recht, die bestimmte Menge eines vereinbarten Basiswertes zu einem festgelegten Preis zu verkaufen. Für die Absicherung, welche der Anleger durch den Kauf bekommt, zahlt er eine Optionsprämie. Gleichzeitig verpflichtet sich der Verkäufer zur Abnahme des vereinbarten Basiswertes. Steigt der Börsenkurs zum Verfallsdatum über den Ausübungspreis („aus dem Geld") oder ist gleich dem Ausübungspreis („am Geld"), lässt der Anleger die Option verfallen. Ist der Kurs dagegen unter dem Ausübungspreis, also „im Geld", so wird der Käufer der Verkaufsoption diese ausüben. In diesem Fall wird der Kursabfall der erworbenen Aktie durch die Wertsteigerung der Verkaufsoption kompensiert (vgl. ◘ Abb. 3.7).

> ┌─ **Merke!** ─────────────────────────────
>
> Ein **Protective Put** steht für den Erwerb einer Verkaufsoption, welche eine Sicherung gegen Kursverluste einer Aktie darstellt. Der gleichzeitige Kauf des Basiswertes und der dazugehörigen Verkaufsoption begrenzt die Verluste.

3

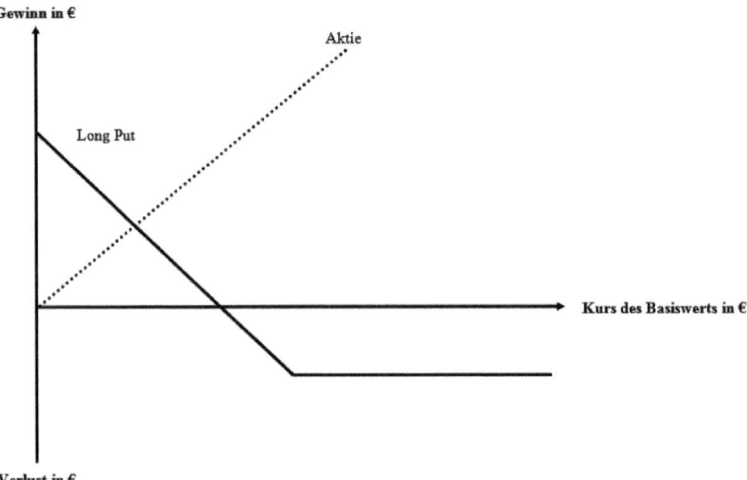

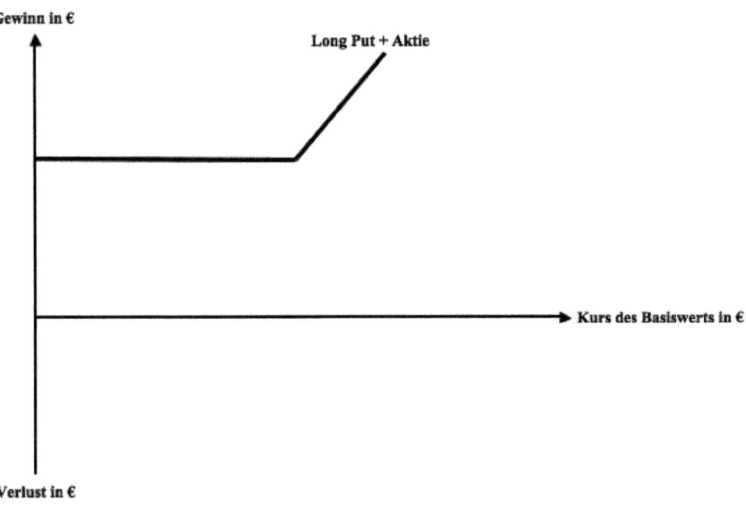

□ Abb. 3.7 Protective Put

Beispiel

Ein Anleger besitzt 1.000 Aktien der Deutschen Telekom. Der Kurs der Aktie notiert bei 10,20 €. Der Anleger möchte sich gegen mögliche Kursrückgänge der Aktien absichern und kauft 1.000 europäische Verkaufsoptionsscheine auf diese Aktie. Der Ausübungspreis der Verkaufsoption liegt bei 10 €, die Restlaufzeit beträgt drei Wochen. Der Optionspreis liegt bei 0,15 €. Die Gesamtinvestition beträgt folglich 150 € (1.000 · 0,15).

Der Aktienkurs entwickelt sich negativ. Am Ende der Laufzeit der Option liegt der Aktienkurs bei nur noch 8,50 €. Die Verkaufsoption liegt jedoch im Geld und hat einen inneren Wert von 1,50 € (10 − 8,50). Den Betrag von 1,50 € bekommt der Anleger bei der Ausübung ausbezahlt. Die Verkaufsoption resultiert in einem Gewinn von 1.350 € [(1,50 − 0,15) · 1.000].

Durch den Aktienkursverfall hat der Anleger jedoch auch einen Verlust von 1.700 € [(10,20 − 8,50) · 1.000] erlitten. Durch die Kombination der Aktie mit der Verkaufsoption beläuft sich der Gesamtverlust allerdings nur noch auf 350 €.

3.1.3.2 **Bond-Call-Strategie**

Eine äquivalente Alternative zu der Protective-Put-Strategie bietet die **Bond-Call-Strategie**. Dabei wird eine festverzinsliche Anlage mit Kaufoptionen kombiniert. Der Anleger investiert also einen Teil in eine Nullkupon-Anleihe und einen Teil in eine Kaufoption. Der Nennwert der Nullkupon-Anleihe wird dabei genau so groß gewählt wie der Ausübungspreis der Kaufoption. Die Laufzeit der Anleihe entspricht genau der Laufzeit der Option. Die Nullkupon-Anleihe sichert die Strategie mit einer Mindestrendite ab, wobei die Kaufoption es dem Anleger ermöglicht, am Aktienmarkt zu partizipieren. ◘ Abbildung 3.8 zeigt, wie sich die Bond-Call-Strategie darstellt.

> ┌─ **Merke!** ─────────────────────────────────
>
> Die **Bond-Call Strategie** ist die Kombination einer festverzinslichen Anlage mit Kaufoptionen. Dabei investiert ein Anleger einen Teil in eine Nullkupon-Anleihe und einen Teil in eine Kaufoption.

3.1.4 **Put-Call-Parität**

Das Gewinnprofil der Protective-Put- und der Bond-Call-Strategien ist genau gleich (vergleiche das jeweils untere Schaubild der ◘ Abb. 3.7 und 3.8). Aus dieser Ähnlichkeit lässt sich die Put-Call-Parität ableiten. Die Put-Call-Parität stellt die Relation zwischen dem Preis einer europäischen Kaufoption und einer europäischen Verkaufsoption dar, falls beide den gleichen Ausübungspreis sowie das gleiche Verfalls-

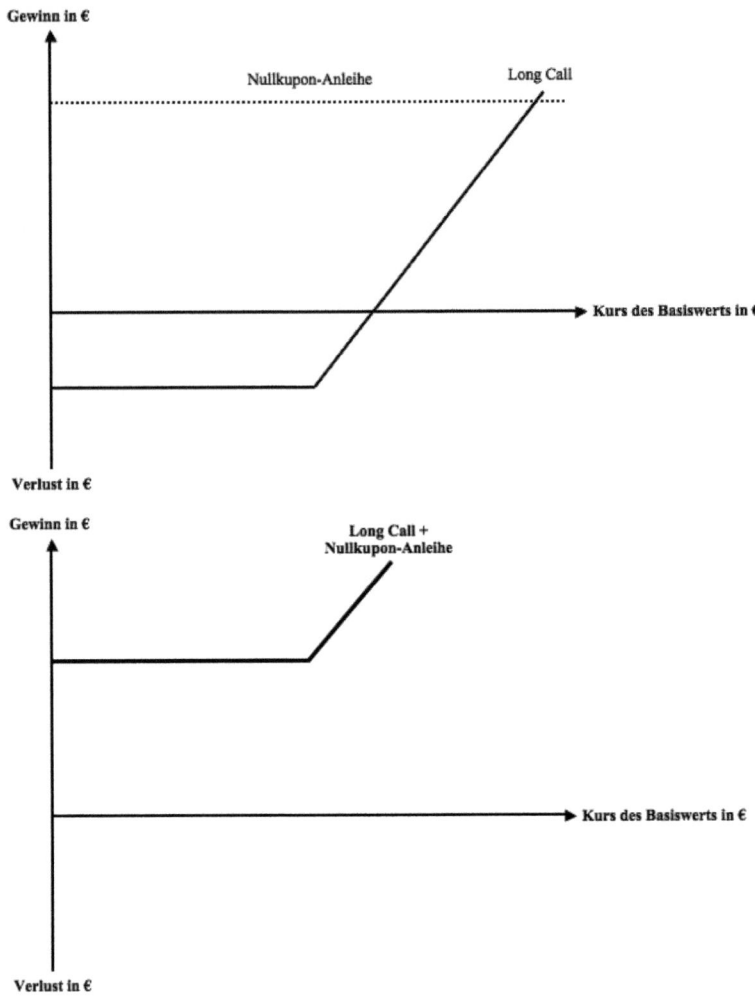

Abb. 3.8 Bond-Call-Strategie

datum haben. Es gibt zwei Möglichkeiten, einen Protective Put zu erwerben. Zum einen kann ein Anleger eine Verkaufsoption (Put) erwerben und gleichzeitig einen Basiswert (z. B. Aktie) kaufen. Folglich bestehen die Gesamtkosten aus dem Preis der Aktie sowie dem Preis der Verkaufsoption. Zum anderen kann der Anleger eine Kaufoption (Call) erwerben und diese mit einer Nullkupon-Anleihe kombinieren. In diesem Fall bestehen die Gesamtkosten aus dem Preis der Kaufoption und dem Preis der Nullkupon-Anleihe. Da die Nullkupon-Anleihe erst am Laufzeitende ausbezahlt wird, ist der Barwert der Nullkupon-Anleihe zu berücksichtigen. Da der Nennwert der Nullkupon-Anleihe genau so groß wie der Ausübungspreis gewählt wurde, geht in die Gleichung der Barwert des Ausübungspreises ein. Die Put-Call-Parität besagt, dass die Kosten der zwei Strategien, einen Protective Put zu erzeugen, genau gleich sein müssen, da auch das Gewinnprofil der zwei Strategien genau gleich ist. Somit gilt:

Aktienkurs + Preis Verkaufsoption = Preis Kaufoption + Barwert Ausübungspreis.

Wie bereits erwähnt, gilt diese Gleichung nur unter der Voraussetzung, dass die Kauf- und die Verkaufsoption die gleichen Ausübungspreise sowie Verfallsdaten haben. Die Laufzeit der Anleihe muss ebenfalls der Laufzeit der Option entsprechen.

Die Put-Call-Parität lässt sich wie folgt transformieren:

Aktienkurs = Preis Kaufoption − Preis Verkaufsoption + Barwert Ausübungspreis.

Die neue Formel zeigt, dass der Kauf einer Aktie durch den Kauf einer Kaufoption, Verkauf einer Verkaufsoption und den Kauf einer Nullkupon-Anleihe ersetzt werden kann. Da bei dieser Strategie keine Aktie gekauft wird, sondern der Kauf einer Aktie nur simuliert wird, bezeichnet man diese theoretisch erworbene Aktie als eine synthetische Aktie.

Des Weiteren lässt sich die Pull-Call-Parität wie folgt darstellen:

Aktienkurs − Preis Kaufoption = −Preis Verkaufsoption

+ Barwert Ausübungspreis.

Viele Investoren bevorzugen es, den Kauf einer Aktie mit dem Verkauf einer Kaufoption zu kombinieren. Diese konservative Strategie wird als eine gedeckte Kaufoption oder Covered Call bezeichnet. Diese Strategie ist äquivalent zu der Strategie des gleichzeitigen Verkaufs einer Verkaufsoption und den Kauf einer Nullkupon-Anleihe. Diese Strategie führt interessanterweise zum gleichen Auszahlungsprofil wie ein Protective Put oder ein Covered Bond.

Die Put-Call-Parität lässt sich beliebig umstellen und zeigt die verschiedenen Kombinationsmöglichkeiten der Optionsstrategien. Unter anderem lässt sich mit den gegebenen Werten der Preis einer Option errechnen.

Beispiel

An der Börse wird eine Kaufoption der Glück AG mit einem Ausübungspreis von 430 € und einer Laufzeit von 18 Monaten zu einem Preis von 54,35 € gehandelt. Die Aktie notiert derzeit bei ebenfalls 430 €.

Der Zinssatz für eine risikofreie Kapitalanlage beträgt 3 % p. a.

Wenn man den Preis einer Verkaufsoption mit Ausübungspreis 430 € und 18 Monaten Laufzeit bestimmen will, kann man sich die Put-Call-Parität zunutze machen.

Wir starten mit der Gleichung der Put-Call-Parität:

Aktienkurs + Preis Verkaufsoption = Preis Kaufoption + Barwert Ausübungspreis.

Uns interessiert der Preis der Verkaufsoption. Also formen wir wie folgt um:

Preis Verkaufsoption = Preis Kaufoption + Barwert Ausübungspreis − Aktienkurs.

Nun setzen wir die gegebenen Daten in die Gleichung ein:

$$54{,}35 + 430/1{,}03^{1{,}5} - 430 = 35{,}70.$$

Die Verkaufsoption sollte also mit einem Preis von 35,70 € gehandelt werden.

> **Merke!**
>
> Die **Put-Call Parität** stellt die Relation zwischen dem Preis einer europäischen Kaufoption und einer europäischen Verkaufsoption dar, wenn beide den gleichen Ausübungspreis sowie das gleiche Verfallsdatum haben.

Beispiel

Der Ausübungspreis einer Kauf- bzw. Verkaufsoption der Volkswagen AG liegt bei 55 €, die Laufzeit der Option beträgt ein Jahr und der aktuelle Aktienkurs beträgt 44 €. Am Verfallstag steigt der Aktienkurs entweder auf 58 € oder fällt auf 34 €. Ein Anleger benutzt die folgende Strategie:

1. Kauf der Aktie,
2. Kauf der Verkaufsoption,
3. Verkauf der Kaufoption.

Situation 1: Der Aktienkurs steigt auf 58 €.

Der Anleger kauft die Aktie für 58 €, die Verkaufsoption ist „aus dem Geld" (Aktienkurs > Ausübungspreis) und wird nicht ausgeübt und resultiert daher in einem Gewinn von 0 €. Durch den Verkauf der Kaufoption erzielt der Anleger einen Verlust von 3 € (58 € – 55 €), da die Kaufoption „im Geld" liegt und somit vom Käufer ausgeübt wird. Der Nettogewinn in dieser Situation beläuft sich auf 11 €, da der Anleger 14 € Gewinn aus dem Aktienkauf (58 € – 44 €) und 3 € Verlust aus dem Verkauf der Kauf-Option macht.

Situation 2: Der Aktienkurs fällt auf 34 €.

Der Kauf der Aktie resultiert in einem Verlust von 10 € (34 € – 44 €). Die Verkaufs-Option befindet sich „im Geld", da der Aktienkurs gefallen ist. Der Anleger übt die Option aus und hat einen Gewinn von 21 € (55 € – 34 €). Die Kaufoption befindet sich „aus dem Geld" und wird vom Käufer nicht ausgeübt. Somit verfällt die Kaufoption. Der Nettogewinn in dieser Situation beläuft sich ebenfalls auf 11 €.

Diese Beispiele zeigen, dass die Strategie des Anlegers kein Risiko beinhaltet, da der Gewinn immer 11 € beträgt. Das Risiko wird also durch die Kombination eliminiert. Der Kauf einer Verkaufsoption und der gleichzeitige Erwerb der zugrunde liegenden Aktie spiegeln den Verkauf einer Kaufoption wider.

Es muss jedoch beachtet werden, dass der Anleger eine Anfangsinvestition getätigt hat. Der aktuelle Aktienkurs der Volkswagen AG lag bei 44 €. Der Anleger investiert also 44 € in den Kauf dieser Aktie. Die Verkaufsoptionsprämie beträgt 7 €, für die Kaufoption erhält der Anleger 1 €. Der risikolose Zins beträgt 10 %.

Die Investition ergibt somit:

$$44 € \text{ (Aktienkauf)} + 7 € \text{ (Kauf der Verkaufsoption)} - 1 € \text{ (Verkauf der Kaufoption)}$$
$$= 50 €.$$

Der Anleger muss also eine Investition von 50 € tätigen, um eine Rückzahlung in Höhe von 11 € zu erhalten. Somit erhält der Anleger eine Verzinsung von 11 / 50 = 0,22 = 22 %.

Der Barwert des Ausübungspreises beträgt 50 € (55 / 1,1).

Setzten wir die Werte in die Put-Call-Parität ein, ergibt sich

Preis des Basiswertes + Preis Verkaufs-Option

= Preis Kauf-Option + Barwert des Ausübungspreises,

44 € + 7 € = 1 € + 50 €,

51 € = 51 €.

▶ **Auf den Punkt gebracht:** Der Kauf einer Verkaufsoption und der gleichzeitige Kauf einer entsprechenden Aktie, des Underlyings, wird als Protective Put bezeichnet. Eine äquivalente Alternative zu der Protective-Put-Strategie bietet die Bond-Call-Strategie, bei welcher eine festverzinsliche Anlage mit Kaufoptionen kombiniert wird. Das Gewinnprofil der Protective Put und der Bond-Call-Strategien ist genau gleich.

3.2 Grundlagen der Optionsbewertung

Wir haben nun gesehen, wie man den Wert einer Option am Verfallstag errechnet. Dieser Abschnitt konzentriert sich auf die Wertbestimmung einer Option zum Zeitpunkt des Kaufs.

3.2.1 Der innere Wert und der Zeitwert

Der Wert einer Option setzt sich aus zwei Bestandteilen zusammen, dem inneren Wert und dem Zeitwert. Dazu schauen wir uns das folgende Beispiel an:

Beispiel
Eine auf der Derivate-Börse Eurex gehandelte Kauf-Option auf die Aktie der adidas AG ist folgendermaßen ausgestattet:

Kaufoption auf eine Aktie der adidas AG

Zeitpunkt des Kaufs	05. Mai 2014
Ausübungspreis	35 €
Verfallsdatum	30. Juni 2014
Optionspreis	3,33 €
Aktienkurs	36 €

Da der Aktienkurs größer als der Ausübungspreis ist, befindet sich die Option „im Geld". Das heißt, bei einer sofortigen Ausübung der Kaufoption kann die Aktie einen Euro günstiger erworben werden als über die Börse. Dieser Betrag wird als der innere Wert der Option bezeichnet. Es ist ebenfalls die Wertuntergrenze der Kaufoption. Der innere Wert einer Kaufoption beträgt: Kurs des Basiswertes S – Ausübungspreis X. Der innere Wert einer Verkaufsoption ist gleich: Ausübungspreis – Kurs des Basiswertes. Der innere Wert der adidas-Option beträgt $S - X = 36 - 35 = 1,00$ €. Eine Option hat immer dann einen inneren Wert, wenn sie profitabel ausgeübt werden kann. Der innere Wert kann jedoch nicht negativ sein, da in diesem Fall die Option nicht ausgeübt wird und der direkte Kauf der Aktie an der Börse günstiger wäre. Dieser innere Wert $S - X$ ist gleichzeitig die untere Wertgrenze der Option. Die obere Wertgrenze S_0 entsteht, wenn der Ausübungspreis gleich 0 ist. Dann entspricht der innere Wert der Option dem Aktienwert, es gilt also $S_0 = S - X = S - 0 = S$. Die untere und die obere Wertgrenze sind in ◘ Abb. 3.9 grafisch dargestellt.

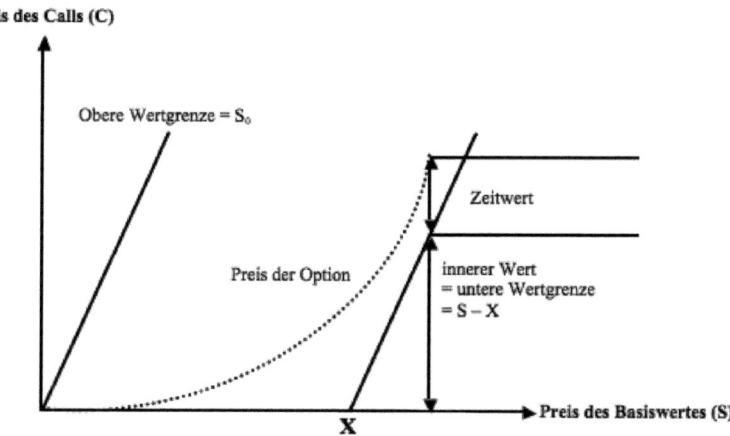

Preis des Calls (C)

Obere Wertgrenze = S_0

Zeitwert

Preis der Option

innerer Wert
= untere Wertgrenze
= $S - X$

X

Preis des Basiswertes (S)

◻ **Abb. 3.9** Innerer Wert und Zeitwert einer Option

Merke!

Der **innere Wert** einer Kaufoption ist die Differenz aus dem Kurs des Basiswertes und dem Ausübungspreis. Der innere Wert einer Verkaufsoption ist gleich Ausübungspreis minus Kurs des Basiswertes.

Die Differenz zwischen dem Preis einer Option und ihrem inneren Wert bezeichnet man als **Zeitwert**. Der Zeitwert der adidas AG Option beträgt $3{,}33 - 1{,}00 = 2{,}33$ €. Jede Option, welche noch nicht ausgeübt wurde, besitzt einen Zeitwert. Der Zeitwert stellt eine Art Prämie für mögliche zukünftige Kurssteigerungen dar. Diese fällt umso höher aus, je höher die Prognose für die Stärke der Kursschwankung (auch Volatilität genannt) ist. Das heißt, wenn eine Aktie eine höhere Wahrscheinlichkeit steigender Kurse bei Kaufoptionen oder sinkender Kurse bei Verkaufsoptionen besitzt, weist diese Optionen einen höheren Zeitwert auf. Der Zeitwert verringert sich, je unwahrscheinlicher ein profitables Optionsgeschäft scheint.

Merke!

Der **Zeitwert** ist die Differenz des Preises einer Option und ihrem inneren Wert.

Die folgende Option auf eine adidas AG Aktie unterscheidet sich im Ausübungspreis von der oben beschriebenen Option.

Beispiel

Kaufoption auf eine Aktie der adidas AG

Zeitpunkt des Kaufs	05. Mai 2014
Ausübungspreis	45 €
Verfallsdatum	30. Juni 2014
Optionspreis	0,33 €
Aktienkurs	36 €

Diese Option hat keinen inneren Wert. Die Aktie kann an der Börse viel günstiger erworben werden, da der Ausübungspreis 9 € über dem Aktienkurs liegt. Das heißt, es wäre in diesem Fall unprofitabel, eine Kaufoption auszuüben. Der Zeitwert dieser Option beträgt deshalb 0,33 €. Bei dieser Option nehmen die meisten Anleger an, dass der Kurs aufgrund geringer Volatilität nicht über 45 € steigen wird. Folglich fällt der Zeitwert dieser Kaufoption deutlich geringer aus als der Zeitwert der Kaufoption aus dem vorhergehenden Beispiel.

Generell gilt, jede Option hat einen Zeitwert, jedoch nicht immer einen inneren Wert. Während der aktuelle Kurs des Basiswertes und der Ausübungspreis den inneren Wert einer Option bestimmen, wird der Zeitwert durch die geschätzte Volatilität und die Restlaufzeit bestimmt.

> **Auf den Punkt gebracht: Der Wert einer Option setzt sich aus zwei Bestandteilen zusammen, dem inneren Wert und dem Zeitwert. Eine Option hat immer dann einen inneren Wert, wenn sie profitabel ausgeübt werden kann. Der innere Wert kann jedoch nicht negativ sein. Der Zeitwert stellt eine Art Prämie für mögliche zukünftige Kurssteigerungen dar und wird von der Volatilität der Aktie und der Restlaufzeit bestimmt.**

3.2.2   Einflussfaktoren der Optionspreise

Der Preis der Option wird durch mehrere unterschiedliche Faktoren beeinflusst. Zu diesen zählen der Ausübungspreis, die Restlaufzeit, der Kurs des Basiswertes, die Volatilität des Basiswertes und der risikolose Zinssatz.

3.2.2.1 Ausübungspreis

Ein in Relation zum aktuellen Kurs des Basiswertes höherer Ausübungspreis verringert den Wert einer Kaufoption, da der Käufer einer Kaufoption auf steigende Kurse spekuliert. Anders ist es bei der Verkaufsoption. Hier kann ein Käufer vom höheren Ausübungspreis profitieren, da er die Aktie dann zu einem höheren Preis verkaufen kann, wenn er die Option ausübt.

3.2.2.2 Restlaufzeit

Je kürzer die Restlaufzeit, desto geringer die Wahrscheinlichkeit, dass der Kurs stark schwankt. Mit abnehmender Restlaufzeit sinkt also die Wahrscheinlichkeit, dass die Option gewinnbringend ausgeübt werden kann. Somit sinkt auch der Wert einer Option.

3.2.2.3 Kurs des Basiswertes

Der Kurs des Basiswertes bestimmt den inneren Wert einer Option. Bei einem steigenden Kurs des Basiswertes erhöht sich der innere Wert einer Kaufoption, während der innere Wert einer Verkaufsoption sinkt. In der gleichen Situation steigt bei einer Kaufoption die Möglichkeit, dass die Option „im Geld" sein wird und der Anleger das Optionsgeschäft erfolgreich ausüben kann. Die Gewinnchance bei einer Verkaufsoption dagegen sinkt bei steigenden Kursen.

3.2.2.4 Volatilität des Basiswertes

Die Volatilität entspricht der annualisierten Standardabweichung der täglichen Renditen des Basiswertes und misst die erwarteten Kursschwankungen des Basiswertes. Bei starken Kursschwankungen, also einer hohen Volatilität, steigt die Wahrscheinlichkeit, dass sowohl die Kauf- als auch die Verkaufsoption „im Geld" sein werden. Während die Schwankungen für den Anleger von Vorteil sein können, steigt für den Stillhalter das Risiko. Dieses Risiko wird durch höhere Prämien kompensiert und resultiert daher in einem höheren Optionspreis.

3.2.2.5 Risikoloser Zinssatz

Steigende Zinssätze gehen bei Kaufoptionen mit höheren Optionsprämien einher. Die Investition des Käufers beläuft sich zunächst nur auf die Optionsprämie. Der höhere Betrag beim Kauf der Aktie zum Ausübungspreis wird erst bei der Ausübung der Option fällig. Das bedeutet, dass der Anleger in dieser Zeitspanne sein Kapital risikolos anlegen kann. Je höher der Zinssatz ist, desto attraktiver ist das. Bei den Verkaufsoptionen dagegen sinkt der Optionspreis bei steigenden Zinsen. Der Käufer erhält sein Kapital erst bei der Ausübung des Puts. ◻ Tabelle 3.2 gibt einen Überblick über die Einflussfaktoren und deren Wirkung.

3.2.3 Optionsbewertung

Die beschriebenen Faktoren haben einen Einfluss auf den Optionspreis und deuten die Richtung an. Der Optionspreis lässt sich jedoch genauer berechnen. Hierzu eignet sich besonders das Black-Scholes-Modell. Die Herleitung des Black-Scholes-Modells erfolgt über den Ansatz des Binomialmodells von Cox et al. (1979).Das Binomialmodell soll anhand des folgenden Beispiels dargestellt werden.

◘ Tab. 3.2 Einflussfaktoren und ihre Wirkung (Quelle: Eigene Darstellung)

Einflussfaktor	Veränderung	Preis der Kaufoption	Preis der Verkaufsoption
Ausübungspreis	Steigt	Fällt	Steigt
	Fällt	Steigt	Fällt
Restlaufzeit	Steigt	Steigt	Steigt
	Fällt	Fällt	Fällt
Kurs des Basiswerts	Steigt	Steigt	Fällt
	Fällt	Fällt	Steigt
Implizierte Volatilität	Steigt	Steigt	Steigt
	Fällt	Fällt	Fällt
Risikoloser Zinssatz	Steigt	Steigt	Fällt
	Fällt	Fällt	Steigt

3.2.3.1 Binomialmodell

Die Aktie der Basel AG ist mit einem aktuellen Kurs von 50 € an der Börse notiert. Es wird angenommen, dass der Aktienkurs Ende des Jahres auf 60 € steigen oder aber auf 40 € sinken wird. Des Weiteren wird angenommen, dass auf diese Aktie eine Kaufoption ausgeübt werden kann, welche eine Laufzeit von einem Jahr und einen Ausübungspreis von 50 € hat. Kredite können zum Zinssatz von 10 % p. a. aufgenommen werden.

Um den Wert dieser Kaufoption zu bestimmen, werden zwei verschiedene Strategien betrachtet. Die erste Strategie besteht darin, den Call zu kaufen. Die zweite Strategie ist etwas komplizierter und erfolgt folgendermaßen:
1. Kauf einer Hälfte der Aktie,
2. Kredit von 18,18 € basierend auf der Annahme, dass die Tilgungssumme inklusive der Zinszahlungen am Ende des Jahres 20 € beträgt (18,18 · 1,10).

○ **Tab. 3.3** Rückfluss in einem Jahr (Quelle: Hillier et al. 2013, S. 614)

Strategien	Aktienkurs = 60 €	Aktienkurs = 40 €
1. Kauf einer Kaufoption	60 − 50 = 10 €	0 €
2. Kauf ½ Aktie	½ · 60 € = 30 €	½ · 40 € = 20 €
Kredit 18,18 € mit 10 % Zinsen	−(18,18 · 1,10) = −20 €	−20 €
Summe	10 €	0 €

In den folgenden Rechnungen wird nun bewiesen, dass die Cashflows (Zahlungsströme) beider Strategien genau gleich sind. Hierbei spricht man vom Duplikationsprinzip. Dieses besagt, dass bei zwei verschiedenen Basiswerten, welche exakt die gleichen Zahlungsströme liefern, die Preise zu jedem Zeitpunkt übereinstimmen müssen (vgl. ○ Tab. 3.3).

Merke!

Das **Duplikationsprinzip** besagt, dass bei zwei verschiedenen Basiswerten, welche exakt die gleichen Zahlungsströme liefern, die Preise zu jedem Zeitpunkt übereinstimmen müssen.

Mit jeder Strategie wird der Anleger 10 € verdienen, wenn der Aktienkurs auf 60 € steigt. Bei einem sinkenden Aktienkurs liegt ein Anleger sowohl mit der ersten Strategie als auch mit der zweiten Strategie bei 0 €. Diese zwei Strategien führen den Anleger zu gleichen Ergebnissen.

Da beide Strategien die gleichen Cashflows am Ende der Laufzeit ergaben, müssen die Investitionskosten ebenfalls gleich hoch sein. Diese lassen sich wie folgt berechnen:
1. Kauf eine ½ Aktie: ½ · 50 € = 25 €,
2. Kredit von 18,18 €: 25 € − 18,18 € = 6,82 €.

Das bedeutet, die Anfangsinvestition beträgt bei der zweiten Strategie genau 6,82 €. Also muss die Kaufoption auch zu 6,82 € gehandelt werden.

3.2.3.1.1 Options-Delta
Jetzt stellt sich die Frage, wie bei der zweiten Strategie die Menge der zu kaufenden Aktien bestimmt werden kann. Hierzu schauen wir auf die Kaufoption sowie die Aktie.

Die Ausübung der Kaufoption bringt dem Anleger entweder 10 €, wenn der Aktienkurs steigt, oder aber 0 €, wenn der Aktienkurs sinkt. Der Aktienkurs wird am Ende des Jahres entweder bei 60 € oder aber bei 40 € liegen. Das heißt, der Call hat eine Spannweite von 10 € (10 − 0), während die Aktie eine Spannweite von 20 € (60 − 40) hat. Dieses kann folgendermaßen in Relation gesetzt werden:

$$\text{Options-Delta} = \text{Spannweite Option}/\text{Spannweite Aktie} = (10 - 0)/(60 - 20)$$
$$= 10/20 = 1/2.$$

Das Delta der Kaufoption beträgt 1/2. Um in einem Aktienportfolio die gleiche Cashflow-Spannweite zu erreichen wie bei der Call-Option, muss eine halbe Aktie gekauft werden. Das Risiko, eine halbe Aktie zu kaufen, sollte folglich genauso groß sein wie das Risiko, eine Kaufoption zu erwerben.

Das Delta kann wie folgt interpretiert werden. Wenn sich der Aktienpreis um 1 € ändert, schwankt der Optionspreis um den Betrag Delta, im vorliegenden Fall also um 0,50 €.

Merke!

Das **Options-Delta** besagt, wie sich der Optionspreis verändert, wenn sich der Kurs des Basiswertes um eine Einheit ändert.

3.2.3.1.2 Höhe des Kredits

Im folgenden Schritt wird erläutert, wie man den Wert des notwendigen Kredits bestimmt. Das Beispiel hat gezeigt, dass der Anleger beim Kauf einer halben Aktie mit einem Cashflow von 20 € oder 30 € rechnen kann. Das bedeutet, dass es genau 20 € mehr sind als bei der Kaufoption, welche einen Gewinn von 10 € oder 0 € bringt. Um den Call durch einen Kauf der Aktie zu duplizieren, muss ein Kredit aufgenommen werden, welcher bei Tilgung einen Wert von exakt 20 € besitzt. Dazu wird der Betrag von 20 € mit dem Zinssatz von 10 % abdiskontiert. Somit erhält man 18,18 € (20 / 1,10).

Das Gewinn-Verlust-Profil der Verkaufsoption wird demnach durch den Kauf einer bestimmten Menge Aktien und einer Fremdfinanzierung durch den Kredit nachgebildet oder repliziert. Die Anfangsinvestition des Anlegers für diese Replikation muss genau dem Wert der Kaufoption entsprechen. Für den Wert einer Kaufoption ergibt sich die folgende Formel:

$$\text{Wert eines Calls} = \text{Aktienkurs} \cdot \text{Options-Delta} - \text{Kredit},$$
$$6,82 \, € = 50 \, € \cdot 1/2 - 18,18 \, €.$$

3.2.3.1.3 Risikoneutrale Bewertung

Das gleiche Endergebnis des Optionswertes erhält man anhand des Binomialmodells mithilfe der risikoneutralen Discounted-Cashflow-Bewertung. Obwohl die Wahrscheinlichkeit, mit der die Anlage steigt oder fällt, im vorherigen nicht bekannt war, wurde der Optionspreis genau bestimmt. Das liegt daran, dass der Aktienpreis von 50 € die Erwartungen der verschiedenen Investoren über einen Kursverfall und einen Kursanstieg berücksichtigt. Die Option berücksichtigt ebenfalls diese verschiedenen Erwartungen, da ihr Wert von dem Aktienpreis abhängt.

Diese Annahme führt zu der Schlussfolgerung, dass jede beliebige Wahrscheinlichkeit zum gleichen Ergebnis führen wird. Wir wählen nun Wahrscheinlichkeiten, bei denen die Eigenkapitalrendite der risikolosen Rendite von 10 % entspricht. Die Eigenkapitalrendite bei einem Kursanstieg beträgt 20 % [(60 − 50)/50] und −20 % [(40 − 50)/50] bei einem Kursverfall. Um eine Eigenkapitalrendite von 10 % zu erreichen, erfolgt die Berechnung wie folgt:

$$10\,\% = \text{Wahrscheinlichkeit eines Kursanstiegs} \cdot 20\,\%$$
$$+ \,(1 - \text{Wahrscheinlichkeit eines Kursanstiegs}) \cdot (-20\,\%).$$

Wenn wir die Wahrscheinlichkeit eines Kursanstiegs mit p bezeichnen, gilt also:

$$0{,}1 = 0{,}2\mathrm{p} - 0{,}2(1 - \mathrm{p}).$$

Durch das Lösen der Gleichung bekommen wir somit eine Wahrscheinlichkeit von ¾ für einen Kursanstieg und eine Wahrscheinlichkeit von ¼ für einen Kursverfall. Mit diesen Wahrscheinlichkeiten kann der Wert der Kaufoption folgendermaßen bestimmt werden:

$$\text{Wert der Kaufoption} = \frac{\frac{3}{4} \cdot 10 + \frac{1}{4} \cdot 0}{1{,}10} = 6{,}82\,€.$$

Wir bekommen somit das gleiche Ergebnis wie beim Duplikationsansatz.

Dieses einstufige Binomialmodell beschreibt zwei mögliche Endzustände eines Kurses. Es kann jedoch auf mehrere Endzustände (n mögliche Endzustände) erweitert werden und wird als mehrstufiges Binomialmodell bezeichnet. Geht n gegen unendlich, was durch eine Unterteilung der Restlaufzeit in unendlich kleine Intervalle erreicht wird, ergibt sich als Grenzwert das Black-Scholes-Modell.

3.2.3.2 Black-Scholes-Modell

Das Binomialmodell findet in der Praxis wenig Anwendung, da die Aktienwerte normalerweise mehr als zwei mögliche Kurse annehmen können. Je kürzer jedoch die betrachtete Periode ist, desto weniger Möglichkeiten gibt es. Wird die betrachtete

Periode unendlich klein, so wird die Annahme von zwei Endzuständen wieder realistisch. Genau dies ist die Idee von Black und Scholes. Sie betrachten unendlich kleine (und damit auch unendlich viele) Perioden und können somit das Binomialmodell mit zwei möglichen Zuständen wieder anwenden.

Die Black-Scholes-Formel stellt eine Möglichkeit zur Berechnung des Optionswertes dar. Dazu muss bemerkt werden, dass das Black-Scholes-Modell bei europäischen Optionen, welche erst am Verfallstag ausgeübt werden können, anwendbar ist. Es ist ebenfalls verwendbar, wenn es sich um amerikanische Kaufoptionen von Aktien handelt, die keine Dividende ausschütten. Nach der Black-Scholes-Formel ist der Wert einer Kaufoption die Funktion der fünf unabhängigen Variablen Preis des Basiswertes (Aktienkurs), Ausübungspreis, Restlaufzeit, Volatilität und risikoloser Zinssatz.

$$C = f(S, X, t, \sigma, r_f),$$

wobei:

- C = Optionswert,
- S = Aktienkurs,
- X = Ausübungspreis,
- t = Restlaufzeit,
- σ = Volatilität,
- r_f = risikoloser Zinssatz.

Black-Scholes-Modell:

$$C = N(d_1) \cdot S - N(d_2) \cdot X \cdot e^{-r_f t},$$

mit:

$$d_1 = \frac{\ln\left(\frac{S}{X}\right) + \left(r_f + \frac{\sigma^2}{2}\right) t}{\sqrt{\sigma^2 t}},$$

$$d_2 = d_1 - \sqrt{\sigma^2 t},$$

wobei:

- C = Preis der Kaufoption,
- S = Aktienkurs,
- X = Ausübungspreis,
- r_f = risikoloser Zinssatz,
- σ = Volatilität des Aktienkurses,
- t = Restlaufzeit,
- $N(d_i)$ = Wert der Verteilungsfunktion der Standard-Normalverteilung.

r_f ist der risikolose Zinssatz einer Anlage mit der gleichen Restlaufzeit wie die Option.

Die Volatilität des Aktienkurses ist als annualisierte Standardabweichung der erwarteten Tagesrenditen der Aktienkurse des Basiswerts definiert. Oft werden als Ersatz für die erwarteten Renditen die historischen Renditen verwendet. Normalerweise werden die Renditen der Handelstage innerhalb des letzten Jahres genommen. Da ein Kalenderjahr rund 250 Handelstage hat, spricht man auch von der 250-Tage-Volatilität.

Die Restlaufzeit wird in Jahren angegeben. Kann die Laufzeit nicht in vollen Jahren ausgedrückt werden, so wird die Anzahl der Tage kalendergenau berechnet und die Restlaufzeit als Dezimalzahl ausgedrückt. Eine Restlaufzeit von drei Jahren und 65 Tagen entspricht also $3 + 65 / 365 = 3,178$ Jahren.

Die Formel zeigt, dass der Wert einer Kaufoption die Differenz zwischen dem aktuellen Aktienkurs S_t und dem Barwert des Ausübungspreises ist. Beide Komponenten werden mit ihrer Wahrscheinlichkeit $N(d_1)$ multipliziert. $N(d_1)$ entspricht der Menge der Aktien, welche pro Kaufoption gekauft werden müssten. $N(d_2)$ entspricht dagegen der Wahrscheinlichkeit, dass die Kaufoption beim Verfallsdatum „im Geld" notiert und somit vom Käufer ausgeübt wird.

Merke!

Die **Black-Scholes-Formel** stellt eine Möglichkeit zur Berechnung des Optionswertes dar. Danach ist der Wert einer Kaufoption eine Funktion der fünf unabhängigen Variablen Preis des Basiswertes, Ausübungspreis, Restlaufzeit, Volatilität und risikoloser Zinssatz.

Die Berechnung eines Optionspreises nach dem Black-Scholes-Modell soll exemplarisch anhand einer fiktiven Aktie der Siemens AG dargestellt werden. Die Kaufoption auf die Aktie hat folgende Eigenschaften (vergleiche Hillier et al. 2013, S. 616 ff.):

Aktienkurs: $S = 50 €$,

Ausübungspreis: $X = 49 €$,

Risikoloser Zinssatz: $r_f = 7 \%$.

Am 4. Oktober 2013 wurde die Kaufoption mit einem Schlusskurs von 4 € gehandelt. Der Verfallstag war der 21. April 2014.

Um die Black-Scholes-Formel anwenden zu können, muss die Volatilität des Aktienkurses zwischen dem 4. Oktober und dem Verfallsdatum bestimmt werden. Da dies ein Zukunftswert ist, welcher nur geschätzt werden kann, kann die Schätzung anhand historischer Daten erfolgen. Die Volatilität sollte jedoch möglichen erwarteten Ereignissen angepasst werden, welche den Aktienkurs positiv oder negativ beeinflussen könnten. Wir gehen von einer geschätzten Volatilität von 30 % pro Jahr aus.

Außerdem muss die Laufzeit tagesgenau berechnet werden. Der Wert für die Berechnung muss in Jahren ausgedrückt werden und monatsgenau erfolgen.

$$\text{Anzahl der Tage} = 27 + 30 + 31 + 31 + 28 + 31 + 21 = 199$$

Wir wissen, dass die Laufzeit 199 Tage beträgt, somit ergibt sich:

$$t = 199/365 = 0,545$$

Anhand dieser Daten lässt sich der Optionspreis mithilfe des Black-Scholes-Modells in drei Schritten berechnen:

1. Berechnung von d_1 und d_2

$$d_1 = \frac{\ln\left(\frac{S}{X}\right) + \left(\frac{r_f + s^2}{2}\right)t}{\sqrt{s^2 t}} = \frac{\ln\left(\frac{50}{49}\right) + \left(0,07 + \frac{0,3^2}{2}\right) \cdot \frac{199}{365}}{\sqrt{0,3^2 \cdot \frac{199}{365}}} = \frac{0,0202 + 0,0627}{0,2215}$$

$$= 0,3742,$$

$$d_2 = 0,3742 - \sqrt{0,09 \cdot \frac{199}{365}} = 0,1527.$$

2. Berechnung von $N(d_1)$ und $N(d_2)$

Die Berechnung der $N(d_i)$-Werte kann mithilfe der Normalverteilungstabelle erfolgen. Die Tabelle findet sich im Anhang. Bei einem gegebenen Wert von $d_1 = 0,37$ schauen wir auf die linke Randspalte bei 0,3 und auf die obere Zeile bei 7. Der gesuchte Wert ist p = 0,6443. Da die Wahrscheinlichkeit mithilfe der Tabelle nur für zweistellige Zahlen bestimmt werden, der Wert von d_1 aber 0,3742, also vierstellig ist, muss eine Interpolation durchgeführt werden. Als erstes bestimmen wir den Wert, der zwischen 0,37 und 0,38 liegt. Laut der Normalverteilungstabelle ist N(0,37) = 0,6443 und N(0,38) = 0,6480. Die Differenz zwischen 0,6443 und 0,6480 beträgt 0,0037. Wir wissen außerdem, dass 0,3742 mit 0,37 + 42 % der Differenz von 0,38 und 0,37 ist. Somit ergibt sich:

$$N(0,3742) = 0,6443 + 0,42 \cdot 0,0037 = 0,6459 = 64,59\,\%.$$

In gleicher Weise verfahren mit $d_2 = 0,1527$:

$$N(d_2) = N(0,1527) = 56,07\,\%.$$

Die Wahrscheinlichkeit, dass ein Wert mit einer Normalverteilung unter 0,3742 liegt, beträgt 64,59 %, und die Wahrscheinlichkeit, dass ein Wert unter 0,1527 liegt, beträgt 56,07 %.

3. Berechnung des Kaufoptionspreises C

$$C = S \cdot N(d_1) - X \cdot e^{-r_f t} \cdot N(d_2),$$

$$C = (50 \cdot 0,6459) - (49 \cdot e^{-0,07 \cdot 199/365} \cdot 0,5607) = 32,295 - 26,447 = 5,85 \,€.$$

Der aktuelle Preis der Kaufoption lag am 4. Oktober bei 4 €. Der hier berechnete Preis liegt bei 5,85 €. Folglich war die Kaufoption unterbewertet. Ein Anleger, welcher nach dem Black-Scholes-Modell geht, würde diese Kaufoption kaufen, um aus dem Unterschied profitieren zu können. Es sollte jedoch beachtet werden, dass die Berechnung Schätzwerte (z. B. Volatilität) enthält und somit nur eine Prognose darstellt.

Wie kann die Black-Scholes-Formel ökonomisch sinnvoll interpretiert werden? Sie zeigt analoge Formen zu dem im ▶ Abschn. 3.2.3.1 verwendeten Binomialmodell. Dieses lautete:

Wert einer Kaufoption = Aktienkurs · Options-Delta − Kredit.

Black-Scholes-Modell:

$$C = S \cdot N(d_1) - X \cdot e^{-r_f t} \cdot N(d_2).$$

Demnach entspricht $N(d_i)$ dem Options-Delta, $X \cdot e^{-r_f t} \cdot N(d_2)$ entspricht der Menge, welche ein Anleger leihen muss, um die Kaufoption zu duplizieren. In letzten Beispiel entsprach die Menge 26,45 € (49 · 0,9626 · 0,5607). Das Modell zeigt, dass die Kaufoption durch folgende Strategien dupliziert werden kann:
1. Kauf eines Anteils von 0,6459 einer Aktie,
2. Kreditaufnahme in Höhe von 26,45 €.

Das Black-Scholes-Modell ist ein sehr hilfreiches Instrument in der Bestimmung des Optionspreises. Ein Vorteil liegt in der einfachen Bestimmung der benötigten Parameter. Der Nachteil liegt in der Tatsache, dass der Parameter „Volatilität" geschätzt werden muss und somit die Formel zu falschen Schlüssen führen kann.

3.2.3.3 Sensitivitätsanalyse des Optionspreismodells nach Black und Scholes

Wie wir gesehen haben, kann der Preis einer Option durch viele unterschiedliche Faktoren beeinflusst werden. Der Preis bestimmt sich aus den fünf Parametern Aktienkurs, Ausübungspreis, risikoloser Zinssatz, Volatilität und Restlaufzeit. Während der Ausübungspreis beim Erwerb einer Option festgelegt wird und somit nicht mehr veränderbar ist, können die anderen Faktoren durchaus während der Laufzeit einer Option variieren. Diese Variabilität wird mithilfe der **Sensitivitätskennzahlen** wie Delta oder Gamma gemessen. Alle diese Kennzahlen werden mit griechischen Buchstaben bezeichnet. Deswegen nennt man diese Kennzahlen im Englischen auch „Greeks". Einzelne Optionen zeigen unterschiedliche Reaktion auf die Veränderungen dieser Einflussfaktoren. Die „Greeks" messen die Veränderung im Wert einer Kauf- oder Verkaufsoption in Relation zu den vier Faktoren und spiegeln diese in einer Kennzahl wider. Dabei werden die Faktoren einzeln betrachtet, während alle anderen Faktoren als konstant angenommen werden.

3.2.3.3.1 Delta

Delta haben wir bereits am Anfang des Kapitels kennengelernt. Es ist ein Einflussparameter für die Kursveränderung des Basiswertes. Das Delta gibt demnach an, wie sich der Optionspreis ändert, wenn sich der Kurs des Basiswertes um eine Einheit verschiebt. Zur Veranschaulichung stellen wir uns eine Kaufoption mit einem Delta von 0,5 vor. Steigt nun der Aktienkurs um einen Euro, so erhöht sich der Preis der Option um 0,5 €. In der Regel haben Kaufoptionen einen Deltawert zwischen null und eins. Wenn Delta gleich eins ist, so verhält sie sich wie der Basiswert der Aktie. Kaufoptionen, welche „im Geld" liegen, haben normalerweise ein höheres Delta als 0,5 und bewegen sich somit stärker mit dem Basiswert, je mehr sie „im Geld" liegen.

Bei Verkaufsoptionen liegt das Delta zwischen null und minus eins, da der Wert einer Verkaufsoption fällt, je weiter der Kurs des Basiswertes steigt. Eine Verkaufsoption, welche sich „im Geld" bewegt, hat normalerweise ein Delta von minus 0,5 bis minus eins.

3.2.3.3.2 Gamma

Delta ist eine dynamische Zahl, welche mit der Änderung des Basiswertes schwankt. **Gamma** drückt die Veränderung des Deltas aus, sie ist das Delta des Deltas. Wenn eine Aktie beispielsweise einen Kurs von 35 €, ein Delta von 0,5 und ein Gamma von 0,1 hat und der Aktienkurs steigt auf 36 €, so steigt auch Delta von 0,5 auf 0,6, also um 0,1. Der Preis der Option steigt folglich um 0,50 €, wenn sich der Aktienkurs von 35 € auf 36 € erhöht. Bei einer weiteren Steigerung des Aktienkurses auf 37 € erhöht sich der Optionspreis um 0,6 €. Im Gegensatz dazu sinkt Delta um ein Gamma, wenn der Kurs fällt. Die Kurssteigerung ist für den Käufer einer Kaufoption umso profitabler, je weiter die Option „im Geld" ist und Delta steigt.

Gamma hat vier Eigenschaften:

1. Gamma ist umso kleiner, je stärker die Optionen „aus dem Geld" sind. Für Kaufoptionen ist dies der Fall, wenn der Preis des Basiswertes im Vergleich zum Ausübungspreis relativ klein ist. Für Verkaufsoptionen gilt das Gegenteil.

2. Gamma ist umso kleiner, je weiter die Optionen „im Geld" sind. Das heißt, wenn bei Kaufoptionen der Preis des Basiswertes höher ist als der Ausübungspreis. Bei

Verkaufsoptionen tritt dieser Fall ein, wenn der Preis des Basiswertes kleiner ist als der Ausübungspreis.

3. Gamma ist am höchsten, wenn eine Option „am Geld" ist, d. h. der Preis des Basiswertes ist gleich dem Ausübungspreis.

4. Gamma ist für den Käufer (Long-Position) positiv und für den Verkäufer (Short-Position) einer Option negativ.

> **Merke!**
>
> **Gamma** drückt die Veränderung des Deltas aus, wenn sich der Aktienkurs verändert.

3.2.3.3.3 Theta

Die Kennzahl **Theta** beschreibt den Einfluss der Änderung der Restlaufzeit auf den Optionspreis. Der Optionspreis sinkt umso stärker, je näher er am Verfallsdatum ist. Theta ist demnach immer negativ und drückt die Veränderung des Preises bei einer Änderung der Restlaufzeit um einen Tag aus.

3.2.3.3.4 Vega

Vega misst die Änderung des Optionspreises in Bezug auf die Änderung der implizierten Volatilität. Vega gibt folglich an, wie sich der Preis einer Option ändert, wenn die implizierte Volatilität um einen Prozentpunkt steigt oder fällt. Die Kennzahl Vega ist immer positiv. Steigt die Volatilität um einen Prozentpunkt bei einem Vega = 0,30, so steigt der Optionspreis um 0,30 €.

> **▶** Auf den Punkt gebracht: Der Preis der Option wird durch mehrere unterschiedliche Faktoren beeinflusst. Zu diesen zählen der Kurs des Basiswertes, der Ausübungspreis, die Restlaufzeit, die Volatilität des Basiswertes und der risikolose Zinssatz. Außer dem Ausübungspreis, welcher nach seiner Festlegung nicht veränderbar ist, können die anderen Faktoren während der Laufzeit einer Option variieren. Diese Variabilität wird mithilfe von Sensitivitätskennzahlen gemessen.

3.3 Eigenkapital als Option

Bisher wurden die Optionen in diesem Kapitel als öffentlich gehandelte Derivate vorgestellt. In diesem Abschnitt wird Eigenkapital von Unternehmen als Option beschrieben. Die optionstheoretische Deutung lässt sich demnach auf das Eigenkapital eines Unternehmens übertragen. Um diese Anwendung zu verdeutlichen, schauen wir uns die Zusammenhänge zwischen dem Kapital in einem Unternehmen und Optionen an.

Ein Unternehmen hat die Möglichkeit, Kapital durch Eigenkapitalfinanzierung oder aber durch Fremdkapitalfinanzierung zu beschaffen. Grundsätzlich hat ein Fremdkapitalgeber oder Gläubiger einen Anspruch auf Leistungen gegenüber dem Schuldner, hier das Unternehmen. Der Schuldner hat entweder die Option, seinen Verpflichtungen nachzukommen oder aber in Zahlungsverzug zu geraten und somit die Verpflichtung nicht zu erfüllen. Der Schuldner nimmt demzufolge die Position des Käufers einer Option (Long-Position) ein. Die Position des Gläubigers kann dagegen als eine „Stillhalteposition" (Short-Position) betrachtet werden. Wenn das Unternehmen seinen Verpflichtungen nachkommt, also die Schulden begleicht, bleiben die Inhaber des Unternehmens im Besitz der Firma. Im Falle eines Konkurses geht das Unternehmen in den Besitz der Gläubiger über.

Betrachten wir hierzu das folgende Beispiel.

Beispiel

Das Unternehmen Dekor AG hat einen Auftrag zur Herstellung von Fan-Artikeln für die Fußball-WM 2018 in Russland bekommen. Um die Produktion der Fan-Artikel finanzieren zu können, hat Dekor AG Anleihen emittiert. Die Tilgungssumme zuzüglich der Zinszahlungen beläuft sich auf insgesamt 800 € und wird nach einem Jahr Laufzeit ausbezahlt. Dekor AG rechnet mit den folgenden Cashflows:

Dekor AG Cashflows (€)

	Großer Umsatz	Moderater Umsatz	Kleiner Umsatz	Kein Umsatz
Cashflow vor der Tilgung	1.000	850	700	0
Tilgung + Zinszahlungen	−800	−800	−700	0
Cashflow an Aktionäre	200	50	0	0

Quelle: Hillier et al. 2013, S. 621

Diese vier Situationen stellen den Geldfluss an die Gläubiger sowie die Aktionäre bei unterschiedlichem Umsatz der Fan-Artikel dar. Bei einem sehr guten und einem moderaten Umsatz würden die Gläubiger die volle Summe (800 €) ausgezahlt bekommen. Der Jahresüberschuss geht an die Aktionäre. Sollten jedoch die letzten beiden Situation eintreffen und die Dekor AG macht entweder nur sehr wenig oder keinen Umsatz, so bekommen die Gläubiger nicht die volle Summe von 800 € ausgezahlt, sondern den gegebenen Cashflow. Die Aktionäre gehen leer aus.

Ist der Cashflow also größer als die Kreditsumme, so können die Eigenkapitalgeber die Schulden begleichen. Das Eigenkapital ist dann die Differenz aus dem Cashflow und der Kreditsumme. Im nächsten Abschnitt wird gezeigt, dass das Eigenkapital als eine Kaufoption betrachtet werden kann.

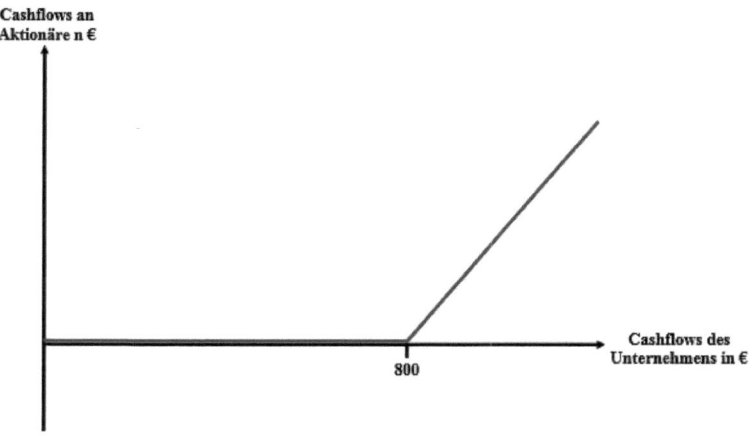

Abb. 3.10 Cashflows an die Aktionäre

3.3.1 Eigenkapital als Kaufoption auf das Unternehmensvermögen

Die Position des Eigenkapitals kann als Kaufoption auf das Unternehmensvermögen mit dem Unternehmenswert als Basiswert betrachtet werden. Die Tilgungs- und Zinszahlungen entsprechen dabei dem Ausübungspreis dieser Kaufoption.

3.3.1.1 Position der Aktionäre

Die Cashflows an die Aktionäre ist eine Funktion der Cashflows des Unternehmens. Das Eigenkapital des Unternehmens, d. h. der Marktwert der Aktien, kann als Kaufoption auf das Unternehmen aufgefasst werden. Das heißt die Aktionäre gehen leer aus, wenn die Cashflows weniger als 800 € betragen, da in diesem Fall das gesamte Kapital an die Gläubiger ausgeschüttet wird.

Die Aktionäre erzielen einen Gewinn von einem Euro für jeden Euro Cashflow, der den Wert von 800 € übersteigt. Die graphische Darstellung in ▢ Abb. 3.10 ist äquivalent zu der graphischen Darstellung einer Kaufoption. Der Gesamtwert der Aktien kann als eine Kaufoption auf den Unternehmenswert betrachtet werden mit einem Ausübungspreis in Höhe der Kreditsumme und einer Laufzeit entsprechend der Kreditlaufzeit.

Der Basiswert oder das Underlying ist in diesem Fall das Unternehmen selbst. Das heißt, die Gläubiger können in diesem Options-Szenario als Eigentümer des Unternehmens betrachtet werden. Die Aktionäre halten jedoch eine Kaufoption auf das Unternehmen mit einem Ausübungspreis von 800 €.

Steigt der Wert des Cashflows über 800 €, würden die Aktionäre die Option ausüben. Sie würden also das Unternehmen den Gläubigern für 800 € abkaufen. Der Netto-Cashflow errechnet sich aus der Differenz zwischen dem Cashflow des Unternehmens und dem Ausübungspreis. Würde des Umsatz beispielsweise bei 1.000 € liegen, würde der Gewinn der Aktionäre 200 € betragen (1.000 € − 800 €).

Sollte der Wert des Cashflows unter 800 € betragen, so würden die Aktionäre die Option nicht ausüben und diese Option fallen lassen. Der gesamte Cashflow des Unternehmens würde in diesem Fall an die Gläubiger gehen.

3.3.1.2 Position der Gläubiger

Die Gläubiger sind dazu berechtigt, ihren Anteil vor den Aktionären zu erhalten. Wenn Dekor AG also einen Umsatz unter 800 € erwirtschaftet, fließt der gesamte Cashflow an die Gläubiger. Übersteigt der Umsatz dagegen 800 €, so würde den Gläubigern die Zins- und Tilgungssumme von 800 € zustehen.

Wie bereits erwähnt, besitzen die Gläubiger das Unternehmen. Des Weiteren sind die Gläubiger die Emittenten der Kaufoption mit einem Ausübungspreis von 800 €. Bei einem Cashflow unter 800 € würde die Aktionäre das Unternehmen verlassen. Die Gläubiger würden in diesem Fall die Inhaber des Unternehmens bleiben. Übersteigt der Umsatz die 800 €, so üben die Aktionäre ihre Option aus und kaufen den Gläubigern das Unternehmen für 800 € ab.

3.3.2 Eigenkapital als Verkaufsoption auf das Unternehmensvermögen

Die Position des Eigenkapitals kann ebenfalls als Verkaufsoption auf das Unternehmensvermögen mit dem Unternehmenswert als Basiswert betrachtet werden.

3.3.2.1 Position der Aktionäre

Die Position der Aktionäre kann durch drei Ansprüche dargestellt werden:
1. Sie sind der Inhaber des Unternehmens.
2. Sie schulden den Gläubigern 800 € (Tilgungssumme + Zinszahlungen).

Wenn die Verbindlichkeiten risikolos wären, so würden diese beiden Ansprüche gelten. Es besteht jedoch die Gefahr eines Zahlungsverzugs. Dadurch ergibt sich der folgende Anspruch:
3. Die Aktionäre besitzen eine Verkaufsoption (Long-Position) auf das Unternehmen mit einem Ausübungspreis von 800 €. Die Gläubiger stellen die Verkäufer (Short-Position) der Option dar.

Nun werden zwei verschiedene Situationen betrachtet. Es wird angenommen, dass der Cashflow weniger als 800 € beträgt. Da der Ausübungspreis der Verkaufsoption 800 € beträgt, befindet sich die Option „im Geld". In diesem Fall verkaufen die Aktionäre das Unternehmen an die Gläubiger. In der Regel erhält der Halter einer Verkaufsoption bei der Ausübung dieser den Ausübungspreis. Da jedoch die Aktionäre den Gläubigern 800 € schulden, wird dieser Betrag mit dem Ausübungspreis verrechnet. Somit erhalten die Aktionäre kein Geld, wenn der Umsatz unter 800 € liegt.

Natürlich kann der Umsatz die Grenze von 800 € übersteigen. In diesem Fall ist die Verkaufsoption „aus dem Geld". Diese Option wird von den Aktionären nicht ausgeübt. Folglich bleiben die Aktionäre die Inhaber des Unternehmens und bezahlen an die Gläubiger die Tilgungssumme sowie die Zinszahlungen in Höhe von 800 €.

3.3.2.2 Position der Gläubiger

Die Position der Gläubiger kann durch zwei Ansprüche dargestellt werden:
1. Die Gläubiger haben Forderungen gegenüber dem Schuldner in Höhe von 800 €.
2. Die Gläubiger sind Verkäufer der Verkaufsoption mit einem Ausübungspreis von 800 €.

Wenn der Cashflow weniger als 800 € beträgt, werden die Aktionäre die Verkaufsoption ausüben. Die Gläubiger sind dazu verpflichtet, für das Unternehmen 800 € zu bezahlen. Da sie jedoch Forderungen in Höhe von 800 € gegenüber den Aktionären haben, wird die Zahlung durch diese Forderung ausgeglichen. Die Gläubiger werden zu den Inhabern des Unternehmens.

Bei einem Cashflow von mehr als 800 € wird die Verkaufsoption nicht ausgeübt. Die Aktionäre bleiben die Inhaber des Unternehmens. Die Gläubiger erhalten jedoch eine Zahlung von 800 €.

Mit einer risikolosen Anleihe, welche nicht das Risiko eines Zahlungsverzugs beinhaltet, stehen den Gläubigern 800 € zu. Eine risikoreiche Anleihe ist demnach die Differenz zwischen dem Wert einer risikolosen Anleihe und dem Optionswert eines Puts.

Wert einer riskanten Anleihe

= Wert einer risikolosen Anleihe — Optionswert eines Puts

Die Position der Aktionäre und der Gläubiger kann also aus der Sicht einer Kauf- und einer Verkaufsoption betrachtet werden. Diese beiden Sichtweisen sind äquivalent. Im ▶ Abschn. 3.1.4 wurde die sogenannte Put-Call-Parität angesprochen. Die Gleichung der Put-Call-Parität setzt sich wie folgt zusammen:

Preis des Basiswertes + Verkaufsoption

= Kaufoption + Barwert des Ausübungspreises.

Wendet man nun die Ergebnisse aus dem obigen Beispiel an, so lässt sich aus der Put-Call-Parität die folgende Gleichung herleiten:

Kaufoption auf das Unternehmensvermögen

= Bruttounternehmenswert + Verkaufsoption − Wert einer risikolosen Anleihe.

Diese Gleichung stimmt mit den Gesetzmäßigkeiten der Put-Call-Parität überein. Das Eigenkapital eines Unternehmens kann in Relation zu dem im Kredit an das Unternehmen erhaltenen Risiko bewertet werden. Es entspricht der Differenz zwischen dem Unternehmenswert und der Verkaufsoption sowie dem Wert der risikolosen Anleihe.

Außerdem gibt diese Gleichung die zwei Sichtweisen des Eigenkapitals entweder als Kaufoption oder als Verkaufsoption wieder:

Eigentümerposition als Kaufoption = Eigentümerposition als Verkaufsoption.

> **Auf den Punkt gebracht: Die Position des Eigenkapitals kann als Kaufoption auf das Unternehmensvermögen betrachtet werden, wobei der Unternehmenswert dem Basiswert entspricht. Die Tilgungs- und Zinszahlungen entsprechen dem Ausübungspreis dieser Kaufoption. Die Position des Eigenkapitals kann ebenfalls als Verkaufsoption auf das Unternehmensvermögen mit dem Unternehmenswert als Basiswert betrachtet werden.**

3.4 Lern-Kontrolle

Kurz und bündig

Optionen zählen zu den sogenannten Derivaten. Das heißt, der Preis einer Option ist von der Wertentwicklung des jeweiligen Basiswertes, auch Underlying genannt, abhängig. Basiswerte können Aktien, Anleihen, Devisen oder auch Indizes sein. Grundsätzlich existieren zwei Arten von Optionen: eine Kaufoption (Call) und eine Verkaufsoption (Put). Die vier Grundpositionen, welche man beim Optionsgeschäft eingehen kann, lauten: Kauf einer Kaufoption („Long Call"), Verkauf einer Kaufoption („Short Call"), Kauf einer Verkaufsoption („Long Put") und Verkauf einer Verkaufsoption („Short Put").

Optionen bieten eine Reihe unterschiedlicher Handelsstrategien an. Eine der Möglichkeiten stellt der Kauf einer Verkaufsoption und der gleichzeitige Kauf einer entsprechenden Aktie, des Underlyings, dar. Diese strategische Kombination wird als Protective Put bezeichnet. Eine äquivalente Alternative zu der Protective-Put-Strategie bietet die Bond-Call-Strategie. Dabei wird eine festverzinsliche Anlage mit einer Kaufoption kombiniert. Das Gewinnprofil der Protective-Put- und der Bond-Call-Strategie ist genau gleich. Aus dieser Ähnlichkeit kann die sogenannte Put-Call-Parität abgeleitet werden. Die Put-Call-Parität stellt die Relation zwischen dem Preis einer europäischen Kaufoption und einer europäischen Verkaufsoption dar, falls beide den gleichen Ausübungspreis sowie das gleiche Verfallsdatum haben.

Der Wert einer Option setzt sich aus zwei Bestandteilen zusammen, dem inneren Wert und dem Zeitwert. Der innere Wert einer Kaufoption ist die Differenz zwischen dem Kurs des Basiswertes und dem Ausübungspreis. Der innere Wert einer Verkaufsoption ist gleich Ausübungspreis minus Kurs des Basiswertes. Der Zeitwert ist die Differenz zwischen dem Preis einer Option und ihrem inneren Wert. Der Preis der Option wird durch mehrere unterschiedliche Faktoren beeinflusst. Zu diesen zählen der Kurs des Basiswertes, der Ausübungspreis, die Restlaufzeit, die Volatilität des Basiswertes und der risikolose Zinssatz. Die beschriebenen Faktoren haben einen Einfluss auf den Optionspreis. Mit ihnen kann man einschätzen, wie sich der Optionspreis verändert, wenn sich einer der Faktoren ändert. Der Optionspreis lässt sich mit dem Black-Scholes-Modell genau berechnen. Während der Ausübungspreis beim Erwerb einer Option festgelegt wird und somit nicht mehr veränderbar ist, können die anderen Faktoren durchaus während der Laufzeit einer Option variieren. Diese Variabilität wird mithilfe der Sensitivitätskennzahlen gemessen.

Neben ihrer Funktion als öffentlich gehandelte Derivate können Optionen auch verwendet werden, um die Eigenschaften von Eigenkapital der Unternehmen zu beschreiben. Die Position des Eigenkapitals kann als Kaufoption auf das Unternehmensvermögen mit dem Unternehmenswert als Basiswert betrachtet werden. Die Tilgungs- und Zinszahlungen entsprechen dabei dem Ausübungspreis dieser Kaufoption. Die Position des Eigenkapitals kann ebenfalls als Verkaufsoption auf das Unternehmensvermögen mit dem Unternehmenswert als Basiswert betrachtet werden.

❷ Let's check

1. Welche Strategie sollte ein Anleger bei einem steigenden Aktienkurs wählen?
   - ☐ Kauf einer Kaufoption
   - ☐ Verkauf einer Kaufoption
   - ☐ Kauf einer Verkaufsoption
   - ☐ Verkauf einer Verkaufsoption

2. Welches Recht hat der Halter einer europäischen Kaufoption?
   - ☐ Das Recht, die Option bei Fälligkeit zum Ausübungspreis zu kaufen.
   - ☐ Das Recht, die Option vor oder bei Fälligkeit zum Ausübungspreis zu kaufen.
   - ☐ Das Recht, die Option bei Fälligkeit zum Ausübungspreis zu verkaufen.
   - ☐ Das Recht, die Option bei Fälligkeit zum aktuellen Aktienkurs des Basiswerts zu kaufen.

3. Was ist das maximale Verlustrisiko des Käufers einer Kaufoption?
    ☐ Der Käufer trägt kein Risiko.
    ☐ Das Risiko beschränkt sich auf die Optionsprämie.
    ☐ Das Risiko beschränkt sich auf den Ausübungspreis.
    ☐ Das Risiko ist unbegrenzt.

4. Was ist der innere Wert einer Option?
    ☐ Der Wert, der bei der Ausübung der Option und gleichzeitiger Liquidierung des Basiswertes erzielt werden kann.
    ☐ Der Wert der Option (vor Laufzeitende).
    ☐ Der Preis, zu dem die Option verkauft werden kann.
    ☐ Der Betrag, welcher der Anleger bei der Ausübung einer Option bekommt.

5. Welche Faktoren haben einen direkten Einfluss auf den Optionswert?
    ☐ Ausübungspreis
    ☐ Restlaufzeit
    ☐ Kurs des Basiswertes
    ☐ Entwicklung des DAX

6. Welche der folgenden Aussagen sind richtig bzw. falsch?
    a. *Das Delta gibt an, wie sich der Optionspreis ändert, wenn sich der Kurs des Basiswerts um eine Einheit verändert.*
        ☐ Richtig
        ☐ Falsch
    b. *Steigende Zinssätze gehen bei Kaufoptionen mit niedrigeren Optionsprämien einher.*
        ☐ Richtig
        ☐ Falsch
    c. *Eine Option hat immer dann einen inneren Wert, wenn sie profitabel ausgeübt werden kann.*
        ☐ Richtig
        ☐ Falsch

7. Wird das Eigenkapital als Kaufoption auf das Unternehmensvermögen betrachtet, so gilt:
    ☐ Die Anteilseigner sind die Emittenten der Kaufoption.
    ☐ Der Unternehmenswert entspricht dem Basiswert.
    ☐ Tilgungs- und Zinszahlungen entsprechen dem Ausübungspreis.
    ☐ Die Gläubiger sind die Emittenten der Kaufoption.

8. Wird das Eigenkapital als Verkaufsoption aus das Unternehmensvermögen betrachtet, so gilt:
    ☐ Die Gläubiger sind die Inhaber des Unternehmens.
    ☐ Die Anteilseigner sind die Inhaber des Unternehmens.
    ☐ Die Gläubiger sind die Verkäufer der Verkaufsoption.
    ☐ Die Aktionäre besitzen eine Kaufoption.

9. Geben Sie an, ob die folgende Aussage richtig bzw. falsch ist.
   Der Schuldner nimmt die Position des Käufers einer Option (Long-Position) ein. Die Position des Gläubigers kann dagegen als eine „Stillhalteposition" (Short-Position) betrachtet werden.
   ☐ Richtig
   ☐ Falsch

❓ Vernetzende Aufgaben

1. Erläutern Sie, was man unter einer Option versteht.

2. Beschreiben Sie den Unterschied zwischen einer amerikanischen und einer europäischen Option.

3. Die Frankfurter Börse handelt eine europäische Verkaufsoption (Put) auf die Aktie der BASF SE. Der Ausübungspreis der Option beträgt 70 €, die Option verfällt in drei Monaten. Der aktuelle Aktienkurs liegt bei 64 €. Ein Anleger erwirbt die Verkaufsoption für 100 Anteilscheine der Aktie. Die Optionsprämie beträgt 6 € je Aktie.

   a. Der Aktienkurs der BASF SE beträgt zum Verfallsdatum 61 €. Welche Zahlungen ergeben sich für den Käufer der Option bei einer Ausübung der Verkaufsoption?

   b. Wie ändert sich die Situation, wenn der Aktienkurs der BASF SE zum Verfallsdatum 71 € beträgt?

4. Berechnen Sie den Preis einer Kaufsoption auf Basis des Black-Scholes-Modells anhand folgender Daten:

Aktienpreis S	38 €
Ausübungspreis X	35 €
Risikoloser Zinssatz r_f	6 % p. a.
Laufzeit t	3 Monate
Standardabweichung σ	54 % p. a.

5. Wie verhalten sich die Preise von zwei Optionen auf einen Basiswert mit unterschiedlichen Laufzeiten, aber sonst gleichen Bedingungen? Begründen Sie Ihre Antwort.

6. Suchen Sie auf der Börse Stuttgart die Daten für eine Kauf- oder Verkaufsoption eines deutschen Unternehmens mit gleichem Ausübungspreis heraus (► https://www.boerse-stuttgart.de/de/marktundkurse/hebelprodukte/optionsscheine/optionsscheine.html). Überprüfen Sie anhand der gefundenen Daten die Put-Call-Parität. Für den risikolosen Zinssatz benutzen Sie die Daten des EURIBOR. Diese finden Sie hier: ► http://de.euribor-rates.eu/.

❶ Lesen und Vertiefen

– Bieg, H., Kußmaul, H. (2009). *Finanzierung.* München: Vahlen, S. 277–289.
  Das Kapitel „Finanzmanagement mit Optionen" vermittelt Basiswissen über

Optionen. Neben den Grundbegriffen und dem Optionspreis gehen die Autoren auch auf die Gewinn- und Verlustprofile sowie Motive der Kontraktpartner, wie Absicherung oder Spekulation, ein.

– Hillier, D., Ross, S. A., Westerfield, R. W., Jaffe, J., Jordan, B. D. (2013). *Corporate Finance*. London: McGraw-Hill, S. 601–638.

Das Kapitel 22 stellt ausführlich die Optionsarten, ihre Bewertung und die Interpretation von Eigenkapital als Kauf- oder Verkaufsoption dar.

– Hull, J. C. (2012). *Optionen, Futures und andere Derivate*. München: Pearson Studium, Kapitel 9–20.

Die Kapitel 9–20 liefern detaillierte Informationen über die Arten der Optionen, Optionsmärkte, unterschiedliche Handelsstrategien bis hin zur Sensitivitätsanalyse.

– Spremann, K. (2010). *Finance*. München: Oldenbourg Wissenschaftsverlag, S. 275–315.

Das Kapitel „Optionen" gibt einen generellen Einblick über Optionen und untersucht die Themen Optionsbewertung und Kreditrisiko.

Rendite vs. Risiko

Thomas Schuster, Margarita Uskova

T. Schuster, M. Uskova, *Finanzierung: Anleihen, Aktien, Optionen,*
Studienwissen kompakt, DOI 10.1007/978-3-662-46239-3_4,
© Springer-Verlag Berlin Heidelberg 2015

Lern-Agenda

Dieses Kapitel befasst sich mit Renditen und Risiken. Die Leser lernen den Unterschied zwischen verschiedenen Renditearten kennen und können mithilfe der Standardabweichung von Renditen sowie der Korrelation zwischen zwei Renditen Risiken von Wertpapieren und Portfolios bestimmen. Sie lernen, wie sich ein optimales Portfolio nach Markowitz erstellen lässt und wie die Rendite-Risiko-Kombination von einzelnen Wertpapieren sowie von Portfolios berechnet werden kann.

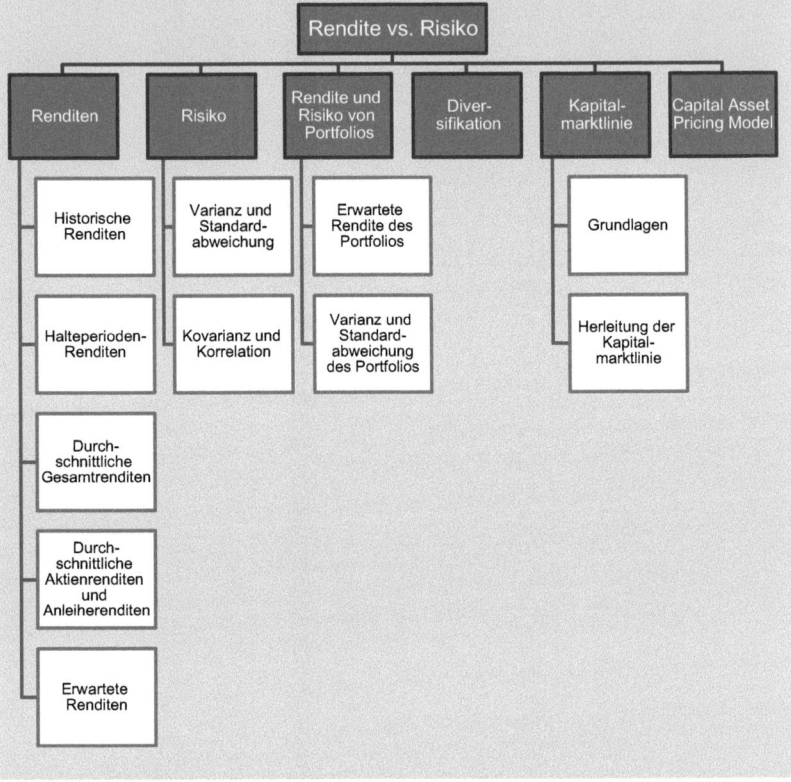

Im folgenden Statement der BASF SE spricht das Unternehmen von der stetigen Portfoliooptimierung, welche BASF SE betreibt. Durch unterschiedliche Geschäftszweige wird das Portfolio erweitert oder reduziert.

Beispiel: BASF SE – Statement zum Portfolio
„Portfoliooptimierung
In der letzten Dekade haben wir unser Portfolio entscheidend verbessert. Seit 2005 haben wir Geschäfte mit einem Umsatzvolumen von 14 Mrd. Euro akquiriert und Geschäfte mit einem Umsatzvolumen von 7 Mrd. Euro devestiert.
[…]
Unser Portfolio hat sich seit 2001 in Richtung Kundenbranchen weiter entwickelt. Maßgeschneiderte Produkte und Funktionale Materialien und Lösungen hatten in 2001 (ohne Oil & Gas) einen Anteil von ca. 50 % und in 2010 einen Anteil von ca. 60 %. Wir erwarten, dass sich dies bis 2020 auf einen Anteil von 70 % steigern wird. Dies wird unsere Ertragszyklizität reduzieren und unsere Profitabilität weiter unterstützen."
Quelle: ▶ www.basf.com (2015)

Dieses Kapitel zeigt, was Portfoliomanagement bedeutet und welche Rolle die Renditen und Risiken dabei spielen.

4.1 Renditen

4.1.1 Historische Renditen

Grundsätzlich bezeichnet eine Rendite das Verhältnis der Auszahlungen zu den Einzahlungen einer Geld- bzw. Kapitalanlage und wird meist in Prozent und jährlich angegeben. In den ▶ Kap. 1 und 2 haben wir die Renditen von Anleihen und Aktien auf der Basis von Zinsen und Dividenden kennengelernt. Die Gesamtrendite ist allerdings mehr als nur eine Dividende oder ein Zinssatz. Unter dem Begriff Rendite versteht man den gesamten Vermögenszuwachs, den ein Anleger mit seiner Investition am Ende der Laufzeit erzielt hat.

4.1.1.1 Absolute Gesamtrendite
Nehmen wir an, ein Anleger investiert in Aktien der Flieg AG. Er kauft 100 Stück am Anfang des Jahres 2014 für einen Preis von je 25 €. Das heißt, der Anleger investiert insgesamt 2.500 €.

$$\text{Investition} = 25 \, € \cdot 100 \text{ Stück} = 2.500 \, €$$

Die Flieg AG zahlte für das Jahr 2014 pro Aktie eine Dividende in Höhe von 2 €. Die Gesamtdividende beträgt für das Jahr 2014 also 200 €.

$$\text{Dividendenrendite} = 2\, € \cdot 100 \text{ Stück} = 200\, €$$

Bis Ende 2014 steigt der Aktienkurs von anfangs 25 € auf 35 €. Durch den Zuwachs des Marktwertes erzielt der Aktionär einen Gewinn von 500 €.

$$\text{Kapitalgewinnrendite} = (35 - 25) \cdot 100 = 500\, €$$

Die absolute Gesamtrendite ergibt sich nun aus der Summe der Dividendenrendite und der Kapitalgewinnrendite.

$$\text{Absolute Gesamtrendite} = \text{Dividendenrendite} + \text{Kapitalrendite}$$

Der Aktionär der Flieg AG hat somit in einem Jahr eine Gesamtrendite von 700 € erzielt.

$$\text{Absolute Gesamtrendite} = 200 + 500 = 700\, €$$

Beschließt der Aktionär die Aktien nach einem Jahr zu verkaufen, so lässt sich der Gesamterlös aus der Summe der Erstinvestition und der Gesamtrendite berechnen.

$$\text{Gesamterlös} = (25 \cdot 100) + 700 = 3.200\, €$$

> **Merke!**
>
> Die **Rendite** ist das Verhältnis der Auszahlungen zu den Einzahlungen einer Kapitalanlage. Sie wird meist in Prozent und für ein Jahr angegeben.

4.1.1.2 Prozentuale Gesamtrendite

Die Rendite wird in der Regel prozentual angegeben, da sich die Prozentwerte besser für Vergleiche eignen. Damit lässt sich berechnen, wie viel Rendite ein Anleger für eine Einheit Geld bekommt.

Die prozentuale Gesamtrendite setzt sich aus der prozentualen Dividendenrendite und der prozentualen Kapitalgewinnrendite zusammen. Die Dividendenrendite wird dabei folgendermaßen ermittelt:

In unserem Beispiel betrug der Preis der Aktie am Anfang des Jahres 2014 25 €. Die Dividende betrug 2 € je Aktie. Daraus ergibt sich eine prozentuale Dividendenrendite von:

$$D = D_{t+1}/P_t = 2/25 = 0{,}08 = 8\,\%,$$

wobei:

- D = Dividendenrendite,
- D_{t+1} = Dividende am Anfang des nächsten Jahres,
- P_t = Preis der Aktie am Anfang des Jahres.

Die prozentuale Kapitalgewinnrendite berechnet sich so:
Der Preis der Aktie stieg in 2014 von 25 auf 35 €. Somit ergibt sich eine prozentuale Kapitalgewinnrendite von:

$$K = (P_{t+1} - P_t)/P_t = (35 - 25)/25 = 0{,}4 = 40\,\%,$$

wobei:

- K = Kapitalgewinnrendite,
- P_t = Preis der Aktie am Anfang des Jahres,
- P_{t+1} = Preis der Aktie am Anfang des nächsten Jahres.

Kombiniert man die Dividendenrendite sowie die Kapitalgewinnrendite, so erhält man die prozentuale Gesamtrendite der Investition in die Aktien der Flieg AG.

$$R_{t+1} = (D_{t+1}/P_t) + (P_{t+1} - P_t/P_t) = 8\,\% + 40\,\% = 48\,\%,$$

wobei:

- R_{t+1} = Gesamtrendite am Anfang des nächsten Jahres,
- D_{t+1} = Dividende am Anfang des nächsten Jahres,
- P_t = Preis der Aktie am Anfang des Jahres,
- P_{t+1} = Preis der Aktie am Anfang des nächsten Jahres.

Somit beträgt die Dividendenrendite 8 %, die Kapitalrendite 40 % und die Gesamtrendite 48 %.

Wenn der Anleger also 5.000 € in diese Aktien investiert, würde die Gesamtrendite 5.000 € · 0,48 = 2.400 € betragen.

Beispiel

Die Aktien der Guck AG wurden Anfang 2014 zu je 15,46 € gehandelt. Die Dividende im Jahr 2014 betrug 0,60 €/Aktie. Zum Jahresende 2014 betrug der Aktienkurs 16,45 € je Aktie. Wie hoch ist die Rendite der Guck AG Aktien für 2014?

$$R_{t+1} = (D_{t+1}/P_t) + (P_{t+1} - P_t/P_t)$$
$$= (0,60/15,46) + (16,45 - 15,46)/15,46 = 3,88\% + 6,4\% = 10,28\%$$

Die Gesamtrendite der Aktien der Guck AG für das Jahr 2014 betrug 10,28 %.

4.1.2 Halteperiode-Renditen

Die Rendite wird dadurch beeinflusst, wie lange der Investor ein Wertpapier hält. Die Halteperiode-Rendite ist die Rendite, welche der Investor bekommt, wenn er ein Wertpapier über eine bestimmte Periode hält. Dieser Abschnitt erklärt die Rendite anhand von Wertpapieren unterschiedlicher Länder. Es umfasst unter anderem die Länder China, Frankreich, Großbritannien oder die Vereinigten Staaten. Die ◘ Tab. 4.1 zeigt die Entwicklung der Indexwerte verschiedener Aktienmärkte von 2005 bis 2012. Indexwerte wurden bereits im zweiten Kapitel über Aktien angesprochen. So ist der wichtigste Index für Deutschland der DAX, der Deutsche Aktienindex. Entsprechend sind die Indizes anderer Länder u. a. wie folgt: Shanghai SE 50 Share Index (China), CAC 40 (Frankreich), OMX Copenhagen 20 (Dänemark), Amsterdam SE All Shares (Niederlande), Oslo SE OBX (Norwegen), FTSE 100 (Vereinigtes Königreich) und Dow Jones Industrial Average sowie S&P500 (Vereinigte Staaten).

Merke!

Die **Halteperiode-Rendite** ist die Rendite, welche der Investor bekommt, wenn er ein Wertpapier über eine bestimmte Periode hält.

Aus ◘ Tab. 4.1 wird ersichtlich, dass die Indizes stark schwanken. Diese Entwicklung ist auf mehrere Ursachen zurückzuführen. Bis zum Jahr 2007 stiegen die Aktienkurse langsam, aber stetig an. Im Lauf des Jahres 2008 brachen die Notierungen auf Grund der weltweiten Finanzkrise ein. Danach erholten sich die Kurse wieder langsam. ◘ Tabelle 4.2 zeigt diese Entwicklung anhand der Aktienrenditen.

Hinweis: Die Renditeberechnungen berücksichtigen keine Inflation, Steuern oder Transaktionskosten.

◼ **Tab. 4.1** Indexwerte verschiedener Aktienmärkte (2005–2012) (Quelle: Hillier et al. 2013, S. 242)

Jahr	China	Dänemark	Frankreich	Deutschland	Indien	Niederlande	Norwegen	Schweden	Schweiz	Groß-britannien	USA
Jan. '05	100	100	100	100	100	100	100	100	100	100	100
Jan. '06	91,67	137,04	124,21	131,37	147,36	124,72	161,23	129,27	134,97	117,36	107,95
Jan. '07	211,24	158,97	139,39	158,93	228,27	134,30	221,07	158,86	161,31	131,46	121,49
Jan. '08	415,44	145,35	115,21	148,45	346,86	116,79	201,38	122,74	127,22	122,47	115,49
Jan. '09	148,49	95,36	64,09	83,55	152,59	53,84	123,58	90,34	76,10	86,14	69,84
Jan. '10	256,12	124,73	91,51	128,72	285,90	85,59	178,09	126,46	111,23	110,06	93,20
Jan. '11	225,23	164,96	100,60	160,87	330,17	96,90	211,29	154,06	112,91	126,16	109,40
Jan. '12	184,22	136,74	79,31	137,39	281,77	81,82	189,93	130,30	99,99	116,00	106,31

◼ **Tab. 4.2** Jährliche Aktienrenditen verschiedener Aktienmärkte (2005–2011) (Quelle: Hillier et al. 2013, S. 243)

Jahr	China	Dänemark	Frankreich	Deutschland	Indien	Niederlande	Norwegen	Schweden	Schweiz	Groß-britannien	USA
2005	-8,32	37,04	24,21	31,37	47,36	24,72	61,23	29,26	34,97	17,36	7,95
2006	130,43	15,99	12,21	20,97	54,90	7,68	37,11	22,89	19,51	12,01	12,54
2007	96,65	-8,56	-17,34	-6,59	51,94	-13,03	-8,90	-22,73	-21,13	-6,83	-4,93
2008	-64,25	-34,39	-44,36	-43,71	-56,00	-53,89	-38,63	-26,39	-40,17	-29,67	-39,52
2009	72,47	30,80	42,78	54,05	87,36	58,95	44,11	39,97	46,14	27,77	33,43
2010	-12,05	32,24	9,93	24,97	15,48	13,21	18,64	21,82	1,51	14,63	17,37
2011	-18,20	-17,10	-21,16	-14,65	-14,65	-15,56	-10,10	-15,41	-11,44	-8,05	-2,82

◼ Tabelle 4.2 zeigt, dass die Renditen für Deutschland in den Jahren 2005, 2006 und 2007 bei 31,37 %, 20,97 % und −6,59 % lagen. Wie hoch würde die Rendite für eine Anfang 2005 getätigte Investition in Höhe von 1 € am Ende des Jahres 2007 sein?

Die Rendite über die Halteperiode ist der prozentuale Erfolg, den ein Investor erzielen würde, wenn er seine Investition über eine Periode von n Jahren halten würde.

Der prozentuale Erfolg über die Halteperiode von drei Jahren ist demnach:

$$R_h = (1 + R_1) \cdot (1 + R_2) \cdot (1 + R_3)$$
$$= (1 + 0{,}3137) \cdot (1 + 0{,}2097) \cdot (1 + -0{,}0659)$$
$$= 1{,}3137 \cdot 1{,}2097 \cdot 0{,}9341$$
$$= 1{,}4845$$
$$= 148{,}45\,\%.$$

Das Beispiel zeigt, dass eine Investition über 1 € Anfang 2005 drei Jahre später 1,48 € Wert wäre. Der Betrag von 0,48 € ist der reine Gewinn, den der Anleger gehabt hätte.

Allgemein ergibt sich folgender Zusammenhang:

$$R_h = (1 + R_1) \cdot (1 + R_2) \cdot (1 + R_3) \cdot \ldots \cdot (1 + R_n),$$

wobei:

- R_h = Rendite über die Halteperiode,
- R_n = Rendite in der Periode n,
- n = Anzahl der betrachteten Perioden.

Beispiel

Angenommen ein Investment sorgt für die folgenden Renditen über eine Vier-Jahres-Periode:

Jahr	Rendite
1	10 %
2	−5 %
3	20 %
4	15 %

Dann ist die prozentuale Rendite über eine Halteperiode:

$$R_h = (1 + R_1) \cdot (1 + R_2) \cdot (1 + R_3) \cdot (1 + R_4) = 1{,}10 \cdot 0{,}95 \cdot 1{,}20 \cdot 1{,}15 = 1{,}44$$
$$= 44\,\%.$$

4.1.3 Durchschnittliche Gesamtrenditen

Es gibt eine Reihe unterschiedlicher Wertpapierarten auf dem Markt. Jedes Wertpapier erzielt eine andere durchschnittliche Rendite. Generell gilt jedoch, je höher das Risiko eines Wertpapiers, desto höher die erwartete Rendite. ◼ Abbildung 4.1 macht dies deutlich. Sie zeigt den Wert eines Dollars, welchen man im Jahr 1925 in unterschiedliche Wertpapiere investiert und bis zum Jahr 2000 gehalten hat.

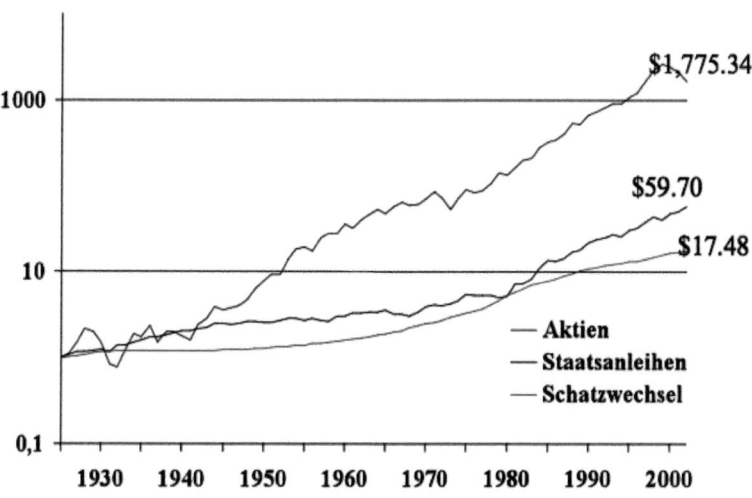

◘ Abb. 4.1 Der Endwert einer Investition von $ 1 im Jahr 1925 (Quelle: Ibbotson Staff 2003)

So haben die Aktien zwar mit 1.775,34 $, im Gegensatz zu den Staatsanleihen sowie den Schatzwechsel, die höchste Rendite gebracht. Doch ist es auch bekannt, dass eine Investition in Aktien ein höheres Risiko trägt als eine Investition in Staatsanleihen.

> **Merke!**
>
> Je höher das **Risiko** eines Wertpapiers, desto höher die erwartete Rendite.

Um eine historische Entwicklung der Gesamtrendite von Kapitalmärkten zu beschreiben, eignet sich am besten die durchschnittliche Gesamtrendite. Die durchschnittliche Gesamtrendite ist die Summe aller Renditen geteilt durch die Anzahl der Perioden. Sie wird interpretiert als die durchschnittliche Rendite in einem Jahr und kann wie folgt berechnet werden:

$$\bar{R} = \frac{(R_1 + R_2 + \ldots + R_t)}{T},$$

wobei:
- $\bar{R}$ = Durchschnittsrendite,
- R_t = Rendite in der Periode t,
- T = Summe der Perioden.

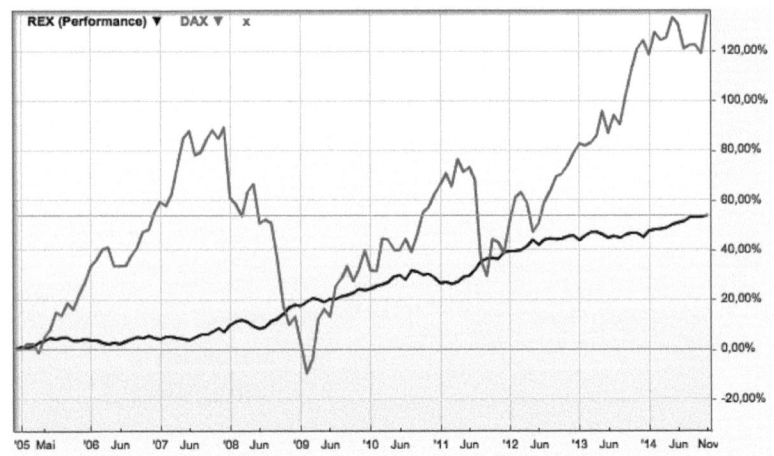

◨ **Abb. 4.2** DAX- vs. REX-Verlauf von 2005 bis 2014 (Quelle: ▶ www.boerse-frankfurt.de, Stand: 28.12.2014)

Beispiel
Die Aktienrenditen französischer Unternehmen betrugen in den Jahren 2005 und 2008 jeweils 0,2421, 0,1221, −0,1734 und −0,4436. Somit ergibt sich eine durchschnittliche Gesamtrendite von:

$$\bar{R} = (0,2421 + 0,1221 - 0,1734 - 0,4436)/4 = -0,0632 = -6,32\,\%.$$

❯ Auf den Punkt gebracht: Bei den Renditen kann zwischen der absoluten, prozentualen und durchschnittlichen Gesamtrendite sowie der Halteperiode-Rendite unterschieden werden.

4.1.4 Durchschnittliche Aktienrenditen und Anleiherenditen

Die durchschnittliche Aktienrendite kann zum Vergleich mit anderen Wertpapieren genutzt werden, beispielsweise mit Staatsanleihen. Diese zeigen deutlich geringere Schwankungen in ihrer Entwicklung. Eine der bedeutsamsten Beobachtungen in Bezug auf Aktienmarktdaten ist die Tatsache, dass Aktienrenditen langfristig höher sind als Anleihenrenditen. ◨ Abbildung 4.2 zeigt die unterschiedlichen Entwicklungen des DAX (Deutscher Aktienindex) gegenüber des REX (Deutscher Rentenindex für langfristige deutsche Staatsanleihen). Es wird deutlich, wie konstant sich zwar der REX im Gegensatz zum DAX entwickelt. Doch kann man auch erkennen, dass der DAX überwiegend eine deutliche höhere Rendite erzielt als der REX.

Investitionen in Aktien resultieren in höheren Renditen für den Anleger als Investitionen in beispielsweise Staatsanleihen. Doch der Aktionär trägt ein höheres Risiko als ein Gläubiger in Form des Ausfallrisikos im Fall der Insolvenz und in Form von Kursschwankungen. Für das von ihm zu tragende Risiko wird der Aktionär jedoch durch eine **Risikoprämie** „entlohnt". Als Risikoprämie wird der über die risikofreie Rendite hinaus gehende Teil der riskanten Rendite bezeichnet. Die Risikoprämie wird auf das zu tragende Risiko zurückgeführt. Je höher das zu tragende Risiko, desto höher die Risikoprämie. Schatzwechsel werden als risikofreie Anlagepapiere bezeichnet. Schatzwechsel sind Wertpapiere, welche vom Bund oder den Bundesländern zu Finanzierungszwecken ausgegeben werden. Sie haben in der Regel eine Laufzeit von 90 Tagen. Da sie von der Regierung ausgegeben werden, kann diese jederzeit die Steuern erhöhen, um ihre Schulden zu begleichen. Der Gläubiger geht also kein Ausfallrisiko ein. Das Kursrisiko ist ebenfalls überschaubar, da der Gläubiger bei einem sinkenden Kurs den Schatzwechsel bis zur Endfälligkeit halten kann, um dann den Nennwert ausbezahlt zu bekommen.

Die von Roger Ibbotson und Rex Sinquefield in den USA durchgeführte und 2003 veröffentlichte Studie hat die Renditen von Aktien, Anleihen und Geldmarktpapieren verglichen. Die Studien zeigen historische Renditen von 1926 bis 2002 für die folgenden fünf Typen von Finanzinstrumenten (USA):

- Aktien großer Unternehmen,
- Aktien kleiner Unternehmen,
- Langfristige Unternehmensanleihen,
- Langfristige Staatsanleihen,
- Schatzwechsel der U.S.A.

◻ Tabelle 4.3 zeigt die durchschnittliche Rendite unterschiedlicher US-amerikanischer Wertpapiere in der Zeit zwischen 1926 und 2002, wie sie in der Studie ermittelt wurden.

Aus dieser Tabelle lässt sich Folgendes schlussfolgern:
- Die durchschnittliche Überschussrendite der Aktien großer Unternehmen betrug in der Periode von 1926 bis 2002 etwa 8,4 % = 12,2 % − 3,8 %.
- Die durchschnittliche Überschussrendite der Aktien kleiner Unternehmen betrug in der Periode von 1926 bis 2002 etwa 13,1 % = 16,9 % − 3,8 %.
- Die durchschnittliche Überschussrendite der Industrieanleihen betrug in der Periode von 1926 bis 2002 etwa 2,4 % = 6,2 % − 3,8 %.

Als Überschussrendite wird der Renditeaufschlag des Wertpapiers gegenüber der risikolosen Kapitalanlage wie zum Beispiel einem Schatzwechsel bezeichnet.

◪ **Tab. 4.3** Durchschnittliche Rendite US-amerikanischer Wertpapiere (Quelle: Barad und Ibbotson Staff 2003)

Historische Renditen 1926–2002		
	Durchschnittliche Rendite	**Standardabweichung Jahresrendite**
Aktien großer Unternehmen	12,2 %	20,5 %
Aktien kleiner Unternehmen	16,9 %	33,2 %
Industrieanleihen	6,2 %	8,7 %
Staatsanleihen	5,8 %	9,4 %
Schatzwechsel	3,8 %	3,2 %

❯ **Auf den Punkt gebracht: Langfristig gesehen sind Aktienrenditen höher als Anleihenrenditen. Dafür trägt der Aktionär ein höheres Risiko als ein Gläubiger, für das er jedoch durch eine Risikoprämie „entlohnt" wird.**

4.1.5   Erwartete Renditen

Die erwartete Rendite ist die Rendite, die Investoren von einem Wertpapier erwarten. Da diese Rendite nur eine Erwartung darstellt, wird die tatsächliche Rendite meist höher oder niedriger ausfallen. Jeder Investor bewertet die ihm zugänglichen Informationen subjektiv und hat folglich eine subjektive Meinung über den erwarteten Renditewert. Deshalb kann sich die erwartete Rendite über Unternehmensinformationen definieren oder aber die Durchschnittsrendite der historischen Entwicklung eines Wertpapiers in einer bestimmten Periode darstellen.

Merke!

Die **erwartete Rendite** ist diejenige Rendite, die der Investor von einem Wertpapier in Zukunft erwartet. Sie weicht in der Regel von der tatsächlichen Rendite ab, da sie auf Erwartungen basiert.

Mathematisch ist die erwartete Rendite der Durchschnitt aller möglichen zukünftigen Renditen, gewichtet mit der Wahrscheinlichkeit ihres Auftretens.

$$E(R) = \sum_{i=1}^{n} p_i R_i,$$

wobei:

- $E(R)$ = Erwartete Rendite,
- R_i = Rendite im Zustand i,
- p_i = Wahrscheinlichkeit des Zustands i,
- n = Anzahl der Zustände.

Beispiel

Die Renditen zweier Aktien in unterschiedlichen konjunkturellen Phasen seien:

	Rendite Aktie A (R_A) in %	Rendite Aktie B (R_B) in %
Depression	−20	5
Rezession	10	20
Normal	30	−12
Boom	50	9

Die konjunkturellen Phasen sind alle gleich wahrscheinlich.
Die erwartete Rendite ist demzufolge:

Aktie A: $E(R_A) = 0{,}25 \cdot (-0{,}20) + 0{,}25 \cdot 0{,}10 + 0{,}25 \cdot 0{,}30 + 0{,}25 \cdot 0{,}50$

$= 0{,}175 = 17{,}5\,\%,$

Aktie B: $E(R_B) = 0{,}25 \cdot 5 + 0{,}25 \cdot 20 + 0{,}25 \cdot (-12) + 0{,}25 \cdot 9 = 0{,}055 = 5{,}5\,\%.$

Beispiel

Wahrscheinlichkeit p_i	Rendite R_i	$p_i \cdot R_i$
0,35	0,08	0,028
0,3	0,10	0,030
0,2	0,12	0,024
0,15	0,14	0,021
$\Sigma = 1$	–	$\Sigma = E(R) = 0{,}103 = 10{,}3\,\%$

$E(R) = 0{,}35 \cdot 0{,}08 + 0{,}3 \cdot 0{,}10 + 0{,}2 \cdot 0{,}12 + 0{,}15 \cdot 0{,}14$

$= 0{,}028 + 0{,}030 + 0{,}024 + 0{,}021$

$= 0{,}103 = 10{,}3\,\%$

4.2 **Risiko**

4.2.1 **Varianz und Standardabweichung**

4.2.1.1 **Varianz**

In dem vorangegangenen Beispiel konnte man mit einer Investition in die Aktie B eine Rendite von 5,5 % p. a. erwarten. Vergleicht man diese Investition mit einer Staatsanleihe, die 5,5 % p. a. an Rendite erzielt, so wird schnell klar, dass die erheblichen Schwankungen von Jahr zu Jahr bei der Rendite der Aktie ein gewisses Risiko darstellen. Risiko ist also die Unsicherheit, dass die erwarteten Renditen tatsächlich eintreten. Je stärker die Wertentwicklung im Zeitverlauf schwankt, desto höher ist das Risiko eines Wertpapiers. Das Instrument, das diese Schwankungen misst, ist die sogenannte Varianz. Die Varianz wird als quadratische Abweichung von der durchschnittlichen Rendite (für historische Kursdaten) oder dem Erwartungswert der zukünftigen Rendite (für erwartete Renditen) definiert.

Bei der Berechnung der Varianz muss man unterscheiden, ob man es mit historischen Renditen oder mit zukünftig erwarteten Renditen zu tun hat.

Liegen historische Kursdaten vor, berechnet sich die Varianz aus der Summe der positiven wie negativen Abweichungen vom Durchschnitt der Renditen, welche erst quadriert und anschließend durch die Anzahl der Beobachtungen minus eins dividiert werden.

$$s^2 = \mathrm{Var}(R) = \frac{1}{T-1} \sum_{t=1}^{T} \left(R_t - \bar{R}\right)^2,$$

wobei:
- s^2 = Varianz der Rendite,
- R_t = Rendite zum Zeitpunkt t,
- $\bar{R}$ = Historische Durchschnittsrendite,
- T = Anzahl der Beobachtungen,

oder bei erwarteten Renditen:

$$\sigma^2 = \mathrm{Var}(R) = \sum_{i=1}^{n} p_i (R_i - E(R))^2,$$

wobei:
- σ^2 = Varianz der Rendite,
- $E(R)$ = Erwartete Rendite,

- R_i = Rendite im Zustand i,
- p_i = Wahrscheinlichkeit des Zustands i.

Beispiel

Betrachten wir die Renditen des chinesischen Aktienmarktes zwischen 2005 und 2008 (vgl. ▣ Tab. 4.2). Diese betragen folglich −0,0832, 1,3043, 0,9665 und −0,6425. Die Varianz berechnet sich wie folgt:

$$s^2 = \mathrm{Var}(R) = \frac{1}{T-1} \sum_{t=1}^{T} (R_t - \bar{R})^2$$

$$= \left[(-0{,}0832 - 0{,}3863)^2 + (1{,}3043 - 0{,}3863)^2 + (0{,}9665 - 0{,}3863)^2 + (-0{,}6425 - 0{,}3863)^2 \right] / (4-1)$$

$$= (0{,}2204 + 0{,}8427 + 0{,}3366 + 1{,}0584)/3 = 0{,}8194.$$

Merke!

Die **Varianz** ist die quadratische Abweichung von der durchschnittlichen historischen Rendite oder dem Erwartungswert der zukünftigen Rendite.

4.2.1.2 **Standardabweichung**

Macht man das Quadrieren nun wieder rückgängig, so erhält man die Standardabweichung. Die Standardabweichung hat den Vorteil, die gleiche Skalierung wie die ursprüngliche Variable aufzuweisen und ist insofern besser für Vergleiche geeignet. Die Standardabweichung wird auch als **Volatilität** bezeichnet.

Für historische und erwartete Renditen ergibt sich dann die folgende Standardabweichung:

$$s = \mathrm{SD}(R) = \sqrt{\frac{1}{T-1} \sum_{t=1}^{T} (R_t - \bar{R})^2}$$

beziehungsweise

$$\sigma = \mathrm{SD}(R) = \sqrt{\sum_{i=1}^{n} p_i (R_i - E(R))^2}.$$

Merke!

Die **Standardabweichung** ist die Wurzel der Varianz der Rendite und wird auch als Volatilität bezeichnet.

Beispiel

Die Renditen zweier Aktien in unterschiedlichen konjunkturellen Phasen seien:

	Rendite Aktie A (R_A) in %	Rendite Aktie B (R_B) in %
Depression	−20	5
Rezession	10	20
Normal	30	−12
Boom	50	9

Die konjunkturellen Phasen sind wieder alle gleich wahrscheinlich.
Die erwartete Rendite in unserem Beispiel betrug:

Aktie A: $E(R_A) = 17,5\%$,

Aktie B: $E(R_B) = 5,5\%$.

Die Berechnung der erwarteten Varianz und der Standardabweichung erfolgt in vier Schritten:

a.   Berechnung der Abweichung von $E(R)$: $(R_i - E(R_i))$

	Abweichung von $E(R_A)$ $(R_A - E(R_A))$	Abweichung von $E(R_B)$ $(R_B - E(R_B))$
Depression	−0,375	−0,005
Rezession	−0,075	0,145
Normal	0,125	−0,175
Boom	0,325	0,035

b.   Berechnung des Quadratwertes der Abweichung von $E(R)$: $(R_i - E(R_i))^2$

	Quadratwert der Abweichung von $E(R_A)$	Quadratwert der Abweichung von $E(R_B)$
Depression	0,140625	0,000025
Rezession	0,005625	0,021025
Normal	0,015625	0,030625
Boom	0,105625	0,001225

c.   Berechnung der Varianz

$$\sigma^2 = Var(R) = \sum_{i=1}^{n} p_i (R_i - E(R))^2$$

Varianz Aktie A:
$$\text{Var}_A = \sigma_A^2 = 0,25 \cdot 0140625 + 0,25 \cdot 0,005625 + 0,25 \cdot 0,015625 + 0,25 \cdot 0,105625$$
$$= 0,066875.$$

Varianz Aktie B:
$$\text{Var}_B = \sigma_B^2 = 0,25 \cdot 0,000025 + 0,25 \cdot 0,021025 + 0,25 \cdot 0,030625 + 0,25 \cdot 0,001225$$
$$= 0,013225.$$

d. Berechnung der Standardabweichung

$$\sigma = SD(R) = \sqrt{\sum_{i=1}^{n} p_i (R_i - E(R))^2}$$

Aktie A:
$$\sigma_A = \sqrt{0,066875} = 0,2586 = 25,86\,\%.$$

Aktie B:
$$\sigma_B = \sqrt{0,013225} = 0,1150 = 11,50\,\%.$$

Dies bedeutet nun, dass die zu erwartende jahresbezogene Abweichung der Aktie A von Ihrem Erwartungswert 17,5 % genau 25,86 % beträgt.

Diese Aussage kann mithilfe der Wahrscheinlichkeitstheorie etwas näher interpretiert werden, wenn man von einer Normalverteilung der einzelnen Renditen mit der erwarteten Rendite als dem Mittelwert und der erwarteten Standardabweichung als Standardabweichung der Normalverteilung ausgeht.

Wendet man die Zwei-Drittel-Regel der Wahrscheinlichkeitstheorie an, liegt die Rendite einer Anlageform mit einer Wahrscheinlichkeit von rund 2/3 oder exakt 68,3 % zwischen dem Erwartungswert abzüglich der Standardabweichung und dem Erwartungswert zuzüglich der Standardabweichung. Weiterhin liegen die zu erwartenden Renditen mit einer Wahrscheinlichkeit von 95 % zwischen dem Erwartungswert abzüglich zwei Standardabweichungen und dem Erwartungswert zuzüglich zwei Standardabweichungen.

Für die Aktie A heißt es, dass mit einer 95 %-iger Wahrscheinlichkeit die Jahresrendite zwischen −34,22 % (17,5 % − (2 · 25,86 %) und 69,22 % (17,5 % + (2 · 25,86 %)) liegen wird.

Beispiel

Gegeben seien folgende Werte:

Zustand	Rendite R_i	p_i
1	0,08	0,35
2	0,10	0,30
3	0,12	0,20
4	0,14	0,15

Die Varianz beträgt:

$$\text{Var} = \sigma^2 = 0,35 \cdot 0,0005 + 0,30 \cdot 0,0000 + 0,20 \cdot 0,0003 + 0,15 \cdot 0,0014 = 0,000451.$$

Die Standardabweichung ist:

$$\text{SD} = \sigma = \sqrt{0,000451} = 0,021237 = 2,12\,\%.$$

Die Einzelheiten der Berechnung finden Sie in der folgenden Tabelle:

R_i	$E(R_i)$	$R_i - E(R_i)$	$(R_i - E(R_i))^2$	p_i	$p_i \cdot (R_i - E(R_i))^2$
0,08	0,103	−0,023	0,0005	0,35	0,000185
0,10	0,103	−0,003	0,0000	0,30	0,000003
0,12	0,103	0,017	0,0003	0,20	0,000058
0,14	0,103	0,037	0,0014	0,15	0,000205

> **Auf den Punkt gebracht:** Das Risiko eines Wertpapiers bezeichnet die Unsicherheit, wie stark die Rendite schwankt. Die Varianz bzw. Standardabweichung misst die Schwankungen der Rendite. Bei der Berechnung der Varianz bzw. Standardabweichung wird zwischen historischen und zukünftig erwarteten Renditen unterschieden.

4.2.2 Kovarianz und Korrelation

4.2.2.1 Kovarianz

Oft beobachtet man ähnliche Kursverläufe bei verschiedenen Wertpapieren einer Anlageform (zum Beispiel Aktien) und somit ähnliche Risiko-Rendite-Profile. Manche Anlageformen dagegen scheinen sich eher gegenläufig zu verhalten. Möchte man den Zusammenhang zwischen den Renditen zweier Anlagen herstellen, so greift man auf die Kovarianz und die Korrelation zurück. Die Kovarianz ist ein absolutes Maß für den Zusammenhang zweier Aktien. Bei der Korrelation sind die Werte normiert und können nur zwischen −1 und 1 schwanken.

Bei der Kovarianz wird gemessen, wie sehr die Renditen zusammen in gleicher Richtung aber auch in gleicher Stärke von ihrem jeweiligen Mittelwert abweichen. Bei einer positiven Kovarianz variieren die Anlagerenditen im Durchschnitt in der gleichen Richtung. Bei einer negativen Kovarianz zeigt eine Rendite eine positive Abweichung und die andere eine negative Abweichung vom Mittelwert. Der Wert der Kovarianz bildet im Fall der Renditen die Stärke des Zusammenhangs ab. Erhält man einen relativ hohen Wert, spricht man von einem engen Zusammenhang und bei einem Wert nahe null ist der Zusammenhang gering.

Auch hier muss wieder unterschieden werden, ob historische Renditedaten oder erwartete Renditen vorliegen.

Für den Fall historischer Daten ergibt sich:

$$s_{12} = \mathrm{Cov}(R_1, R_2) = \frac{1}{T-1} \sum_{t=1}^{T} (R_{1t} - \bar{R}_1)(R_{2t} - \bar{R}_2),$$

wobei:

- s_{12} = Kovarianz zwischen den Renditen der Wertpapiere 1 und 2,
- R_{jt} = Rendite der Aktie j in Periode t; j = 1, 2
- $\bar{R}_j$ = Mittelwert der Renditen der Aktie j; j = 1, 2,
- T = Anzahl der betrachteten Perioden.

Handelt es sich um erwartete Renditen, wird die Kovarianz wie folgt berechnet:

$$\sigma_{12} = \mathrm{Cov}(R_1, R_2) = \sum_{i=1}^{n} p_i \left[R_{1i} - E(R_1) \right] \left[R_{2i} - E(R_2) \right],$$

wobei:

- σ_{ij} = Kovarianz zwischen den Renditen der Wertpapiere i und j,
- R_{jt} = Rendite der Aktie j in Periode t; j = 1, 2,
- $E(R_{jt})$ = Erwarteter Mittelwert der Renditen der Aktie j; j = 1, 2,
- n = Anzahl der betrachteten Zustände,
- p_i = Wahrscheinlichkeit des Zustands i.

Hier sind nochmals die Daten des obigen Beispiels:

	Rendite Aktie A: R_A in %	Rendite Aktie B: R_B in %
Depression	−20	5
Rezession	10	20
Normal	30	−12
Boom	50	9

Die Zustände sind gleich wahrscheinlich. Wir hatten schon folgende Werte berechnet:

$$E(R_A) = 17,5\%,$$
$$E(R_B) = 5,5\%.$$

	Abweichung von $E(R_A)$ $(R_A - E(R_A))$	Abweichung von $E(R_B)$ $(R_B - E(R_B))$
Depression	−0,375	−0,005
Rezession	−0,075	0,145
Normal	0,125	−0,175
Boom	0,325	0,035

Auf Grundlage dieser Daten erfolgt die Berechnung der Kovarianz der Aktien A und B in zwei Schritten:

a.   Berechnung des Produkts der Abweichung: $(R_A - E(R_A)) \cdot (R_B - E(R_B))$

	Produkt der Abweichung
Depression	0,001875
Rezession	−0,010875
Normal	−0,021875
Boom	0,011375

b.   Berechnung der Kovarianz

$$\sigma_{AB} = Cov(R_A, R_B) = 0,25 \cdot 0,001875 + 0,25 \cdot (-0,010875) + 0,25 \cdot (-0,021875)$$
$$+ 0,011375) = -0,004875$$

Merke!

Die **Kovarianz** ist ein absolutes Maß für den Zusammenhang zweier Wertpapiere. Bei einer positiven Kovarianz variieren die Anlagerenditen im Durchschnitt in der gleichen Richtung. Bei einer negativen Kovarianz entwickeln sich die Renditen gegenläufig.

4.2.2.2 Korrelation

Die Kovarianz an sich ist schwer zu interpretieren, da die Einheit im Fall von Renditen Prozent im Quadrat ist. Deshalb wird der Kovarianzwert standardisiert. Der aus der Kovarianz abgeleitete Korrelationskoeffizient gibt die relative Stärke des Zusammenhanges an.

Für die Korrelation für historische Renditen gilt:

$$r_{12} = \text{Corr}(R_1, R_2) = \frac{\text{Cov}(R_1, R_2)}{\text{SD}(R_1)\,\text{SD}(R_2)} = \frac{s_{12}}{s_1 s_2},$$

wobei:

- r_{12} = Korrelationskoeffizient der Renditen,
- $\text{Cov}(R_1, R_2)$ = Kovarianz zwischen Renditen der Wertpapiere 1 und 2,
- $\text{SD}(R_j)$ = Standardabweichung der Rendite j; j = 1, 2.

Die Korrelation für erwartete Renditen wird wie folgt berechnet:

$$\rho_{12} = \text{Corr}(R_1, R_2) = \frac{\text{Cov}(R_1, R_2)}{\text{SD}(R_1)\,\text{SD}(R_2)} = \frac{\sigma_{12}}{\sigma_1 \sigma_2}$$

oder

$$\text{Cov}(R_1, R_2) = \rho_{12}\sigma_1\sigma_2,$$

wobei:

- ρ_{12} = Korrelationskoeffizient der erwarteten Renditen,
- $\text{Cov}(R_1, R_2)$ = Kovarianz zwischen den erwarteten Renditen der Wertpapiere 1 und 2,
- σ_j = Standardabweichung der erwarteten Rendite j; j = 1, 2.

An den Börsen beispielsweise gibt es sowohl eine positive als auch eine negative Korrelation. Eine positive Korrelation bedeutet, dass Wertpapiere oder auch Märkte mit gleichen oder sehr ähnlichen Kursbewegungen auf Nachrichten reagieren.

Grundsätzlich kann der Korrelationseffizient Werte zwischen +1 (exakte Parallelentwicklung) und −1 (total gegenläufige Entwicklung) annehmen. Bei einem Korrelationskoeffizienten von 0 besteht kein Zusammenhang (vgl. ◻ Abb. 4.3).

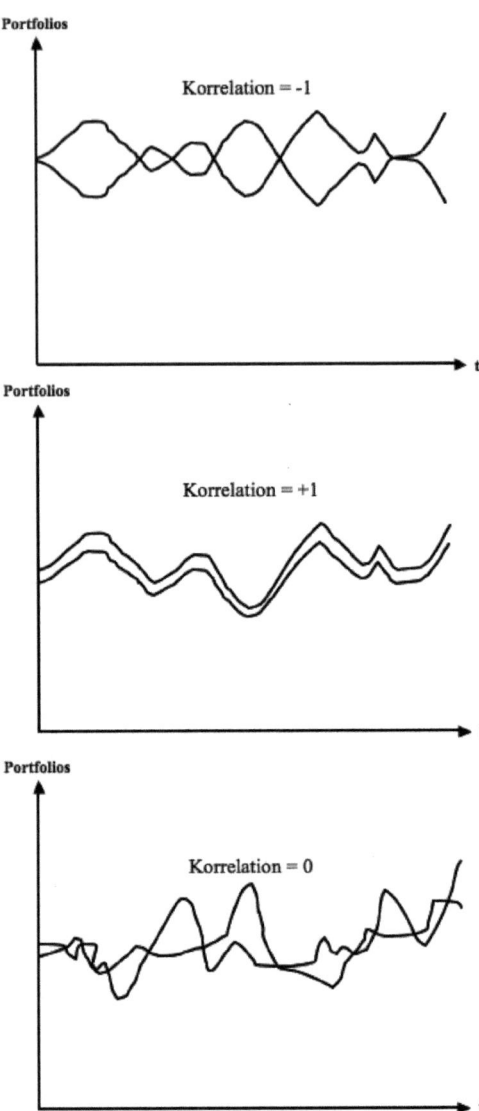

■ Abb. 4.3 Mögliche Korrelationswerte

Beispiel

Berechnung des Korrelationskoeffizienten:

	Aktie A: R_A in %	Aktie B: R_B in %
Depression	−20	5
Rezession	10	20
Normal	30	−12
Boom	50	9

Wir haben bereits die folgenden Werte berechnet:

$\sigma_{AB} = Cov(R_A, R_B) = -0{,}004875,$

Aktie A: $\sigma_A = 0{,}2586,$

Aktie B: $\sigma_B = 0{,}1150.$

Daraus folgt der Korrelationseffizient:

$$\rho_{AB} = Corr(R_A, R_B) = Cov(R_A, R_B)/(\sigma_A \cdot \sigma_B) = -0{,}004875/(0{,}2586 \cdot 0{,}1150)$$
$$= -0{,}1639.$$

Die zwei Aktien weisen also einen leicht negativen Zusammenhang auf.

Beispiel

Mit den folgenden Daten kann man den Zusammenhang der Renditen auf dem deutschen Aktien- und Rentenmarkt bestimmen. Dazu vergleichen wir die Daten von DAX und REX. Da es sich um historische Daten handelt, müssen die Formeln zur Berechnung der historischen Kovarianz und Korrelation verwendet werden:

a. Berechnung des monatlichen Durchschnittsrendite der angegebenen Indizes

2014	DAX R_D (in %)	REX R_R (in %)
Januar	−2,57	1,84
Februar	4,14	0,39
März	−1,40	0,14
April	0,50	0,30
Mai	3,54	0,92
Juni	−1,11	0,39
Juli	−4,33	0,44
August	0,67	1,03
September	0,04	−0,06
Oktober	−1,56	0,15

2014	DAX R_D (in %)	REX R_R (in %)
November	7,01	0,35
Dezember	−1,76	0,99
Durchschnitt	0,26	0,57

Quelle: ▶ www.boerse.de 2014

Die durchschnittliche Rendite beträgt:

$$\bar{R} = \frac{(R_1 + R_2 + \ldots + R_t)}{T},$$

$$\bar{R}_D = (-2,57 + 4,14 - 1,40 + \ldots 7,01 + 1,76)/12 = 0,26\,\%,$$

$$\bar{R}_R = (1,84 + 0,39 - 0,14 + \ldots + 0,35 + 0,99)/12 = 0,57\,\%.$$

b. Berechnung der Kovarianz

2014	R_D (in %)	R_R (in %)	$(R_D - \bar{R}_D)$	$(R_R - \bar{R}_R)$	$(R_D - \bar{R}_D)(R_R - \bar{R}_R)$
Januar	−2,57	1,84	−2,83	1,27	−3,59
Februar	4,14	0,39	3,88	−0,18	−0,70
März	−1,40	0,14	−1,66	−0,43	0,72
April	0,50	0,30	0,24	−0,27	−0,06
Mai	3,54	0,92	3,28	0,35	1,14
Juni	−1,11	0,39	−1,37	−0,18	0,25
Juli	−4,33	0,44	−4,59	−0,13	0,61
August	0,67	1,03	0,41	0,46	0,19
September	0,04	−0,06	−0,22	−0,63	0,14
Oktober	−1,56	0,15	−1,82	−0,42	0,77
November	7,01	0,35	6,75	−0,22	−1,51
Dezember	−1,76	0,99	−2,02	0,42	−0,84
					Σ = −2,89

$$\text{Cov}(D, R) = -2,89/11 = -0,26$$

c. Berechnung der Korrelation

2014	$(R_D - \bar{R}_D)$	$(R_D - \bar{R}_D)^2$	$(R_R - \bar{R}_R)$	$(R_R - \bar{R}_R)^2$
Januar	−2,83	8,03	1,27	1,60
Februar	3,88	15,02	−0,18	0,03
März	−1,66	2,77	−0,43	0,19
April	0,24	0,06	−0,27	0,07

2014	$(R_D - \bar{R}_D)$	$(R_D - \bar{R}_D)^2$	$(R_R - \bar{R}_R)$	$(R_R - \bar{R}_R)^2$
Mai	3,28	10,73	0,35	0,12
Juni	−1,37	1,89	−0,18	0,03
Juli	−4,59	21,11	−0,13	0,02
August	0,41	0,16	0,46	0,21
September	−0,22	0,05	−0,63	0,40
Oktober	−1,82	3,33	−0,42	0,18
November	6,75	45,51	−0,22	0,05
Dezember	−2,02	4,10	0,42	0,17
		$\Sigma = 112{,}75$		$\Sigma = 3{,}08$

Um die Korrelation berechnen zu können, müssen die Standardabweichungen des Aktienindex und des Rentenindex bestimmt werden:
DAX:

$$\mathrm{Var(D)} = \sigma^2 = 112{,}75/11 = 10{,}25,$$
$$\mathrm{SD(D)} = \sigma = \sqrt{10{,}25} = 3{,}20.$$

REX:

$$\mathrm{Var(R)} = \sigma^2 = 3{,}08/11 = 0{,}28,$$
$$\mathrm{SD(R)} = \sigma = \sqrt{0{,}28} = 0{,}53,$$
$$\rho_{DR} = \mathrm{Cov}_{DR}/(\sigma_D \sigma_R) = -0{,}26/(3{,}20 \cdot 0{,}53) = -0{,}15.$$

Der DAX und der REX haben eine schwache negative Korrelation. Das heißt, es besteht ein gegenläufiger Zusammenhang zwischen den beiden Indizes.

> **Auf den Punkt gebracht:** Der Zusammenhang zwischen den Renditen zweier Anlagen kann mithilfe der Kovarianz und der Korrelation hergestellt werden. Eine positive Korrelation bedeutet, dass Wertpapiere oder Märkte gleiche oder sehr ähnliche Kursbewegungen haben. Bei einer negativen Korrelation bewegen sich die Kurse in entgegengesetzte Richtung.

4.3 Rendite und Risiko von Portfolios

Hat der Anleger die erwartete Rendite, die Standardabweichungen sowie die Korrelation berechnet, besteht die nächste Aufgabe darin, die richtige Kombination an Wertpapieren auszuwählen. Er muss also ein Portfolio erstellen. Die Finanzwelt versteht unter **Portfolio** eine Auswahl von Kapitalanlagen, welche ein Anleger besitzt.

Jeder Investor wird versuchen, ein Portfolio mit einer höchstmöglichen Rendite und gleichzeitig mit einer möglichst geringen Standardabweichung (Risiko) zu wählen. Da es nun nicht mehr um einzelne Wertpapiere geht, muss unter anderem Folgendes berücksichtigt werden:

1. Die Rendite einzelner Anlagen und die Rendite des gesamten Portfolios interagieren miteinander. Deshalb spielt das Verhältnis zwischen den einzelnen Renditen sowie zwischen den Renditen und dem Portfolio als Ganzes eine große Rolle.

2. Des Weiteren ist das Verhältnis zwischen den Standardabweichungen einzelner Anlagen und den Standardabweichungen des gesamten Portfolios wichtig.

Aufgrund dieser Interaktionen reicht es nicht aus, ein Portfolio mit einzelnen sehr guten Anlageformen zu erstellen.

Um ein **optimales Portfolio** zu erstellen, müssen zwei Parameter berücksichtigt werden:

a. die erwartete Rendite sowie

b. das erwartete Risiko des Portfolios.

Die Varianz und die Standardabweichung der zu erwartenden Rendite ist wie bei einzelnen Aktien auch im Portfolio ein essentielles Risikomaß.

Beim Ansatz der Portfolioselektion spielt Harry Markowitz eine wesentliche Rolle. Markowitz entwickelte die sogenannte **Portfoliotheorie**. Der Grundgedanke der Portfoliotheorie besteht darin, eine bestmögliche Kombination von Anlageformen zur Bildung eines optimalen Portfolios zu finden. Dabei geht Markowitz von mehreren Annahmen aus:

- Investoren denken rational. Alle Investoren sind über die Chancen und Risiken auf dem Kapitalmarkt informiert.

- Investoren sind risikoavers, d. h. sie vermeiden Risiko. Ein Risiko wird nur dann akzeptiert, wenn dieses durch eine überproportionale Rendite kompensiert wird.

- Das Risiko eines Wertpapiers wird durch die Standardabweichungen der Renditen um seinen Erwartungswert gemessen.

- Investoren beurteilen Wertpapiere und somit Portfolios am Erwartungswert und an der Varianz und Standardabweichung der Rendite des Portfolios.

- Der Kapitalmarkt ist vollkommen und es fallen keine Transaktionskosten, Steuern o. ä. an.

- Der Planungszeitraum beträgt eine Periode.

Merke!

Ein **Portfolio** ist eine Auswahl von Kapitalanlagen, welche ein Anleger besitzt.

4.3.1 Erwartete Rendite des Portfolios

Um den Erwartungswert für ein Portfolio mit mehreren Einzeltiteln zu erreichen, muss man die Erwartungswerte der Einzelinvestments mit ihrem jeweiligen Anteil am Portfolio gewichten und dann addieren. Die erwartete Rendite eines Portfolios entspricht demnach dem gewichteten Mittelwert der erwarteten Renditen der einzelnen Aktien.

Somit ergibt sich die erwartete Rendite des Portfolios als:

$$E(R_P) = \sum_{j=1}^{m} w_j R_j,$$

wobei:
- $E(R_p)$ = Erwartete Rendite des Portfolios P,
- w_j = Gewichtung des Wertpapiers j,
- R_j = Erwartete Rendite des Wertpapiers j.

Beispiel

Aktie A hat eine erwartete Rendite von 17,5 %, Aktie B 5,5 %. Es wird angenommen, dass der Anleger insgesamt 100 € investiert, davon 60 € in die Aktie A und 40 € in die Aktie B. Die erwartete Rendite des Portfolios ist gleich:

$$E(R_P) = 0,6 \cdot 0,175 + 0,4 \cdot 0,055 = 0,127 = 12,7\%.$$

Beispiel

Gewichtung w_i	Erwartete Rendite $E(R_i)$	Erwartete Portfoliorendite $w_i \cdot E(R_i)$
0,20	0,10	0,020
0,30	0,11	0,033
0,30	0,12	0,036
0,20	0,13	0,026

$$
\begin{aligned}
E(R_P) &= 0,2 \cdot 0,10 + 0,3 \cdot 0,11 + 0,3 \cdot 0,12 + 0,2 \cdot 0,13 \\
&= 0,020 + 0,033 + 0,036 + 0,026 \\
&= 0,115 \\
&= 11,5\%
\end{aligned}
$$

4.3.2 Varianz und Standardabweichung des Portfolios

4.3.2.1 Varianz des Portfolios

Die Varianz des Wertpapiers misst die Volatilität einer einzelnen Anlage. Die Varianz eines Portfolios misst die Varianz des gesamten Portfolios. Die Varianz des Portfolios lässt sich jedoch nicht aus dem Durchschnittswert der Varianz einzelner Anlagen bestimmen. Bei der Berechnung der Varianz eines Portfolios ist die Kovarianz zwischen allen Anlagepaaren von großer Bedeutung.

Die Varianz für ein Portfolio bestehend aus zwei Anlagen lässt sich wie folgt berechnen:

$$\sigma_p^2 = \mathrm{Var}(R_p) = w_1^2\sigma_1^2 + 2w_1w_2\sigma_{12} + w_2^2\sigma_2^2,$$

wobei:

- σ_p^2 = Varianz des Portfolios P,
- σ_{12} = Kovarianz zwischen Renditen der Wertpapiere 1 und 2,
- w_j = Gewichtung des Wertpapiers j,
- σ_j = Standardabweichung der Rendite j; j = 1, 2.

Hinweis: Die Korrelation zwischen den Renditen der Wertpapiere 1 und 2, σ_{12}, ist gleich der Korrelation zwischen 2 und 1, σ_{21}.

Eine positive Beziehung oder die positive Kovarianz zweier Aktien erhöht die Varianz des gesamten Portfolios. Eine negative Beziehung oder die negative Kovarianz zweier Aktien senkt die Varianz des gesamten Portfolios. Das heißt, steigt eine der beiden Aktien, während die andere sinkt, verhalten sie sich gegenläufig. Dies führt zu einem niedrigeren Gesamtrisiko des Portfolios. Bewegen sich aber beide Aktien in gleiche Richtung, so erhöht sich das Gesamtrisiko des Portfolios.

Beispiel

Gegeben seien die folgenden Werte aus dem oben besprochenen Beispiel:

Varianz Aktie A: $\mathrm{Var}_A = \sigma_A^2 = 0{,}066875$,

Varianz Aktie B: $\mathrm{Var}_B = \sigma_B^2 = 0{,}013225$,

$\mathrm{Cov}(R_A, R_B) = \sigma_{AB} = -0{,}004875$,

$w_A = 0{,}6$,

$w_B = 0{,}4$.

Die Varianz des Portfolios ist demnach:

$$\text{Var}_P = 0{,}6^2 \cdot 0{,}066875 + 2 \cdot 0{,}6 \cdot 0{,}4 \cdot (-0{,}004875) + 0{,}4^2 \cdot 0{,}013225$$
$$= 0{,}36 \cdot 0{,}066875 + 0{,}48 \cdot -0{,}004875 + 0{,}16 \cdot 0{,}013225$$
$$= 0{,}023851.$$

4.3.2.2 Standardabweichung des Portfolios

Die Standardabweichung eines Portfolios lässt sich nicht einfach durch die Summe der gewichteten Standardabweichungen (Volatilitäten) bestimmen. Für die Standardabweichung eines Portfolios ist die Beziehung der Anlagerenditen untereinander (Kovarianz) wichtig. Die Kovarianz misst die Beziehung zwischen zwei Wertpapieren eines Portfolios.

Auf Basis der eben berechneten Varianz kann die Standardabweichung des Portfolios errechnet werden.

$$\text{SD}_P = \sigma_P = \sqrt{\text{Var}} = \sqrt{0{,}023851} = 0{,}1544 = 15{,}44\,\%$$

Wir erinnern uns, die erwartete Rendite dieses Portfolios betrug 12,7 %. Folgt die Rendite des Portfolios der Normalverteilung, so wird die Rendite mit einer Wahrscheinlichkeit von ca. 68 % zwischen −2,74 % (12,7 % − 15,44 %) und 28,14 % (12,7 % + 15,44 %) liegen.

Beispiel
Berechnung der Kovarianz des folgenden Portfolios

Aktie	Erwartete Rendite $E(R_i)$	Gewichtung w_i	Varianz σ_i^2	Standard-abweichung σ_i
1	0,20	0,5	0,01	0,10
2	0,20	0,5	0,01	0,10

Die Korrelationen seien für Fälle A–D gegeben

Fall	Korrelation ρ_{ij}	Kovarianz $\text{Cov}_{ij} = \sigma_i\,\sigma_j\,\rho_{ij}$
A	+1,00	$0{,}10 \cdot 0{,}10 \cdot 1{,}00 = 0{,}01$
B	+0,50	$0{,}10 \cdot 0{,}10 \cdot 0{,}50 = 0{,}005$
C	0,00	$0{,}10 \cdot 0{,}10 \cdot 0{,}00 = 0{,}00$
D	−0,50	$0{,}10 \cdot 0{,}10 \cdot (-0{,}50) = -0{,}005$
E	−1,00	$0{,}10 \cdot 0{,}10 \cdot (-1{,}00) = -0{,}01$

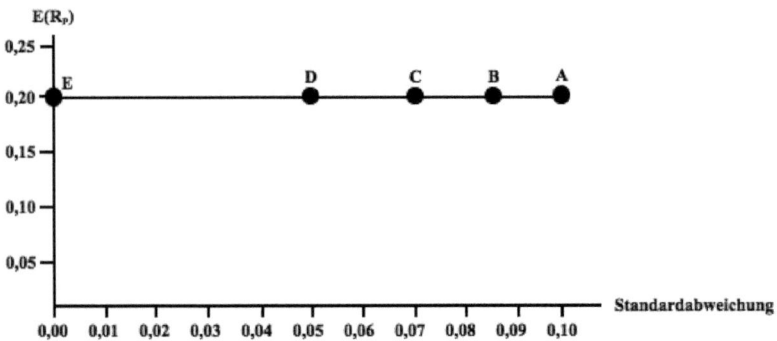

● **Abb. 4.4** Rendite-Risiko-Kombinationen des Portfolios P für die Fälle A–E

Die Kovarianz des Portfolios für den Fall A beträgt:

$$\sigma_p^2 = \text{Var}(R_p) = w_1^2\sigma_1^2 + 2w_1w_2\sigma_{12} + w_2^2\sigma_2^2$$
$$= 0,5^2 \cdot 0,01 + 2 \cdot 0,5 \cdot 0,5 \cdot 0,01 + 0,5^2 \cdot 0,01 = 0,01.$$

Die Varianzen und Standardabweichungen für die weiteren Zustände finden Sie in der folgenden Tabelle:

Fall	Korrelation ρ_{ij}	$\text{Var}_p = \sigma_p^2$	$SD_p = \sigma_p$
A	1,00	0,0100	0,1000
B	0,50	0,0075	0,0866
C	0,00	0,0050	0,0707
D	−0,50	0,0025	0,0500
E	−1,00	0,0000	0,0000

● Abbildung 4.4 zeigt die Darstellung der Portfoliokennzahlen, die erwartete Rendite und Standardabweichung. Die Portfoliorendite betrug für jeden Fall immer $E(R_p) = 0,5 \cdot 0,2 + 0, 5 \cdot 0,2 = 0,2$. Nichtsdestotrotz können die Varianz und somit die Standardabweichung des Portfolios in Abhängigkeit vom Zustand variieren.

Hier sollte beachtet werden, dass die Korrelation unter dem Wert 1 das Risiko des gesamten Portfolios reduziert. Werden zwei Kapitalanlagen mit einer Korrelation von +1 kombiniert, so wird die Standardabweichung des Portfolios nicht reduziert. Die Kombination zweier Kapitalanlagen mit einer Korrelation von −1 reduziert die Standardabweichung des Portfolios auf 0 (Fall E).

Beispiel Fall E:

$$\sigma_{p^2} = w_1^2\sigma_1^2 + 2w_1w_2\text{Cov}_{12} + w_2^2\sigma_2^2 = w_1^2\sigma_1^2 + 2w_1w_2\sigma_1^2\sigma_2^2\rho_{12} + w_2^2\sigma_2^2$$

$$= 0{,}5^2 \cdot 0{,}01 + 2 \cdot 0{,}5 \cdot 0{,}01 \cdot 0{,}5 \cdot 0{,}01 \cdot (-1{,}0) + 0{,}5^2 \cdot 0{,}01$$

$$= 0{,}0025 + (-0{,}005) + 0{,}0025 = 0{,}00.$$

❯ **Auf den Punkt gebracht:** Bei der Erstellung eines optimalen Portfolios spielen die erwartete Rendite sowie das erwartete Risiko eine wesentliche Rolle. Die erwartete Rendite eines Portfolios entspricht dem gewichteten Mittelwert der erwarteten Renditen der einzelnen Aktien. Eine positive Beziehung oder eine positive Kovarianz zweier Aktien erhöht die Varianz des gesamten Portfolios. Eine negative Beziehung oder eine negative Kovarianz zweier Aktien senkt die Varianz des gesamten Portfolios.

4.4 Diversifikation

Jedes Investment ist verschiedenen äußeren Einflüssen ausgesetzt. Aufgrund dieser Einflüsse existieren Kursschwankungen von Aktien, Anleihen und Gesamtportfolios. Die Kursschwankungen stellen das Risiko dar, eine Aktie, Anleihe oder ein Gesamtportfolio zu halten. Dabei unterscheidet die Portfoliotheorie zwischen den systematischen Risiken und den unsystematischen Risiken.

4.4.1 Systematisches und unsystematisches Risiko

Das **systematische Risiko** wird durch marktspezifische Umstände verursacht, die den gesamten Kapitalmarkt beeinflussen. Das können konjunkturelle Schwankungen oder Zinsänderungen sein. Die **unsystematischen Risiken** umfassen dagegen alle unternehmensspezifischen Risiken, die sich auf ein einzelnes Wertpapier beziehen. Beispielhaft für ein unsystematisches Risiko ist eine Senkung des derzeitigen Ratings eines Unternehmens oder ein Managementfehler. Das unsystematische Risiko eines Portfolios kann durch eine höhere Anzahl an Einzelanlagen verringert werden. Sollte eine Aktie vom unsystematischen Risiko betroffen sein, so wird ein Anleger, welcher nur 10 % seines Vermögens in diese Aktie investiert hat, weniger betroffen sein als jemand, der das gesamte Vermögen in diese Aktien investiert hat.

Merke!

Die **Portfoliotheorie** unterscheidet das systematische und das unsystematische Risiko. Das systematische Risiko bezieht sich auf marktspezifische, das unsystematische Risiko auf unternehmensspezifische Risiken.

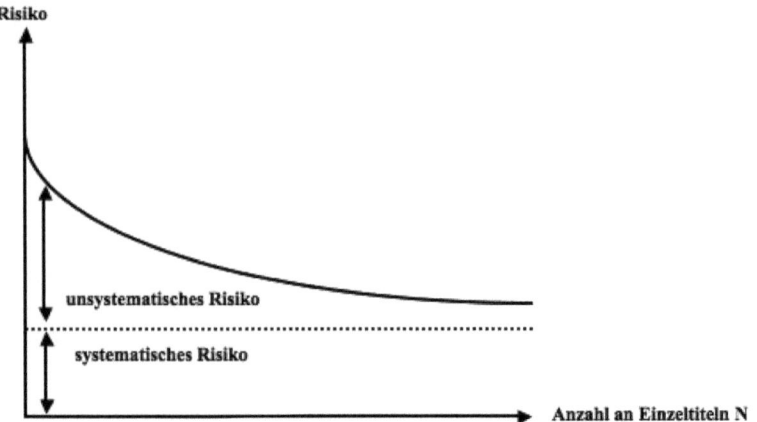

◘ Abb. 4.5 Systematisches und unsystematisches Risiko (Quelle: Eigene Darstellung, angelehnt an Hillier et al. 2013, S. 278)

Das Gesamtrisiko der einzelnen Anlagegüter und des Portfolios hängt demzufolge von zwei Risikoarten ab. ◘ Abbildung 4.5 zeigt das Risiko bei steigender Anzahl von Wertpapieren eines Portfolios.

Die Kombination mehrerer Wertpapiere in einem Portfolio kann das unsystematische Risiko verkleinern. Das systematische Risiko jedoch wird von der Anzahl der Wertpapiere nicht beeinflusst. Es bleibt immer ein nicht diversifizierbarer systematischer Risikoanteil bestehen (Marktrisiko). Das Gesamtrisiko des gesamten Portfolios ist umso geringer, je geringer die einzelnen Anlagen miteinander korrelieren. Es gilt folgender Zusammenhang:

> **❯❯** **Auf den Punkt gebracht: Solange die Korrelation $\rho < 1$ ist, ist die Standardabweichung und somit das Risiko der Rendite eines Portfolios aus zwei Wertpapieren kleiner als das gewichtete Mittel der Standardabweichungen der Einzelwertpapierrenditen.**

Der **Diversifikationseffekt** durch Portfoliobildung lässt sich also erzielen, solange die Renditen zweier Wertpapiere nicht perfekt positiv korreliert sind. Die Diversifikation ist nichts anderes als eine Aufteilung des Investitionsbudgets auf verschiedene Anlageformen. Dies führt zu einer Verringerung der vorhandenen Risiken.

Beispiel

Wir greifen wieder das obige Beispiel auf. Der Anleger hat sein gesamtes Kapital zu je 50 % in zwei Aktien investiert.

	Rendite Aktie A: R_A in %	Rendite Aktie B: R_B in %
Depression	−20	5
Rezession	10	20
Normal	30	−12
Boom	50	9

Wie man an den einzelnen Renditen der Aktie A und Aktie B deutlich erkennen kann, entwickeln sich die beiden Wertpapiere sehr unterschiedlich. Während die Aktie A in der normalen konjunkturellen Phase eine Rendite von 30 % aufweist, hat Aktie B an Wert verloren. In der Depression verhält es sich konträr. Hier verliert Aktie A an Wert, während Aktie B bei 50 % liegt. Der berechnete negative Korrelationskoeffizient ergab:

$$\rho_{AB} = Corr(R_A, R_B) = Cov(R_A, R_B)/(\sigma_A \cdot \sigma_B) = -0{,}004875/0{,}2586 \cdot 0{,}1150$$
$$= -0{,}1639.$$

Die erwarteten Renditen betrugen:

Aktie A: $E(R_A) = -0{,}20 + 0{,}10 + 0{,}30 + 0{,}50/4 = 0{,}75 = 17{,}5\,\%.$

Aktie B: $E(R_B) = 0{,}50 + 0{,}20 + -0{,}12 + 0{,}90/4 = 0{,}055 = 5{,}5\,\%.$

Die Standardabweichungen betrugen: $\sigma_A = 0{,}258$ und $\sigma_B = 0{,}115$.
Daraus ergibt sich das folgende Rendite-Risiko-Profil:

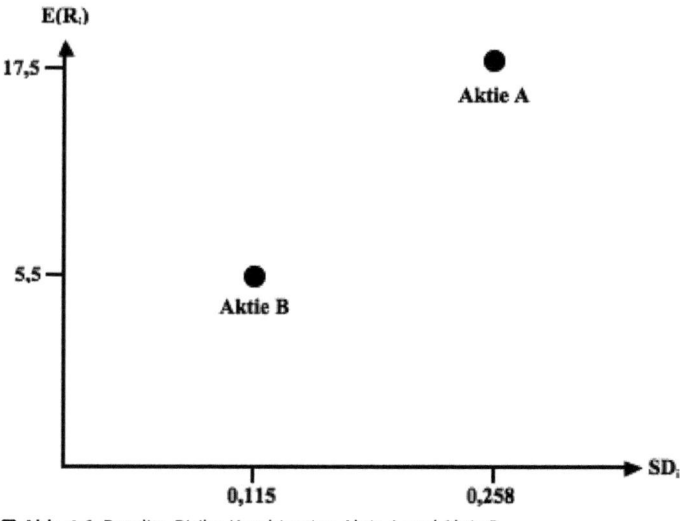

◻ Abb. 4.6 Rendite-Risiko-Kombination Aktie A und Aktie B

Die Varianz des Portfolios beträgt:

$$\sigma_p^2 = \text{Var}(R_p) = w_1^2\sigma_1^2 + 2w_1w_2\sigma_{12} + w_2^2\sigma_2^2$$
$$= 0{,}5 \cdot 0{,}258^2 + 2 \cdot 0{,}5 \cdot 0{,}5 \cdot (-0{,}1639) + 0{,}5 \cdot 0{,}115^2$$
$$= 0{,}008832.$$

Die Standardabweichung ist demnach:

$$SD_P = \sigma_P = \sqrt{\text{Var}} = \sqrt{0{,}008832} = 0{,}0940 = 9{,}40\,\%.$$

Bildet man nun ein Portfolio aus diesen zwei Aktien, so ergibt sich das Folgende:

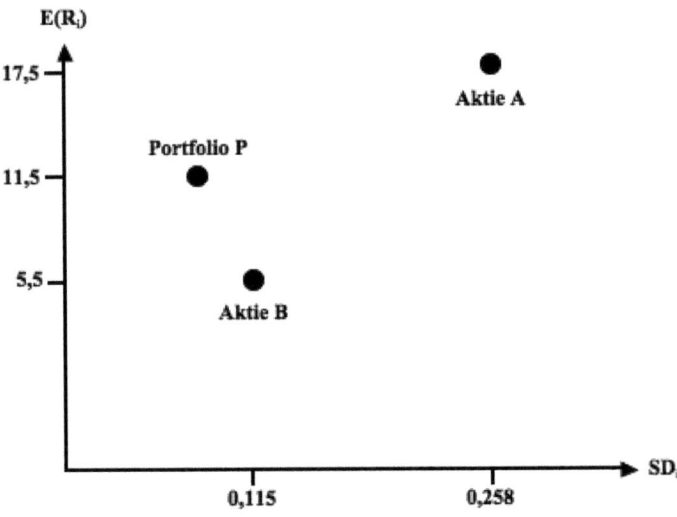

◘ Abb. 4.7 Portfoliobildung mit Gewichtung 50/50

Der Effekt der Diversifikation ist klar zu erkennen. Während die Rendite mit 11,5 % [(17,5 + 5,5) / 2 = 11,5)] genau zwischen den Renditen der Einzelinvestments liegt, konnte das Portfoliorisiko überproportional auf 9,40 % gesenkt werden. Bei der Interpretation muss beachtet werden, dass hier zwar zwei Wertpapiere aus derselben Wertpapierklasse dargestellt werden, diese sich aber mit einem Korrelationskoeffizienten von −0,1639 sehr unterschiedlich entwickeln.

Beispiel

Die folgenden Tabellen zeigen die unterschiedliche Entwicklung des Erwartungswertes, der Portfoliovarianz und der Standardabweichung des Portfolios bei einer unterschiedlichen Gewichtung zweier Wertpapiere. Die Korrelation der zwei Kapitalanlagen beträgt null.

Aktie	$E(R_i)$	σ_i^2	σ_i	Corr ρ_{ij}	$Cov_{ij} = \sigma_i \, \sigma_j \, \rho_{ij}$
1	0,10	0,0049	0,07	0,00	$0,07 \cdot 0,10 \cdot 0,00 = 0,00$
2	0,20	0,0100	0,10		

Fall	Gewichtung w_1	Gewichtung w_2	$E(R_p)$	σ_i^2	σ_p
F	0,00	1,00	0,20	0,0100	0,1000
G	0,20	0,80	0,18	0,0066	0,0812
H	0,40	0,60	0,16	0,0044	0,0662
I	0,50	0,50	0,15	0,0037	0,0610
J	0,60	0,40	0,14	0,0034	0,0580
K	0,80	0,20	0,12	0,0035	0,0595
L	1,00	0,00	0,10	0,0049	0,0700

Exemplarisch ist für den Fall G die erwartete Rendite und die Portfolio-Varianz ausgerechnet:

$$R_P = 0,2 \cdot 0,1 + 0,8 \cdot 0,2 = 0,18,$$

$$\sigma_p^2 = 0,2^2 \cdot 0,0049 + 2 \cdot 0,2 \cdot 0,8 \cdot 0,00 + 0,8^2 \cdot 0,01 = 0,0066.$$

Trägt man die Ergebnisse F–L in das Rendite-Risiko-Profil ein, erhält man die folgende Grafik:

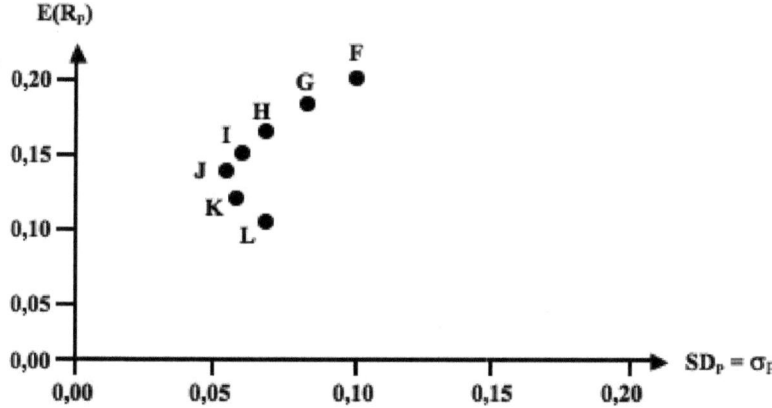

☐ **Abb. 4.8** Effizienzlinie des Portfolios P

Durch die Eintragung der jeweiligen Punkte ergibt sich die sogenannte Effizienzlinie, auf welcher sich die „effizienten Portfolios" befinden. Ein Portfolio wird als effizient bezeichnet, wenn kein anderes Portfolio, also keine andere Kombination von Anlagegütern, das Risiko bei einer bestimmten Rendite verringert oder keine höhere Rendite bei einem bestimmten Risiko existiert. Die linke Grenze der Effizienzlinie entspricht dem **Minimum-Varianz-Portfolio**, d. h. dem Portfolio, das von allen möglichen Portfolios das geringste Risiko aufweist. Der Punkt J spiegelt diese Kombination wider. Die Punkte oberhalb vom Punkt J, also F, G, H und I können ebenfalls als effizient bezeichnet werden, da bei gleichem Risiko keine andere Kombination eine höhere Rendite ergibt. Die Punkte K und L sind dagegen ineffizient, da bei gleichem Risiko eine höhere Rendite möglich ist.

4.4.2 Diversifikationseffekt

Grundsätzlich kann ein Portfolio mit einer geringen, negativen oder einer Null-Korrelation erstellt werden, das geringere Risiken als jedes einzelne Anlagegut des Portfolios besitzt. Man spricht hier vom **Diversifikationseffekt**. Mit einer gegebenen Korrelation von null, wie in dem obigen Beispiel, könnte ein Investor, der in Anlage 1 investiert, mit einer zusätzlichen Investition in Anlage 2 seine Rendite erhöhen und gleichzeitig das Risiko senken.

Selbst bei einer positiven Korrelation, die aber $\rho < 1$ ist, kann man von der Diversifikation profitieren.

Der Verlauf der Effizienzkurve hängt von der Korrelation ab. ◻ Abbildung 4.9 zeigt, dass:

a. $\rho_{12} = +1$: Alle Kombinationen liegen auf der geraden Linie zwischen den Wertpapieren 1 und 2. Die perfekte positive Korrelation bedeutet, dass bei beiden Wertpapieren simultan positive bzw. negative Renditen auftreten. Dadurch ist hier keine Risikodiversifikation möglich.

   Erwartet der Investor eine höhere Rendite, erhöht sich das Risiko zwangsweise.

b. $\rho_{12} = 0$: Die Wertpapierrenditen weisen keinen Zusammenhang auf. Durch das Portfolio kann man das Risiko im Vergleich zu der Anlage des ganzen Kapitals in ein Wertpapier verringern.

c. $\rho_{12} = -1$: Bei diesen Wertpapieren ist das Portfolio bei einer bestimmten Gewichtung der beiden Wertpapiere risikolos, da die negativen Erträge der einen Anlage durch die positiven Erträge der anderen Anlage komplett kompensiert werden. Die Anlagerenditen verhalten sich gegenläufig. Die Portfoliokurve ist in diesem Fall spitz zulaufend.

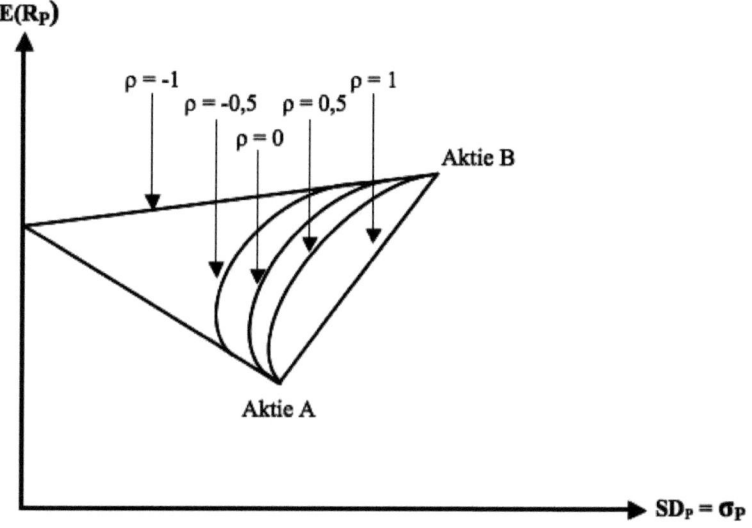

Abb. 4.9 Korrelation und die Effizienzkurve (Quelle: Eigene Darstellung, angelehnt an Hillier et al. 2013, S. 272)

> **Auf den Punkt gebracht:** Ein Portfolio wird als effizient bezeichnet, wenn kein anderes Portfolio das Risiko bei einer bestimmten Rendite verringert oder keine höhere Rendite bei einem bestimmten Risiko existiert. Grundsätzlich kann ein Portfolio mit einer geringen, negativen oder einer Null-Korrelation erstellt werden, das geringere Risiken als jedes einzelne Anlagegut des Portfolios besitzt. Man spricht hier vom Diversifikationseffekt.

4.4.3 Portfolio aus mehreren Anlagen

In der Regel hält der Investor mehr als nur zwei Wertpapiere. Die Kombination eines aus zwei Wertpapieren gebildeten Portfolios lag auf einer Kurve. Bei mehreren Wertpapieren sind die möglichen Kombinationen als Fläche dargestellt. Alle durch die Kombinationen der gegebenen Wertpapiere erreichbaren Portfolios liegen in dieser abgrenzbaren Fläche. Es können keine Portfolios mit höherer oder niedrigerer Renditeerwartung oder mit höherem oder geringerem Risiko gebildet werden als die Portfolios, welche innerhalb der Fläche liegen (vgl. ■ Abb. 4.10).

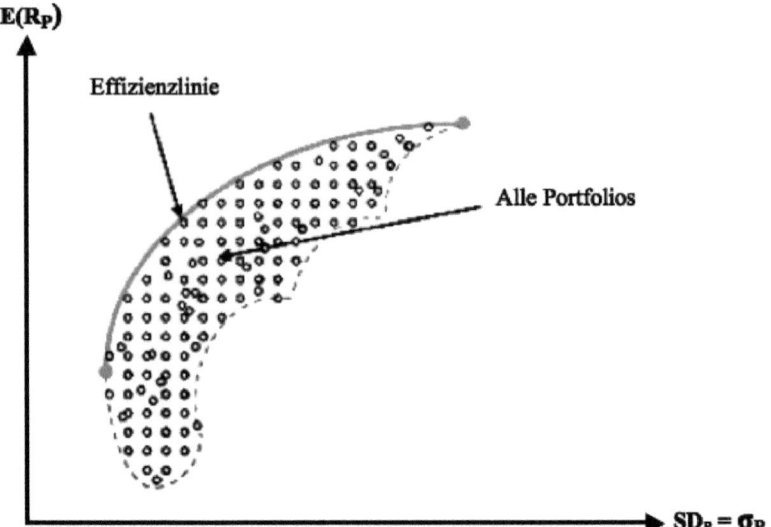

◘ Abb. 4.10 Portfolio aus mehreren Anlagen (Quelle: Eigene Darstellung, angelehnt an Hillier et al. 2013, S. 274)

4.5   Kapitalmarktlinie

4.5.1   Grundlagen

Die Grundidee der Portfoliotheorie ist die Diversifikation durch Erstellung von Portfolios. Die Annahmen der Portfoliotheorie sind auch hier die Basis. Die zentralen Annahmen sind:

- Die Anleger sind risikoavers, haben den gleichen Planungszeitraum von einer Periode und maximieren ihren Nutzenerwartungswert.
- Die Anleger haben homogene Erwartungen bezüglich der Rendite, Varianzen und Kovarianzen der Wertpapiere.
- Es gibt eine risikolose Möglichkeit zur Kapitalanlage und Kreditaufnahme.
- Alle Wertpapiere werden gehandelt und deren Rendite folgen der Normalverteilung.
- Die Marktpreise der Wertpapiere werden nicht durch die Investitionen des Anlegers beeinflusst.
- Der Kapitalmarkt ist vollkommen, da es keine Transaktionskosten, Steuern etc. gibt.

In der Portfoliotheorie werden ausschließlich die riskanten Wertpapiere berücksichtigt. Dieses Modell wird um die Möglichkeit erweitert, in eine risikolose Geldanlage mit einem Sicherheitszins zu investieren. Finanzinvestoren können ihre Mittel oder einen Teil ihrer Mittel sicher anlegen und erhalten dafür eine sichere Rendite.

Alle rational denkenden Anleger werden einen Teil in das risikobehaftete Portfolio P und einen Teil in das risikolose Wertpapier F anlegen. Entscheidend ist hier die Aufteilung des Investitionsbudgets auf das riskante Portfolio P und das sichere und risikolose Wertpapier F. Diese Aufteilung gibt Aufschluss darüber, wie die individuelle Risikoneigung eines Investors aussieht. Die Portfolioauswahl besteht demnach aus zwei unabhängigen Prozessen. Zum einen aus der Bestimmung des optimalen Portfolios P und zum anderen aus der Bestimmung des Risikos in Relation zur individuellen Risikotoleranz. Diese trennbare Entscheidung bei der Portfolioselektion wird als Separationstheorem bezeichnet und geht auf James Tobin zurück. Die **Tobin-Separation** besagt, dass alle Investoren im Marktgleichgewicht ein strukturidentisches riskantes Portfolio P halten, unabhängig von ihrer Risikopräferenz. Das Gleichgewicht des Marktes bedeutet, dass genauso viele Wertpapiere verkauft wie nachgefragt werden. Es gibt keinen Überschuss an Nachfrage oder Angebot. Demzufolge befinden sich alle Wertpapiere in den Portfolios der Investoren. Um dieser Annahme gerecht zu werden, entspricht die Gewichtung der Wertpapiere im Portfolio jedes Anlegers der Kapitalisierung der jeweiligen Aktie. Die Summe aller am Markt vorhandenen und gehandelten Wertpapiere ist das Marktportfolio M. Das heißt, das riskante Portfolio P entspricht strukturell dem Marktportfolio M.

Merke!

Die **Tobin-Separation** besagt, dass alle Investoren ein strukturidentisches riskantes Portfolio P im Marktgleichgewicht halten, unabhängig von ihrer Risikopräferenz.

Alle Investoren halten das Marktportfolio. Allerdings haben sie unterschiedliche Risikopräferenzen. Diese wird berücksichtigt, indem alle Investoren unterschiedliche Kombinationen aus dem Marktportfolio M und dem sicheren, risikolosen Wertpapier F halten. Alle diese möglichen Kombinationen befinden sich auf der **Kapitalmarktlinie** (Capital Market Line, vgl. ◻ Abb. 4.11). Auf der Kapitalmarktlinie liegen also alle möglichen Risiko-Rendite-Kombinationen. Ein Investor sucht sich dann den Punkt auf der Kapitalmarktlinie heraus, der am besten seiner Risikoneigung entspricht.

Die lineare Kombination aus der sicheren Anlage F und dem Marktportfolio M dominieren die Portfolios auf der Effizienzlinie. Das Marktportfolio M liegt am Tangentialpunkt der Effizienzlinie. Folglich existiert keine alternative Anlagemöglichkeit, die bei gleichem Risiko eine höhere Rendite bietet.

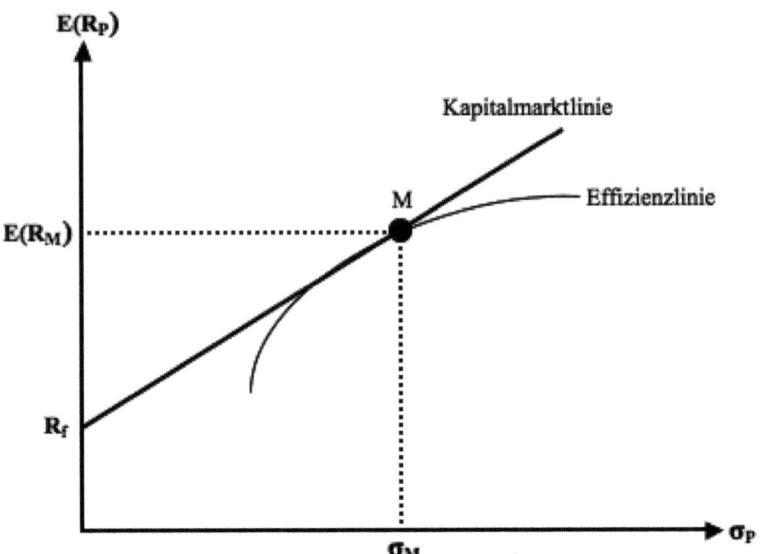

⬧ Abb. 4.11 Kapitalmarktlinie (Quelle: Eigene Darstellung, angelehnt an Hillier et al. 2013, S. 281)

4.5.2 Herleitung der Kapitalmarktlinie

Für die Herleitung der Kapitalmarktlinie schauen wir uns die Eigenschaften einer risikolosen Anlage genauer an. Eine risikolose Anlage:

- hat eine Standardabweichung von null,
- hat eine Korrelation von null mit allen anderen risikobehafteten Anlagen,
- bietet eine risikolose Rendite R_f.

Die Kovarianz zweier Anlagerenditen ist gleich

$$\sigma_{12} = \text{Cov}(R_1, R_2) = \sum_{i=1}^{n} p_i \left[R_{1i} - E(R_1)\right] \left[R_{2i} - E(R_2)\right].$$

Bei einer risikolosen Anlageform liegt die Rendite bereits fest, daher entspricht die erwartete Rendite der tatsächlichen Rendite. Die Standardabweichung ist gleich null. Folglich ergibt sich:

$$E(R_f) = R_f,$$
$$R_f - E(R_f) = 0.$$

Da ein Teil des Produkts in der obigen Gleichung für die Kovarianz immer gleich null ist, ist das Produkt und dann auch die Summe der Produkte gleich null.

$$\sigma_{fi} = 0$$

Die Kovarianz zwischen einer risikolosen Anlage und einer risikobehafteten Anlage oder einem Portfolio ergibt immer null. Gleichermaßen ist die Korrelation zwischen diesen Anlageformen gleich null.

$$\rho_{fi} = Cov_{fi}/\sigma_f\sigma_i$$

Nun kombiniert man die risikolose Anlage mit dem risikobehafteten Portfolio M zum Portfolio P. Die erwartete Rendite dieses Portfolios berechnet sich wie folgt:

$$E(R_P) = w_f \cdot R_f + w_M \cdot E(R_M) \quad \text{oder} \quad E(R_P) = w_f \cdot R_f + (1 - w_f) \cdot E(R_M).$$

Hierbei sind w_f und w_M die Gewichte des risikolosen Wertpapiers und des Marktportfolios im Portfolio des Investors.

Die Varianz eines Portfolios aus zwei Anlagen berechnet sich durch die folgende Formel:

$$\sigma_p^2 = w_f^2\sigma_f^2 + 2w_f(1 - w_f)\rho_{fM}\sigma_f\sigma_M + (1 - w_f)^2\sigma_M^2.$$

Da aber die Standardabweichung $\sigma_f = 0$ und die Korrelation $\rho_{fi} = 0$, sieht die Formel folgendermaßen aus:

$$\sigma_p^2 = (1 - w_f)^2\sigma_M^2$$

oder

$$\sigma_p = (1 - w_f)\sigma_M.$$

Diese Gleichung wird nun nach $(1 - w_f)$ bzw. nach w_f aufgelöst:

$$(1 - w_f) = \frac{\sigma_p}{\sigma_M} \quad \text{bzw.} \quad w_f = 1 - \frac{\sigma_p}{\sigma_M}.$$

Dann wird dieser Ausdruck in die Gleichung der erwarteten Rendite $E(R_p)$ eingesetzt:

$$E(R_P) = w_f \cdot R_f + (1 - w_f) \cdot E(R_M).$$

Damit ergibt sich nach dem Einsetzen folgender funktionaler, linearer Zusammenhang, welcher die Kapitalmarktlinie definiert:

$$E(R_p) = R_f + \sigma_p \left[\frac{E(R_M) - R_f}{\sigma_M} \right],$$

wobei:

- R_f = Zinssatz des risikolosen Wertpapiers,
- $E(R_M)$ = Erwartungswert der Rendite des Marktportfolios,
- σ_p = Standardabweichung der Renditeerwartung des Portfolios P,
- σ_M = Standardabweichung der Renditeerwartung des Marktportfolios M.

Die Gleichung kann wie folgt interpretiert werden:

$E(R_M) - R_f$	Kompensation für Investoren, die bereit sind, das Risiko im Umfang σ_M zu tragen oder der Marktpreis für die Risikoübernahme auf dem Kapitalmarkt.
$(E(R_M) - R_f) / \sigma_M$	Der Marktpreis für die Risikoänderung um eine Risikoeinheit (Steigung der Kapitalmarktlinie) oder die Risikoprämie.

Die Kapitalmarktlinie definiert also alle möglichen Kombinationen aus erwarteter Rendite eines Portfolios und des Risikos des Portfolios. Sie ist eine lineare Funktion der Risikoprämie des Marktportfolios. Die Risikoprämie ist die vom Investor geforderte Kompensation in Form von erwarteter Rendite für das von ihm zu tragende Risiko (vgl. ◼ Abb. 4.12).

Die Investoren wählen ein Portfolio, das auf der Kapitalmarktlinie liegt. Ein stark risikoaverser Anleger legt seine gesamte Investition zum sicheren Zinssatz an oder erstellt ein Portfolio mit einer hohen Gewichtung des risikolosen Wertpapiers. Anleger mit mittlerer Risikoaversion werden 50 % ihrer Mittel in Schatzwechsel und 50 % im Marktportfolio anlegen. Ein risikofreudiger Anleger investiert ein Großteil seines Kapitals in das Marktportfolio oder legt seine gesamten Mittel im Marktportfolio an. Investoren, die sehr risikofreudig sind, werden einen Kredit aufnehmen, wenn eine

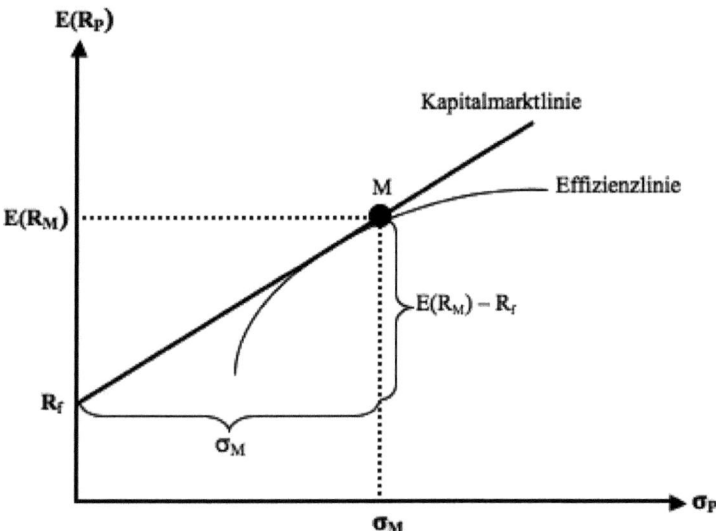

◘ Abb. 4.12 Kapitalmarktlinie und ihre Faktoren

Möglichkeit zur Kreditaufnahme gegeben ist, und das ursprüngliche Kapital und den Kredit in das Marktportfolio investieren.

Beispiel

Ein Anleger hat eine risikolose Anlage mit einer Rendite von 4 % und ein Marktportfolio mit einer Rendite von 9 % und einer Standardabweichung von 10 %. Wie soll das Investitionsbudget aufgeteilt werden, sodass das Risiko des Portfolios bei 15 % liegt?

$$E(R_p) = R_f + \sigma_p(E(R_M) - R_f/\sigma_M)$$
$$= 4\,\% + 15\,\% \cdot ((9\,\% - 4\,\%)/10\,\%) = 11,5\,\%$$

Die erwartete Portfoliorendite beträgt 11,5 %. Diese ist höher als die des Marktportfolios. Diese im Vergleich zum Marktportfolio höhere Rendite kann nur durch eine Kreditaufnahme erreicht werden.

$$E(R_p) = w_f \cdot R_f + (1 - w_f) \cdot E(R_M)$$
$$11,5\,\% = w_f \cdot (4\,\%) + (1 - w_f) \cdot (9\,\%)$$
$$w_f = -0,5$$

Der Investor erreicht mit den gegebenen Anlagen ein Risiko von 15 %, indem er 50 % auf dem Geldmarkt leiht und 150 % in das Marktportfolio investiert.

> **Auf den Punkt gebracht: Die Kapitalmarktlinie definiert alle möglichen Kombinationen aus erwarteter Rendite eines Portfolios und des Risikos des Portfolios. Sie ist eine lineare Funktion der Risikoprämie des Marktportfolios. Die Investoren wählen in Abhängigkeit von ihrer Risikoneigung ein Portfolio, das auf der Kapitalmarktlinie liegt.**

4.6 Capital Asset Pricing Model

Die besprochene Portfoliotheorie basiert auf der Annahme, dass die erwartete Rendite und das Risiko der Wertpapiere die Investitionsentscheidung eines Anlegers prägen. Die erwartete Rendite gleicht dem Mittelwert und das Risiko der Standardabweichung historischer Kurse. Das sogenannte Capital Asset Pricing Model (CAPM) greift diese Idee auf und stellt den Zusammenhang zwischen Rendite und Risiko von einzelnen Wertpapieren oder von ganzen Portfolios dar. Man kann empirisch beobachten, dass Wertpapiere, die eine höhere Rendite erzielen, tendenziell auch ein höheres Risiko aufweisen (das Umgekehrte gilt natürlich auch).

***

Merke!

Das **Capital Asset Pricing Model** (CAPM) stellt den Zusammenhang zwischen Rendite und Risiko von einzelnen Wertpapieren oder von ganzen Portfolios dar. Es wird davon ausgegangen, dass Investoren ein größeres Risiko nur dann eingehen, wenn dieses durch eine höhere Rendite kompensiert wird.

***

4.6.1 Grundlagen

Im Fokus steht nun die Frage, wie die Preisbildung von Aktien am Markt erfolgen muss. Die Kapitalmarktlinie zeigt, wie die Rendite steigt, wenn man ein höheres Portfoliorisiko erwartet. Wir haben gesehen, dass Rendite und Risiko im Portfolio linear voneinander abhängen. Dabei entsprach folgender Teil der Gleichung, mit der die erwartete Rendite des Portfolios P berechnet wird, der Steigung der Kapitalmarktlinie:

$$\left[\frac{E(R_M) - R_f}{\sigma_M} \right].$$

Demnach ist – wie im vorigen Abschnitt gezeigt – die Rendite eines auf der Kapitalmarktlinie liegenden Portfolios gleich:

$$E(R_p) = R_f + \sigma_p \left[\frac{E(R_M) - R_f}{\sigma_M} \right].$$

Die erwartete Rendite und das Risiko des individuellen Portfolios P bilden sich aus:

$$E(R_P) = w_f \cdot R_f + (1 - w_f) \cdot E(R_M)$$

und

$$\sigma_p^2 = w_f^2 \sigma_f^2 + 2w_f(1 - w_f)\rho_{fM}\sigma_f\sigma_M + (1 - w_f)^2 \sigma_M^2.$$

Das systematische Risiko, also das Marktrisiko, ist hierbei für den Anteil einer Aktie im
Marktportfolio maßgeblich. Bei der Gewichtung einer Aktie spielen also die Kovarianz
der Aktie mit dem Marktrisiko σ_{iM} und eine durch eine weitere Einheit dieser Aktie
erreichte Rendite eine wichtige Rolle.

$$\left[\frac{E(R_i) - R_f}{\sigma_{iM}} \right]$$

Man geht nun von der Annahme aus, dass die Aktie i ein höheres Rendite-Risiko-Verhältnis hat als andere Aktien, die im Portfolio enthalten sind. Will man das Portfolio
nun optimieren, so wird die Gewichtung der Aktie so lange erhöht, bis eine Investition in diese Aktie auf Kosten der Investition in andere Aktien keinen zusätzlichen
Mehrwert mehr generiert. Wendet man dies auf alle Aktien im Portfolio an, so muss
das Rendite-Risiko-Verhältnis aller Aktien im Marktportfolio gleich sein und dem
Rendite-Risiko-Verhältnis des Marktportfolios entsprechen. Daraus folgt:

$$\left[\frac{E(R_i) - R_f}{\sigma_{iM}} \right] = \left[\frac{E(R_M) - R_f}{\sigma_M^2} \right].$$

Diese Gleichung lässt sich nach $E(R_i)$ auflösen, somit erhalten wir für die Aktie i eine
risikogerechte Rendite von:

$$E(R_i) = R_f + [E(R_M) - R_f] \cdot \frac{\sigma_{iM}}{\sigma_M^2}.$$

Diese Gleichung wird grafisch als Wertpapierlinie dargestellt.

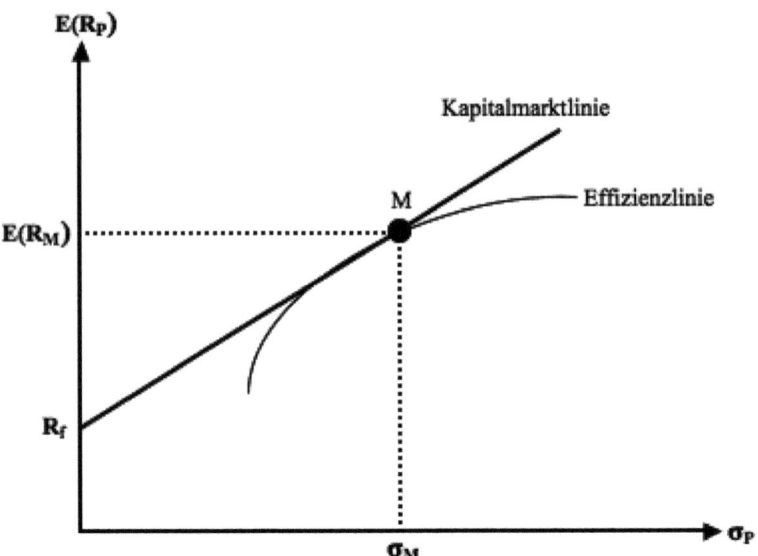

◘ **Abb. 4.13** Kapitalmarktlinie (Quelle: Eigene Darstellung, angelehnt an Hillier et al. 2013, S. 281)

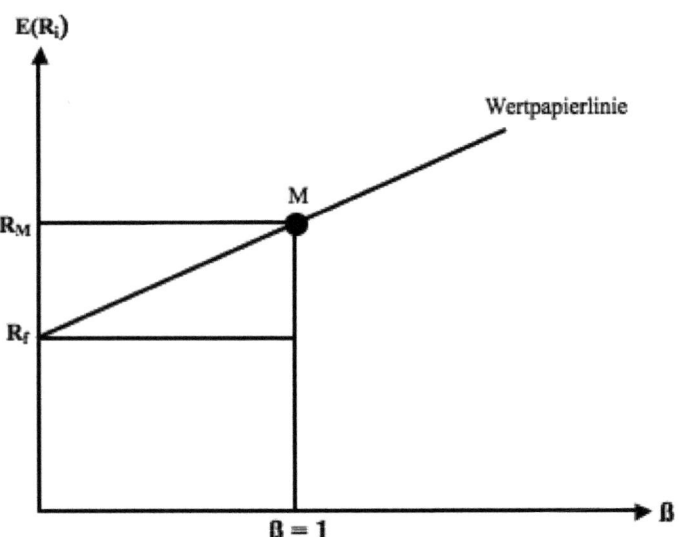

◘ **Abb. 4.14** Wertpapierlinie

Dabei wird die Größe $\dfrac{\sigma_{iM}}{\sigma_M{}^2}$ als **Beta** (β) der Aktie i bezeichnet. Somit ist:

$$\beta_i = \frac{\sigma_{iM}}{\sigma_M{}^2} = \frac{\mathrm{Cov}(R_i, R_M)}{\sigma_M{}^2}$$

oder

$$\beta_i = \frac{\sigma_i}{\sigma_M}\, \rho_{iM}.$$

Wenn die Kovarianz zwischen der Aktie und dem Marktportfolio genau der Varianz des Marktportfolios entspricht, so ist $\beta = 1$.

4.6.2 Wertpapierlinie

Nun können wir in ◼ Abb. 4.13 und 4.14 die Kapitalmarktlinie mit der Wertpapierlinie vergleichen.

Beide Graphen zeigen die Rendite-Risiko-Relation. Die Punkte, welche auf der Kapitalmarktlinie liegen, definieren alle möglichen Kombinationen aus erwarteter Rendite $E(R_p)$ und des Risikos σ_p eines Portfolios. Dabei wird ein Portfolio betrachtet, welches aus einer risikolosen Anlage und einer Anlage ins Marktportfolio besteht.

Die Wertpapierlinie sieht zwar auf den ersten Blick gleich aus, die Interpretation ist aber völlig anders. Auf der Wertpapierlinie liegen Punkte mit risikogerechter Renditeforderung $E(R_i)$ unterschiedlich risikobehafteter Anlagen. Je höher das Risiko einer Anlage, also je höher das β ist, desto höher ist auch die Renditeforderung $E(R_i)$.

Zusammenfassend kann man sagen, dass die Kapitalmarktlinie die Rendite-Risiko-Kombinationen von Portfolios darstellt, während die Wertpapierlinie die Renditeforderung in Abhängigkeit vom Risiko einzelner Wertpapieren zeigt.

Der Zusammenhang von geforderter Rendite $E(R_i)$ und Risikomaß β kann folgendermaßen dargestellt werden:

$$E(R_i) = R_f + \rho_{iM} \cdot \sigma_i \cdot \frac{(R_M - R_f)}{\sigma_M}$$

oder

$$E(R_i) = R_f + \beta(R_M - R_f),$$

wobei:
- $E(R_i)$ = Erwartete Rendite der Aktie i,
- R_M = Rendite des Marktportfolios,
- R_f = Risikoloser Zinssatz,
- σ_i = Standardabweichung der Aktie i,
- ρ_{iM} = Korrelationskoeffizient zwischen Rendite von Aktie i und Marktportfolio-rendite,
- β = Risikomaß Beta.

Die Gleichungen beschreiben den linearen Zusammenhang des Capital Asset Pricing Models, wobei die zweite Gleichung gebräuchlicher ist.

Das Beta gilt als eine Kenngröße des Wertpapierrisikos. Je größer der Wert ist, desto höher das Risiko und dementsprechend die Renditeforderungen der Anleger. Beta setzt das individuelle Wertpapierrisiko in Relation zum systematischen Risiko des Gesamtmarktes, welches nicht wegdiversifiert werden kann. Es stellt somit das marktbezogene Risiko der Anlage i dar. Generell gilt:

- $\beta = 0$: Bei einem Beta gleich null gibt es keine Abhängigkeit zwischen der Aktie und der Marktrendite.
- $\beta = 1$: Die Marktrendite und die Rendite der Aktie verhalten sich proportional.
- $0 < \beta < 1$: Die Rendite der Aktie schwankt weniger stark als die Marktrendite.
- $\beta > 1$: Die Rendite der Aktie schwankt stärker als die Marktrendite.
- $\beta < 0$: Ist das Beta kleiner als Null, so besteht eine negative Korrelation zwischen der Aktien- und der Marktrendite. Das bedeutet, dass bei zunehmender Markt-rendite die Einzelrendite sinkt.

Generell gilt: Je höher der Beta-Wert einer Anlage, desto höher fällt die erwartete Rendite aus. Je niedriger der Beta-Wert, desto niedriger fällt die erwartete Rendite aus. Das bedeutet, dass Investoren für das von ihnen getragene Risiko (β) durch eine höhere Rendite belohnt werden wollen.

> **Merke!**
>
> Das **Beta** ist die Kenngröße des Wertpapierrisikos. Je größer ihr Wert, desto höher das Risiko des Wertpapiers und dementsprechend die Renditeerwartung der Anleger.

Das Beta wird auch für einzelne Unternehmen als eine Risikokennzahl genutzt. In ◘ Tab. 4.4 sehen Sie die Beta-Werte einiger Automobilhersteller.

□ **Tab. 4.4** Beta-Werte von Automobil-Aktien (Quelle: www.finance.yahoo.com, Stand: 27.12.2014)

Unternehmen	Beta-Wert
Ford	0,85
General Motors	1,13
Honda	1,12
Tata	3,14
Tesla	1,4
Toyota	0,76

Beispiel

Die Aktien A–E haben folgende Beta-Werte:

Aktie A	A	B	C	D	E
Beta	0,70	1,00	1,15	1,40	−0,30

Der risikolose Zinssatz liegt bei 5 % und die erwartete Marktrendite bei 9 %. Wie hoch ist die erwartete Rendite?

Um die Rendite zu bestimmen, greifen wir auf die Wertpapierlinie zurück. Die Formel lautet:

$$E(R_i) = R_f + \beta_i(R_M - R_f).$$

Somit ergibt sich:

$$E(R_A) = 0,05 + 0,70(0,09 - 0,05) = 0,078 = 7,8\,\%,$$

$$E(R_B) = 0,05 + 1,00(0,09 - 0,05) = 0,090 = 9,0\,\%,$$

$$E(R_C) = 0,05 + 1,15(0,09 - 0,05) = 0,096 = 9,6\,\%,$$

$$E(R_D) = 0,05 + 1,40(0,09 - 0,05) = 0,106 = 10,6\,\%,$$

$$E(R_E) = 0,05 + (-0,30)(0,09 - 0,05) = 0,038 = 3,8\,\%.$$

Dieses Beispiel bestätigt, dass je höher das Beta ist, also das marktbezogene Risiko, desto höher ist die risikogerechte Renditeforderung.

Laut des CAPM liegen alle möglichen Portfolios und Anlagen auf der Wertpapierlinie, da der Markt informationseffizient ist und sich im Gleichgewicht befindet. Das heißt, jede Anlage, welche über der Wertpapierlinie liegt, ist unterbewertet und gibt somit ein Kaufsignal ab. Denn die Rendite ist höher im Vergleich zum Risiko im Vergleich zu den anderen Anlagemöglichkeiten. Eine Anlage, welche unter der Wertpapierlinie liegt, ist überbewertet und sollte verkauft werden.

Beispiel

Die folgende Tabelle zeigt die Aktien A–E aus dem eben besprochenen Beispiel. Hinzu kommen ihre heutigen Preise sowie die geschätzten Preise und die geschätzten Dividenden in einem Jahr.

Aktie	A	B	C	D	E
Beta	0,70	1,00	1,15	1,40	−0,30
Heutiger Preis P_t	25	40	33	64	50
Erwarteter Preis P_{t+1}	26	42	37	66	53
Erwartete Dividende D_{t+1}	1,00	0,50	1,00	1,10	0,00

Nun wird die geforderte Rendite mit der zukünftig erwarteten Rendite verglichen, um so die Unter- bzw. die Überwertung zu erkennen.

Schritt 1: Kapitalgewinnrendite: $(P_{t+1} − P_t) / P_t$

Aktie	A	B	C	D	E
Kapitalgewinnrendite in %	4,00	5,00	12,12	3,13	6,0

Schritt 2: Dividendenrendite: D_{t+1} / P_t

Aktie	A	B	C	D	E
Dividendenrendite in %	4,00	1,25	3,03	1,72	0,00

Schritt 3: Geschätzte Gesamtrendite: Kapitalgewinnrendite + Dividendenrendite

Aktie	A	B	C	D	E
Geschätzte Rendite in %	8,00	6,25	15,15	4,84	6,00

Die erwartete Rendite haben wir im vorherigen Beispiel für jede Aktie berechnet. Somit ergibt sich:

Aktie	A	B	C	D	E
Beta	0,70	1,00	1,15	1,40	−0,30
Kapitalgewinnrendite in %	4,00	5,00	12,12	3,13	6,0
Dividendenrendite in %	4,00	1,25	3,03	1,72	0,00
Geschätzte Rendite in %	8,00	6,25	15,15	4,84	6,00
Erwartete Rendite $E(R_i)$	7,80	9,00	9,60	10,60	3,80
Differenz:	0,20	−2,75	5,55	−5,76	2,20
Geschätzte Rendite minus erwartete Rendite $E(R_i)$					

Trägt man die Werte nun in das CAPM ein, ergibt sich:

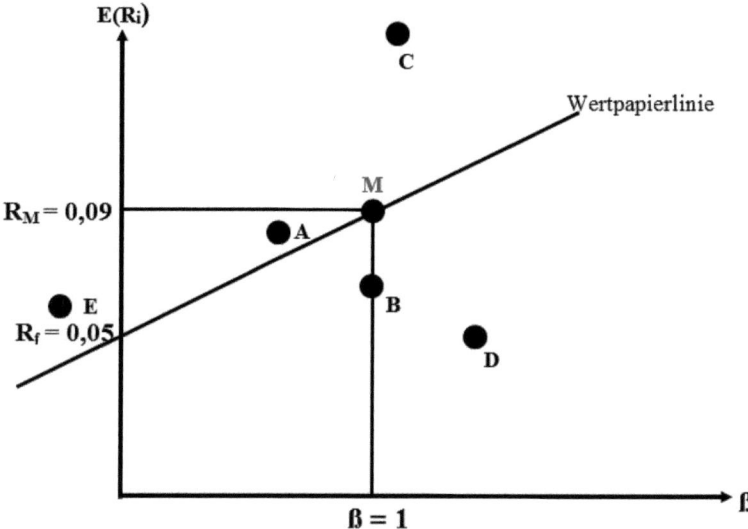

□ **Abb. 4.15** Geschätzte und erwartete Rendite der Aktien A–E

Danach sind die Aktien A, C und E unterbewertet, die Aktien B und D sind überbewertet.

❯ **Auf den Punkt gebracht: Laut CAPM liegen alle möglichen Anlagen und Portfolios auf der Wertpapierlinie. Jede Anlage, welche über der Wertpapierlinie liegt, ist unterbewertet und sollte gekauft werden. Jede Anlage, welche unter der Wertpapierlinie liegt, ist überbewertet und sollte verkauft werden.**

4.7 Lern-Kontrolle

Kurz und bündig

Rendite und Risiko hängen stark miteinander zusammen. Je höher das Risiko eines Wertpapiers, desto höher die erwartete Rendite. Deshalb resultieren Investitionen in Aktien meist in höheren Renditen für den Anleger als Investitionen in beispielsweise Staatsanleihen. Unter der Rendite versteht man den gesamten Vermögenszuwachs, den ein Anleger mit seiner Investition am Ende der Laufzeit erzielt hat. Es kann zwischen der absoluten und prozentualen Gesamtrendite, Halteperiode-Rendite, der durchschnittlichen Gesamtrendite sowie der erwarteten Rendite unterschieden werden. Risiko ist dagegen die Unsicherheit, wie stark die erwarteten Renditen schwanken. Das Risiko eines Wertpapiers hängt von seiner Wertentwicklung im Zeitverlauf ab. Diese Schwankungen werden mithilfe der Varianz gemessen. Wertpapiere einer Anlageform haben häufig ähnliche Kursverläufe und somit ähnliche Risiko-Rendite Profile. Um den Zusammenhang zwischen den Renditen zweier Anlagen herzustellen, greift man auf die Kovarianz und die Korrelation zurück. Bei der richtigen Kombination an Wertpapieren wird jeder Investor versuchen, ein Portfolio mit einer höchstmöglichen Rendite und gleichzeitig mit einer möglichst geringen Standardabweichung (Risiko) zu wählen. Beim Ansatz der Portfolioselektion spielt die Portfoliotheorie von Harry Markowitz eine wesentliche Rolle. Der Grundgedanke der Portfoliotheorie besteht darin, eine bestmögliche Kombination von Anlageformen zur Bildung eines optimalen Portfolios zu finden. Um ein optimales Portfolio zu erstellen, müssen zwei Parameter berücksichtigt werden: die erwartete Rendite sowie das erwartete Risiko.

Das Gesamtrisiko der einzelnen Anlagegüter und des Portfolios hängt von zwei Risikoarten ab – dem systematischen und dem unsystematischen Risiko. Die Kombination mehrerer Wertpapiere in einem Portfolio kann das unsystematische Risiko verkleinern. Das systematische Risiko jedoch wird von der Anzahl der Wertpapiere nicht beeinflusst. Es bleibt immer ein nicht diversifizierbarer systematischer Risikoanteil bestehen (Marktrisiko). Das Gesamtrisiko des gesamten Portfolios ist umso geringer, je geringer die einzelnen Anlagen miteinander korrelieren.

Das Capital Asset Pricing Model (CAPM) stellt den Zusammenhang zwischen der erwarteten Rendite und dem Risiko von einzelnen Wertpapieren oder von ganzen Portfolios dar. Laut des CAPM liegen alle möglichen Portfolios und Anlagen auf der Wertpapierlinie, da der Markt informationseffizient ist und sich im Gleichgewicht befindet. Das heißt, jede Anlage, welche über der Wertpapierlinie liegt, ist unterbewertet und gibt somit ein Kaufsignal ab. Eine Anlage, welche unter der Wertpapierlinie liegt, ist überbewertet und sollte verkauft werden.

❓ Let's check

1. Geben Sie an, ob die folgende Aussage richtig oder falsch ist:
   Je höher das Risiko eines Wertpapiers, desto höher die erwartete Rendite.
   ☐ Richtig
   ☐ Falsch

2. Füllen Sie den Lückentext aus.
   Die _____ ist die Rendite, welche der Investor bekommt, wenn er ein Wertpapier über eine bestimmte Periode hält.
   Die _____ ist die Rendite, die Investoren von einem Wertpapier erwarten.
   Um eine Entwicklung der Gesamtrendite von Kapitalmärkten zu beschreiben, eignet sich am besten die _____.

3. Die Renditen der Aktien eines Unternehmens betrugen in den Jahren 2012, 2013 und 2014 4,56 %, 6,78 % und 5,98 %. Wie hoch würde die Rendite für eine

Anfang 2012 getätigte Investition in Höhe von 1 € am Ende des Jahres 2014 sein?

☐ 1,21 €

☐ 1,18 €

☐ 1,56 €

☐ 1,98 €

4. Geben Sie an, ob die folgende Aussage richtig oder falsch ist:
   Die Kovarianz zweier Anlagen misst, wie sehr die Renditen zusammen in gleicher Richtung aber auch in gleicher Stärke von ihrem jeweiligen Mittelwert abweichen.

   ☐ Richtig

   ☐ Falsch

5. Die Zwei-Drittel-Regel der Wahrscheinlichkeitstheorie besagt, dass …

   ☐ … die Rendite einer Anlageform mit einer Wahrscheinlichkeit von rund 2/3 oder exakt 68,3 % zwischen dem Erwartungswert abzüglich der Standardabweichung und dem Erwartungswert zuzüglich der Standardabweichung liegt.

   ☐ … die Rendite einer Anlageform mit einer Wahrscheinlichkeit von rund 2/3 bei dem Erwartungswert abzüglich der Standardabweichung und einer Wahrscheinlichkeit von 1/3 bei dem Erwartungswert zuzüglich der Standardabweichung liegt.

   ☐ … die Rendite einer Anlageform mit einer Wahrscheinlichkeit von 80 % zwischen dem Erwartungswert abzüglich der Standardabweichung und dem Erwartungswert zuzüglich der Standardabweichung liegt.

   ☐ … das Risiko einer Anlageform mit einer Wahrscheinlichkeit von rund 2/3 zwischen dem Erwartungswert abzüglich zwei Standardabweichungen und dem Erwartungswert zuzüglich zwei Standardabweichungen liegt.

6. Welche Aussagen stimmen?

   ☐ *Ein Korrelationskoeffizient kann nie negativ sein.*

   ☐ *Ein Korrelationskoeffizient kann Werte zwischen −1 und 1 annehmen.*

   ☐ *Ein Korrelationskoeffizient von 0 bedeutet, dass es keinen Zusammenhang zwischen den Werten gibt.*

   ☐ *Ein Korrelationskoeffizient kann Werte zwischen 0 und 10 annehmen.*

7. Geben Sie an, welche der folgenden Annahmen der Markowitzschen Portfoliotheorie nicht zutreffen.

   ☐ Investoren denken irrational.

   ☐ Investoren sind risikoavers.

   ☐ Der Kapitalmarkt ist nicht vollkommen.

   ☐ Der Planungszeitraum beträgt eine Periode.

8. Geben Sie an, ob die folgenden Aussagen richtig oder falsch sind.

   a. *Um die Varianz eines Portfolios zu erstellen, müssen zwei Parameter berücksichtigt werden: die erwartete Rendite sowie das erwartete Risiko.*
      - ☐ Richtig
      - ☐ Falsch

   b. *Die Rendite einzelner Anlagen und die Rendite des gesamten Portfolios interagieren miteinander.*
      - ☐ Richtig
      - ☐ Falsch

   c. *Die Standardabweichung eines Portfolios ist die Summe der gewichteten Standardabweichungen (Volatilitäten).*
      - ☐ Richtig
      - ☐ Falsch

9. Aktie A hat eine erwartete Rendite von 19,5 %, Aktie B von 6,5 %. Es wird angenommen, dass der Anleger insgesamt 1.000 € investiert, davon 700 € in die Aktie A und 300 € in die Aktie B. Berechnen Sie die erwartete Rendite des Portfolios.
   - ☐ 10,5 %
   - ☐ 13,4 %
   - ☐ 15,6 %
   - ☐ 9,8 %

10. Geben Sie an, ob die Aussage richtig oder falsch ist:
    Die systematischen Risiken beziehen sich auf alle unternehmensspezifischen Risiken, die sich auf ein einzelnes Wertpapier beziehen.
    - ☐ Richtig
    - ☐ Falsch

11. Ein Anleger hat ein Portfolio aus zwei Aktien. Welche der folgenden Aussagen treffen zu?
    - ☐ *Die Rendite des Portfolios liegt zwischen den Einzelrenditen.*
    - ☐ *Je stärker die negative Korrelation der Renditen, desto niedriger ist die Varianz des Portfolios.*
    - ☐ *Die Standardabweichung der Rendite des Portfolios liegt zwischen den Standardabweichungen der einzelnen Renditen.*
    - ☐ *Beträgt die Korrelation der einzelnen Renditen null, so ist die Standardabweichung der Portfoliorendite gleich null.*

12. Geben Sie an, ob die Aussage richtig oder falsch ist:
    Solange die Korrelation $\rho < 1$ ist, ist die Standardabweichung und somit das Risiko der Rendite eines Portfolios aus zwei Wertpapieren kleiner als das gewichtete Mittel der Standardabweichungen der Einzelwertpapierrenditen.
    - ☐ Richtig
    - ☐ Falsch

13. Die Kapitalmarktlinie sagt aus, …
    - ☐ … wie eine einzelne Anlage im Marktportfolio zu bewerten ist.
    - ☐ … dass das Marktportfolio alle am Markt verfügbaren Anlagen enthält, welche nach ihrer Marktkapitalisierung gewichtet sind.
    - ☐ … dass die Steigung der Kapitalmarktlinie das Verhältnis vom Portfoliorisiko und der erwarteten zusätzlichen Rendite ist.
    - ☐ … dass auf der Kapitalmarktlinie die Menge aller effizienten Portfolios liegt und eine Anlage in das risikolose Wertpapier nicht erfolgt.

14. Geben Sie an, ob die folgenden Aussagen bezüglich der Kapitalmarktlinie richtig oder falsch sind.
    a. *Die lineare Kombination aus einer risikolosen Anlage und dem Marktportfolio M dominieren alle Portfolios auf der Effizienzlinie.*
       - ☐ Richtig
       - ☐ Falsch
    b. *Das Marktportfolio M liegt auf der Effizienzlinie.*
       - ☐ Richtig
       - ☐ Falsch
    c. *Im Vergleich zum Tangentialpunkt der Effizienzlinie mit dem Marktportfolio M existiert keine alternative Anlagemöglichkeit, die bei gleichem Risiko eine höhere Rendite bietet.*
       - ☐ Richtig
       - ☐ Falsch

15. Ein Anleger hat die Möglichkeit, in eine risikolose Anlage mit einer Rendite von 5 % und in ein Marktportfolio mit einer Rendite von 8 % und einer Standardabweichung von 6 % zu investieren. Das Risiko des Portfolios liegt bei 15 %. Berechnen Sie die erwartete Portfoliorendite.
    - ☐ 13,5 %
    - ☐ 12,4 %
    - ☐ 12,5 %
    - ☐ 11,2 %

16. Geben Sie an, ob die folgenden Aussagen bezüglich der Kapitalmarktlinie richtig oder falsch sind.
    a. *Der Beta-Wert kann nie negativ sein.*
       - ☐ Richtig
       - ☐ Falsch
    b. *Wenn $\beta = 1$, dann verhalten sich die Marktrendite und die Aktienrendite proportional.*
       - ☐ Richtig
       - ☐ Falsch

c. *Je niedriger der Beta-Wert, desto höher fällt die erwartete Rendite aus.*

☐ Richtig

☐ Falsch

17. Jede Anlage, welche über der Wertpapierlinie liegt,

☐ ist überbewertet.

☐ ist unterbewertet.

☐ sollte gekauft werden.

☐ Diesen Fall gibt es nicht, weil alle Anlagen auf der Wertpapierlinie liegen.

18. Die Aktien A, B und C haben folgende Beta-Werte

Aktie A	A	B	C
Beta	0,80	1,00	1,25

Der risikolose Zinssatz liegt bei 6 % und die erwartete Marktrendite bei 10 %. Wie hoch ist die erwartete Rendite jeder einzelnen Aktie?

☐ $E(R_A) = 8,2\%$; $E(R_B) = 6,7\%$; $E(R_C) = 14,0\%$

☐ $E(R_A) = 9,2\%$; $E(R_B) = 10,0\%$; $E(R_C) = 11,0\%$

☐ $E(R_A) = 9,5\%$; $E(R_B) = 3,7\%$; $E(R_C) = 10,9\%$

☐ $E(R_A) = 5,7\%$; $E(R_B) = 8,9\%$; $E(R_C) = 6,7\%$

❓ Vernetzende Aufgaben

1. Das CAPM besagt, dass es ein systematisches und unsystematisches Risiko gibt. Wie unterscheiden sich diese beiden Risiken?

2. Der Anleger erwirbt eine Aktie der BASF SE. Die Rendite der Aktie wird sich je nach wirtschaftlicher Lage folgendermaßen entwickeln.

	Rendite in %	Wahrscheinlichkeit p_i
Depression	−10	0,3
Normal	10	0,4
Boom	30	0,3

a. Berechnen Sie die erwartete Rendite der BASF-Aktie.

Der Anleger erwirbt nun eine weitere Aktie der adidas AG. Die adidas AG Aktie hat je nach Wirtschaftslage die folgende erwartete Rendite:

	Rendite in %	Wahrscheinlichkeit p_i
Depression	−15	0,3
Normal	20	0,4
Boom	50	0,3

b. Berechnen Sie die erwartete Rendite der Anlage in die adidas AG Aktie.

c. Berechnen Sie die Varianz und die Standardabweichung beider Aktien.

d. Berechnen Sie die erwartete Rendite und die Standardabweichung eines Portfolios, das aus 50 % BASF-Aktien und aus 50 % adidas-Aktien zusammengesetzt ist.

3. Die Aktien A–E haben folgende Beta-Werte.

Aktie A	A	B	C	D	E
Beta	0,90	1,10	1,05	0,40	0,35

Der risikolose Zinssatz liegt bei 7 % und die erwartete Marktrendite bei 10 %.
a. Wie hoch ist die erwartete Rendite der Aktien?
Des Weiteren sind die folgenden Werte gegeben.

Heutiger Preis P_t	24	41	35	61	54
Erwarteter Preis P_{t+1}	27	44	38	70	56
Erwartete Dividende D_{t+1}	1,00	0,60	1,10	1,09	0,50

b. Zeichnen Sie die Wertpapierlinie und tragen Sie zusätzlich die Rendite-Risiko-Punkte der verschiedenen Aktien ein.
c. Bestimmen Sie, welche Aktien ein Kauf- und welche Aktien ein Verkaufssignal aussenden.

4. Ein Anleger möchte in die Aktien A und B investieren. Der Beta-Wert der Aktie A beträgt $\beta_A = 0{,}8$, der Beta-Wert der Aktie B beträgt $\beta_B = 1{,}5$.
a. Interpretieren Sie die Beta-Werte.
b. Welche Aktie ist für einen diversifizierten Anleger riskanter? Warum?

5. Besuchen Sie die Finanzinformationsseite Yahoo Finance (► http://de.finance.yahoo.com/q/hp?s=ALV.DE). Hier können Sie die historischen Kursdaten der Allianz SE in ein Tabellenkalkulationsprogramm herunterladen und weiterverarbeiten. Geben Sie als Startdatum den 1. Januar des vorigen Jahres und als Enddatum den heutigen Tag ein. Wählen sie als Periode „täglich". Dann klicken zuerst auf „Preise abrufen", dann auf „Aufbereitung für Tabellenkalkulationsprogramm". Nun sollten Sie die Aktienkurse in Ihrem Tabellenkalkulationsprogramm sehen. Laden Sie zusätzlich die täglichen Indexstände für den deutschen Aktienindex DAX (► http://de.finance.yahoo.com/q/hp?s=%5EGDAXI) herunter.
Berechnen Sie nun für die monatlichen Kurse des gesamten letzten Jahres die Kovarianz zwischen dem DAX und der Allianz-Aktie sowie den Korrelationskoeffizienten. Bei der Kovarianz sollten Sie sicherstellen, dass das Tabellenkalkulationsprogramm den Wert für die Stichprobe ausrechnet und nicht den Wert für die Grundgesamtheit. Berechnen Sie außerdem das Beta für die Allianz-Aktie.

ℹ Lesen und Vertiefen

– Breuer, W., Gürtler, M., Schuhmacher, F. (2010). *Portfoliomanagement I. Grundlagen*. Wiesbaden: Springer, Abschnitt 4, Kapitel 1.
Das erste Kapitel des vierten Abschnitts „Partialanalytische Ansätze der Portfolioselektion: Markowitz-Portfoliotheorie" beschäftigt sich schwerpunktmäßig mit der Portfolioselektion, basierend auf der Portfoliotheorie nach Markowitz.

4

–   Hillier, D., Ross, S. A., Westerfield, R. W., Jaffe, J., Jordan, B. D. (2013). *Corporate Finance*. London: McGraw-Hill, Kap. 9 und 10.
    In Kapitel 9 wird beschrieben, wie man Rendite- und Risikokennzahlen berechnet. Kapitel 10 stellt ausführlich die Portfolio-Theorie von Markowitz und das CAPM dar.
–   Hull, J. C. (2011). *Risikomanagement: Banken, Versicherungen und andere Finanzinstitutionen*. München: Pearson Studium, Kapitel 1.
    Das Kapitel 1 betrachtet Rendite und Risiko sowohl aus der Investoren- als auch aus der Unternehmenssicht und vermittelt Grundwissen über die Effizienzlinie und das Capital Asset Pricing Model.
–   Markowitz, H. (2008). *Portfolio Selection: Die Grundlagen der optimalen Portfolio-Auswahl*. München: FinanzBuch Verlag.
    Dieses Buch von Harry Markowitz liefert detaillierte Informationen zur Erstellung eines optimalen Portfolios.

Kapitalstrukturpolitik

Thomas Schuster, Margarita Uskova

T. Schuster, M. Uskova, *Finanzierung: Anleihen, Aktien, Optionen,*
Studienwissen kompakt, DOI 10.1007/978-3-662-46239-3_5,
© Springer-Verlag Berlin Heidelberg 2015

Lern-Agenda

In diesem Kapitel erlernen die Leser die Grundlagen der Kapitalstrukturpolitik. Sie lernen die Zusammenhänge zwischen Fremdkapital- und Eigenkapitalfinanzierung kennen und erfahren, wie mithilfe der Modigliani-Miller-Theoreme die optimale Kapitalstruktur bestimmt werden kann. Schließlich wird die Kapitalstrukturpolitik in der Praxis betrachtet.

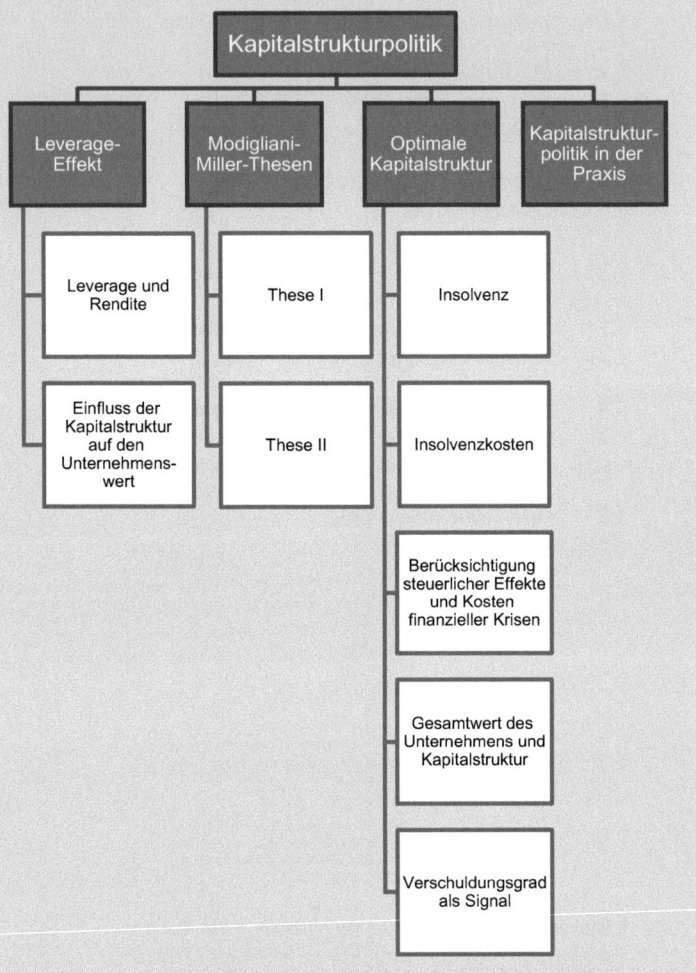

Der Artikel aus dem Handelsblatt weist auf den hohen Verschuldungsgrad der DAX-Unternehmen hin. Ihr Fremdkapital kann nicht mehr durch das Eigenkapital gedeckt werden. Die Frage, wie ein Unternehmen seinen optimalen Verschuldungsgrad bestimmt und in welchem Ausmaß es vorteilhaft ist, Fremdkapital aufzunehmen, zeigt dieses Kapitel.

Beispiel: Artikelauszug aus dem Handelsblatt zum Verschuldungsgrad von DAX-Unternehmen

„Inflation und steigende Zinsen belasten Firmenerträge

Nach einer Untersuchung des Handelsblatts haben 20 der 105 untersuchten Industrie-, Handels- und Dienstleistungsunternehmen aus den Börsenindizes Dax, MDax und TecDax einen Verschuldungsgrad von über 100 Prozent. Ihr Fremdkapital ist nicht durch Eigenkapital gedeckt. Neben Pro Sieben Sat 1 und der Solarfirma Conergy sind besonders die Autobauer VW, Daimler und BMW und -zulieferer Continental und Leoni hoch verschuldet. (…) Die Rivalen BMW und Daimler drücken fast ebenso hohe Schulden."

Quelle: Sommer (13.03.2011)

5.1 Leverage-Effekt

In den vorherigen Kapiteln wurde bereits die Möglichkeit eines Unternehmens aufgezeigt, sich durch Eigenkapital (z. B. Aktien) oder Fremdkapital (z. B. Anleihen) zu finanzieren. Je nachdem wie sich das Unternehmen finanziert, bestimmt es seine eigene **Kapitalstruktur**. Die Kapitalstruktur eines Unternehmens bezeichnet den Umfang an eigenfinanzierten und fremdfinanzierten Mitteln, also die Zusammensetzung des Kapitals. Je nachdem wie hoch der Fremdkapitaleinsatz ist, lässt sich der Verschuldungsgrad Fremdkapital/Eigenkapital eines Unternehmens bestimmen. Außerdem kann mithilfe des Eigen- und Fremdkapitals der Wert eines Unternehmens bestimmt werden. Generell ist der **Unternehmenswert** die Summe aus dem Marktwert des Eigenkapitals und dem Marktwert des Fremdkapitals.

$$V = EK + FK,$$

wobei:
- V = Unternehmenswert,
- EK = Marktwert des Eigenkapitals,
- FK = Marktwert des Fremdkapitals.

> **Merke!**
>
> Die **Kapitalstruktur** eines Unternehmens bezeichnet den Umfang an eigenfinanzierten und fremdfinanzierten Mitteln.

Finanziert sich ein Unternehmen ausschließlich über Eigenkapital, ist das Unternehmen nicht verschuldet. Im Englischen nennt man das auch unlevered. Wenn das Gesamtkapital teilweise durch Fremdkapital finanziert wird, so ist das Unternehmen verschuldet oder wird als levered bezeichnet. Als **Leverage-Effekt** wird die Abhängigkeit der Eigenkapitalrentabilität vom Verschuldungsgrad bezeichnet. Der Begriff kommt aus dem Englischen und heißt „Hebelkraft-Effekt". Der Leverage-Effekt spielt in der Kapitalstrukturgestaltung eine wichtige Rolle. Die Kapitalstruktur eines Unternehmens beeinflusst maßgeblich das Risiko-Rendite-Profil des Unternehmens, genauer gesagt die Kapitalrendite sowie die Kapitalkosten. Des Weiteren stellt sie eine wichtige Information über die Art der Finanzierung eines Unternehmens dar. Das Fremdkapital-Eigenkapital-Verhältnis hat somit einen Einfluss auf Rentabilität des Eigenkapitals. Von einem positiven Leverage-Effekt spricht man, wenn die Eigenkapitalrendite steigt, sobald der Anteil des Fremdkapitals am Gesamtkapital erhöht wird. Dieser Effekt tritt dann ein, wenn die Gesamtkapitalrendite größer ist als der Fremdkapitalzins.

Das Ziel eines jeden Unternehmens ist die Maximierung des Unternehmenswertes. Durch das richtige Verhältnis von Eigenkapital und Fremdkapital kann ein Unternehmen seinen Wert erheblich steigern. Dabei sollte der Nutzen für die Aktionäre, also der Shareholder Value, im Mittelpunkt stehen. Ein Unternehmen sollte also die Kapitalstruktur wählen, welche den Unternehmenswert maximiert, da diese Kapitalstruktur den höchsten Nutzen für die Aktionäre erzeugt.

> **Merke!**
>
> Der **Leverage-Effekt** beschreibt die Abhängigkeit der Eigenkapitalrendite vom Verschuldungsgrad des Unternehmens.

5.1.1   Leverage und Rendite

Nun stellt sich die Frage, wie die optimale Kapitalstruktur aussieht. Das folgende Beispiel soll veranschaulichen, wie die optimale Kapitalstruktur bestimmt wird.

Das Unternehmen Finanzen AG finanziert sich ausschließlich über Eigenkapital. Finanzen AG möchte jedoch Anleihen emittieren, um einen Teil des Eigenkapitals auf dem Markt zurückzukaufen. ◨ Tabelle 5.1 zeigt die aktuelle sowie die geplante Kapitalstruktur des Unternehmens.

Finanzen AG besitzt ein Vermögen von 9.600 €, welches sich aus 400 Aktien im Umlauf zusammensetzt, die einen Wert von je 24 € aufweisen (400 Aktien · 24 €). Es sollen Anleihen im Wert von 4.800 € emittiert werden, so dass 4.800 € an Eigenkapital übrig bleiben. Der Zinssatz beträgt 10 %.

Betrachten wir nun in ◨ Tab. 5.2 den erwarteten Gewinn des Unternehmens in Abhängigkeit von der wirtschaftlichen Entwicklung. Sollten sich die Einnahmen der

◘ **Tab. 5.1** Kapitalstruktur Finanzen AG (Quelle: Eigene Darstellung)

	Aktuelle Kapitalstruktur	Geplante Kapitalstruktur
Vermögen	9.600 €	9.600 €
Fremdkapital	0 €	4.800 €
Eigenkapital	9.600 €	4.800 €
Zinssatz	10 %	10 %
Aktienkurs	24 €	24 €
Aktien im Umlauf	400	200

◘ **Tab. 5.2** Kapitalstruktur Finanzen AG ohne Fremdkapital (Quelle: Eigene Darstellung)

	Rezession	Erwartete Wirtschaftslage	Hochkonjunktur
Reingewinn	480 €	1.440 €	2.400 €
Gesamtkapitalrendite ROA (= Return on Assets)	5 %	15 %	25 %
Eigenkapitalrendite ROE (= Return on Equity)	5 %	15 %	25 %
Gewinn je Aktie EPS (= Earnings per Share)	1,20 €	3,60 €	6 €

Finanzen AG auf 1.440 € belaufen, so erhalten wir eine Gesamtkapitalrendite (ROA) von 15 % (1.440 €/9.600 €). Da das Vermögen der Finanzen AG dem Eigenkapital entspricht, beträgt die Eigenkapitalrendite (ROE) ebenfalls 15 %. Der Gewinn je Aktie (EPS) beläuft sich auf 3,60 € (1.440 €/400 Aktien). Basierend auf dieser Berechnung erhält man für die Rezession sowie die Expansion den entsprechenden Gewinn je Aktie von 1,20 € (Rezession) und 6 € (Wachstum).

Nun betrachten wir in ◘ Tab. 5.3 die Auswirkung des Fremdkapitaleinsatzes der Finanzen AG. Die Gesamtkapitalrendite (ROA) behält ihre Werte, weil deren Berechnung vor den Zinszahlungen erfolgt. Da die Anleihen einen Wert von 4.800 € aufweisen, betragen die Zinszahlungen bei einem Zinssatz von 10 % genau 480 € (4.800 €·0,10). Für einen erwarteten Gewinn von 1.440 € beträgt der Gewinn nach Zinsen 960 € (1.440 € – 480 €). Da sich das Eigenkapital auf 4.800 € beläuft, beträgt die

◘ **Tab. 5.3** Kapitalstruktur Finanzen AG mit Fremdkapitaleinsatz (Quelle: Eigene Darstellung)

	Rezession	Erwartete Wirtschaftslage	Hochkonjunktur
Gewinn vor Zinsen (EBI)	480 €	1.440 €	2.400 €
Gesamtkapitalrendite ROA (= Return on Assets)	5 %	15 %	25 %
Zinszahlungen (10 %)	−480	−480	−480
Gewinn nach Zinsen	0 €	960 €	1.920 €
Eigenkapitalrendite ROE (= Gewinn nach Zinsen/ Eigenkapital)	0	20 %	40 %
Gewinn je Aktie (EPS)	0	4,80 €	9,60 €

Eigenkapitalrendite 20 % (960 € / 4.800 €), der Gewinn je Aktie ist 4,80 € (960 € / 200 Aktien). Folglich erhält man für die Rezession sowie die Expansion den entsprechenden Gewinn je Aktie von 0 € (Rezession) und 9,60 € (Wachstum).

Diese Berechnungen zeigen, dass der Leverage-Effekt vom Gewinn des Unternehmens vor Zinsen (EBI) abhängt. Beträgt dieser Gewinn 1.440 € oder 2.400 €, so ist die Eigenkapitalrendite höher, wenn Fremdkapital in die Kapitalstruktur aufgenommen wird. Beträgt der Gewinn jedoch 480 € (Rezession), so ist die Eigenkapitalrendite unter vollständiger Eigenfinanzierung höher.

Die durchgezogene Linie in ◘ Abb. 5.1 stellt den Fall der vollständigen Eigenkapitalfinanzierung dar. Danach ist der Gewinn je Aktie gleich Null, wenn der Gewinn vor Zinsen Null beträgt. Die gestrichelte Linie zeigt das Verhältnis von Gewinn vor Zinsen und Gewinn je Aktie bei Aufnahme von Fremdkapital. Der Gewinn je Aktie ist negativ, wenn der Gewinn unter 480 € liegt, da diese 480 € für Zinszahlungen benötigt werden.

Die Steigung der gestrichelten Linie ist stärker als die der durchgezogenen Linie. Da bei einer Kapitalstruktur mit Fremdkapital weniger Aktien im Umlauf sind, wird der Gewinn auf eine kleinere Menge an Aktien verteilt. Das heißt, ein höherer Gesamtgewinn resultiert in einem höheren Gewinn je Aktie. Der Break-Even-Punkt befindet sich bei 960 € Gewinn vor Zinsen, weil bei diesem Wert beide Formen der Kapitalstruktur (verschuldet und nicht verschuldet) den gleichen Gewinn je Aktie von 2,40 € abwerfen würden. Ein Gewinn, der 960 € übersteigt, erhöht den Gewinn je Aktie für die Kapitalstruktur mit Fremdkapitaleinsatz, während ein Gewinn unter 960 € einen höheren Gewinn je Aktie bei einem eigenkapitalfinanzierten Unternehmen bedeuten.

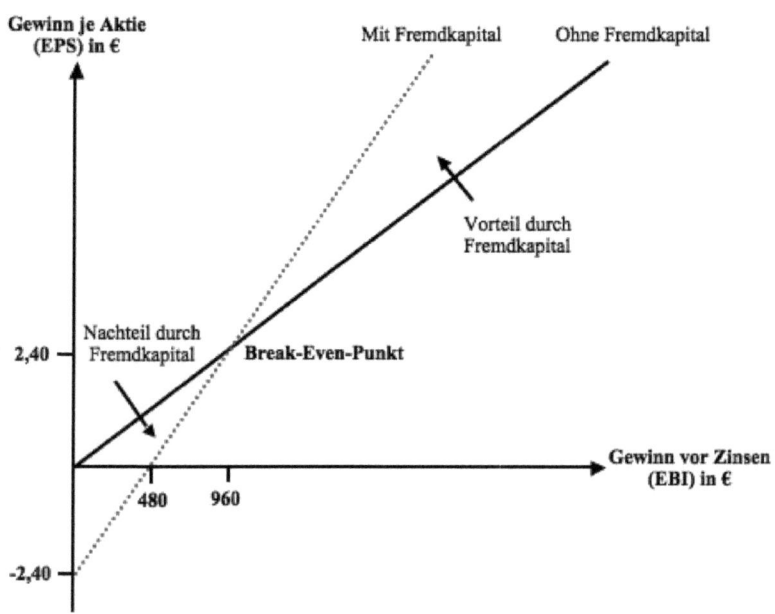

□ Abb. 5.1 Leverage-Effekt Finanzen AG (Quelle: Eigene Darstellung, angelehnt an Hillier et al. 2013, S. 409)

Dieser Zusammenhang veranschaulicht gut den Leverage-Effekt, wonach der Gewinn je Aktie bzw. die Eigenkapitalrendite vom Verschuldungsgrad abhängt.

5.1.2 Einfluss der Kapitalstruktur auf den Unternehmenswert

Aus diesem Beispiel wurde deutlich, welchen Effekt ein höherer Verschuldungsgrad (ein Financial Leverage) auf den Shareholder Value der Anteilseigner, ausgedrückt in Gewinn je Aktie, hat. Anhand des Beispiels würde man annehmen, dass die Aufnahme von Fremdkapital vorteilhafter wäre, da im Fall der erwarteten Wirtschaftslage der erwartete Gewinn je Aktie 4,80 € (bei Fremdkapitalaufnahme) statt 3,60 € (ohne Fremdkapitalaufnahme) betragen würde. Es muss jedoch beachtet werden, dass die Erhöhung des Fremdkapitalanteils Risiken mit sich bringt. So ist der Gewinn je Aktie bei einem eigenkapitalfinanzierten Unternehmen in der Rezession höher, in der Hochkonjunktur jedoch geringer. Insgesamt schwankt der Gewinn je Aktie stärker, wenn das Unternehmen verschuldet ist. Je nach Risikopräferenz würde ein risikoscheuer

Investor das Unternehmen wählen, welches vollständig durch Eigenkapital finanziert wird, während ein risikofreudiger Investor sich für ein Unternehmen mit Fremdkapitaleinsatz entscheiden könnte.

Der Einfluss des Verschuldungsgrades eines Unternehmens und dessen Kapitalkosten wurden vielfach diskutiert. Franco Modigliani und Merton Miller haben in den fünfziger Jahren des letzten Jahrhunderts die Frage der Kapitalstruktur untersucht und sind zum Entschluss gekommen, dass der Gesamtwert des Unternehmens nicht durch eine Änderung der Kapitalstruktur verändert werden kann. Das heißt, es existiert keine optimale Kapitalstruktur, welche den Anteilseignern einen höheren Nutzen bringt als alle alternativen Kapitalstrukturen. Diese Aussage ist auch bekannt als die erste These des **Modigliani-Miller-Theorems.**

These 1: Die Kapitalstruktur ist für den Marktwert eines Unternehmens irrelevant.

Die These kann mit zwei unterschiedlichen Unternehmensstrategien verdeutlicht werden. Für Strategie A wird angenommen, dass der Anleger 100 Aktien des mit 50 % Fremdkapital verschuldeten Unternehmens Finanzen AG erwirbt. Strategie B besteht darin, einen Kredit in Höhe von 2.400 € aufzunehmen und diesen zusammen mit einer Eigeninvestition von 2.400 € für den Kauf von 200 Aktien des voll eigenkapitalfinanzierten Unternehmens Finanzen AG zu verwenden.

Strategie B, bei welcher der Anleger in 200 Aktien investiert, bringt bei der erwarteten Wirtschaftslage einen Gewinn von 720 €. Da die 2.400 € geliehen sind und Zinsen in Höhe von 240 € anfallen, müssen diese vom Gewinn abgezogen werden. Somit ergibt sich ein Reingewinn von 480 €. Des Weiteren resultiert die zweite Strategie, je nach wirtschaftlicher Situation, entweder in keinem Gewinn (Rezession) oder einem Reingewinn von 960 € (Wirtschaftswachstum).

◪ Tabelle 5.4 zeigt, dass beide Strategien gleich große Gewinne von 0 €, 480 € und 960 € ergeben. Die Anfangsinvestition beträgt für beide Strategien ebenfalls 2.400 €. Das bedeutet, sowohl Strategie A als auch Strategie B haben gleiche Kosten sowie Erträge. In beiden Strategien ist die Kapitalstruktur jedoch unterschiedlich. Ändert das Unternehmen also seine Kapitalstruktur, so wird es dem Anteilseigner keinen Vorteil verschaffen, welchen er nicht durch eine eigene, privat finanzierte Leverage-Strategie erlangen kann. Folglich wird die These von Modigliani und Miller bestätigt und eine Änderung der Kapitalstruktur der Finanzen AG führt zu keiner Änderung des Unternehmenswerts.

Dieses Ergebnis ist eines der bedeutendsten in der modernen Finanztheorie. Wurde vor dieser Erkenntnis die Theorie der optimalen Kapitalstruktur als komplex betrachtet, so haben Modigliani und Miller das Gegenteil bewiesen. Solange die Investoren zu gleichen Konditionen Kredite aufnehmen und Geld anlegen können wie die Unternehmen, können sie die Kapitalstruktur eines Unternehmens selbstständig nachbilden (**„Homemade Leverage"**) und erhalten mit dieser Strategie den gleichen Reingewinn. Der Verschuldungsgrad eines Unternehmens hat also keinen Einfluss auf den Unternehmenswert.

◼ **Tab. 5.4** Strategien A und B nach Modigliani und Miller (Quelle: Eigene Darstellung)

	Rezession	Erwartete Wirt-schaftslage	Hochkonjunktur
Strategie A			
Gewinn je Aktie (EPS)	0 €	4,80 €	9,60 €
Gewinn je 100 Aktien	0 €	480 €	960 €
Anfangsinvestition: 100 Aktien · 24 € je Aktie = 2.400 €			
Strategie B			
Gewinn je Aktie (EPS)	1,20 €	3,60 €	6 €
Gewinn je 200 Aktien	1,20 € · 200 = 240 €	3,60 € · 200 = 720 €	6 € · 200 = 1.200 €
Zinszahlungen (2,400 € · 10 %)	−240	−240	−240
Reingewinn	0 €	480 €	960 €
Anfangsinvestition: 200 Aktien · 24 € je Aktie − 2.400 € = 2.400 €			

> **Merke!**
>
> Die **erste These von Modigliani und Miller** besagt, dass der Gesamtwert des Unternehmens durch eine Änderung der Kapitalstruktur nicht verändert werden kann.

Diese These gilt allerdings nur unter bestimmten Bedingungen. So gehen Modigliani und Miller von einem vollkommenen Markt aus, auf dem keine Steuern und Insolvenzkosten existieren und jeder über die gleiche Information verfügt. Somit sind die Kredit- und Anlagezinsen für jedes Unternehmen und jeden Investor gleich. Diese Voraussetzungen wird man in der Praxis kaum antreffen. Daraus lässt sich schlussfolgern, dass die Kapitalstruktur für ein Unternehmen dann bedeutend ist, wenn mindestens eine dieser Annahmen nicht zutrifft. Zur Optimierung der Kapitalstruktur muss folglich der Einfluss der Faktoren (z. B. Kreditrisiko und Steuern) auf die Kapitalstruktur überprüft werden. Dies geschieht in den nachfolgenden Kapiteln.

❯ Auf den Punkt gebracht: Der Leverage-Effekt ist die Abhängigkeit der Eigenkapitalrentabilität vom Verschuldungsgrad. Von einem positiven Leverage-Effekt spricht man, wenn die Eigenkapitalrendite steigt, sobald der Anteil des Fremdkapitals am Gesamtkapital erhöht wird mit der Voraussetzung, dass der Gesamtkapitalrendite größer ist als der Fremdkapitalzins.

5.2 Modigliani-Miller-Thesen

Anhand der beschriebenen Beispiele kann man nun von der Annahme ausgehen, dass Fremdkapitaleinsatz dem Anteilseigner Vorteile bringt, falls die Gesamtkapitalkosten höher sind als die Fremdkapitalkosten. Dabei kommt es nicht darauf an, ob das Unternehmen oder aber der Anteilseigner sich verschuldet, da in beiden Fällen die **Eigenkapitalrendite (ROE)** höher ist als bei einem unverschuldeten Unternehmen. In unserem Beispiel war die erwartete Rendite bei der erwarteten Wirtschaftslage für ein verschuldetes Unternehmen um fünf Prozentpunkte höher (20 % bei verschuldetem Unternehmen vs. 15 % bei unverschuldetem Unternehmen).

Auf der anderen Seite müssen auch die Aspekte des Risikos beachtet werden. Bei steigender Eigenkapitalrendite steigt auch das Risiko. Bei dem eigenkapitalfinanzierten Unternehmen beträgt der **Gewinn vor Zinsen (EBI)** zwischen 480 € und 2.400 €, der **Gewinn je Aktie (EPS)** variiert zwischen 1,20 € und 6 €. Wird jedoch Fremdkapital eingesetzt, so bewegt sich der Gewinn je Aktie zwischen 0 € und 9,60 €. Das heißt, ein verschuldetes Unternehmen zeigt eine größere Spannweite beim Gewinn je Aktie. Somit tragen die Aktionäre ein höheres Risiko. In einem verschuldeten Unternehmen haben die Anteilseigner folglich eine höhere Rendite in wirtschaftlich guten Zeiten (40 % vs. 25 %) und eine geringere Rendite in Rezessionen als die Anteilseigner eines nicht verschuldeten Unternehmens (0 % vs. 5 %). Generell gilt also, das Eigenkapitalrisiko eines verschuldeten Unternehmens ist größer als das eines vollkommen eigenkapitalfinanzierten Unternehmens.

5.2.1 Modigliani-Miller-These 2

Erfahrungen haben gezeigt, dass ein höheres Risiko mit einer höhere Rendite verbunden ist, da die Anleger für das zusätzliche Risiko eine höhere Rendite fordern. Daraus lässt sich die zweite These von Modigliani und Miller ableiten, welche besagt, dass die erwartete Eigenkapitalrendite einen positiven Zusammenhang mit dem Verschuldungsgrad aufweist, da das Risiko für die Anteilseigner mit dem Verschuldungsgrad steigt. Somit folgt:

These 2: Der Eigenkapitalkostensatz ist eine lineare Funktion des Verschuldungsgrades.

Um diese These mathematisch darzustellen, führen wir hier das Konzept des gewichteten durchschnittlichen Kapitalkostensatzes ein. Im Englischen wird dieser als **Weighted Average Cost of Capital** bezeichnet und mit WACC abgekürzt.

Der gewichtete durchschnittliche Kapitalkostensatz misst die wahren Kapitalkosten des Unternehmens. Diese setzen sich wie folgt zusammen. Das Unternehmen finanziert sich über Eigenkapital. Die Anteilseigner erwarten dafür als Gegenleistung die

Eigenkapitalrendite bzw. den Eigenkapitalkostensatz k_{EK}. Außerdem nimmt das Unternehmen Fremdkapital auf und zahlt den Gläubigern den Fremdkapitalkostensatz k_{FK} in Form von Zinsen. In der Regel sind Eigen- und Fremdkapitalkostensatz unterschiedlich. Deswegen spielt der Anteil des Eigen- und des Fremdkapitals am Gesamtkapital eine wichtige Rolle, um die Gesamtkapitalkosten zu ermitteln. Um die tatsächlichen Finanzierungskosten zu berechnen, muss also der Eigenkapitalkostensatz mit der Eigenkapitalquote EK/GK und der Fremdkapitalkostensatz mit der Fremdkapitalquote FK/GK gewichtet werden, um den gewichteten durchschnittlichen Kapitalkostensatz WACC zu erhalten. Die Formel des WACC lautet:

$$WACC = \frac{EK}{GK} \cdot k_{EK} + \frac{FK}{GK} \cdot k_{FK},$$

wobei:
- EK = Marktwert des Eigenkapitals,
- FK = Marktwert des Fremdkapitals,
- GK = Gesamtkapital = EK + FK,
- k_{EK} = Eigenkapitalkostensatz bzw. erwartete Eigenkapitalrendite,
- k_{FK} = Fremdkapitalkostensatz.

Die Formel besagt, dass die gewichteten durchschnittlichen Kapitalkosten den gewichteten durchschnittlichen Fremdkapital- und Eigenkapitalkosten entsprechen.

Merke!

Der **WACC (Weighted Average Cost of Capital),** der gewichtete durchschnittliche Kapitalkostensatz, misst die wahren Kapitalkosten des Unternehmens.

In den ◘ Tab. 5.5 und 5.6 wird gezeigt, wie man den WACC berechnet. Dazu verwenden wir das Beispiel der Finanzen AG mit und ohne Fremdkapitaleinsatz.

Die gewichteten durchschnittlichen Kapitalkosten der Finanzen AG ohne Schulden bei erwarteter Wirtschaftslage entsprechen demnach:

$$k_{EK} = 1.440\,€/9.600\,€ = 15\,\%.$$

Der Fremdkapitalkostensatz entspricht dem Zinssatz, zu dem das Unternehmen Kredite aufnehmen kann:

$$k_{FK} = 10\,\%,$$
$$WACC_1 = 9.600/9.600 \cdot 15\,\% + 0/9.600 \cdot 10\,\% = 15\,\%.$$

◘ **Tab. 5.5** Kapitalstruktur Finanzen AG ohne Fremdkapital (Quelle: Eigene Darstellung)

	Rezession	Erwartete Wirtschaftslage	Hochkonjunktur
Reingewinn	480 €	1.440 €	2.400 €
Gesamtkapitalrendite ROA (= Return on Assets)	5 %	15 %	25 %
Eigenkapitalrendite ROE (= Return on Equity)	5 %	15 %	25 %
Gewinn je Aktie EPS (= Earnings per Share)	1,20 €	3,60 €	6 €

◘ **Tab. 5.6** Kapitalstruktur Finanzen AG mit Fremdkapitaleinsatz (Quelle: Eigene Darstellung)

	Rezession	Erwartete Wirtschaftslage	Hochkonjunktur
Gewinn vor Zinsen (EBI)	480 €	1.440 €	2.400 €
Gesamtkapitalrendite ROA (= Return on Assets)	5 %	15 %	25 %
Zinszahlungen (10 %)	−480	−480	−480
Gewinn nach Zinsen	0 €	960 €	1.920 €
Eigenkapitalrendite ROE (= Gewinn nach Zinsen / Eigenkapital)	0	20 %	40 %
Gewinn je Aktie (EPS)	0	4,80 €	9,60 €

Die gewichteten durchschnittlichen Kapitalkosten der Finanzen AG in verschuldeter Form entsprechen:

$$k_{EK} = 960/4.800 = 20\,\%,$$
$$k_{FK} = 10\,\%,$$
$$WACC_2 = 4.800/9.600 \cdot 20\,\% + 4.800/9.600 \cdot 10\,\% = 15\,\%.$$

Der errechnete WACC von 15 % bestätigt die Annahme, dass der gewichtete durchschnittliche Kapitalkostensatz unabhängig von der Kapitalstruktur ist. Bei der Berechnung der Kapitalkosten der Finanzen AG in eigenkapitalfinanzierter Form haben wir gesehen, dass WACC mit 15 % den gleichen Wert annimmt wie der WACC bei Fremdkapitalfinanzierung. Dieses Ergebnis kann man aus der ersten These von Modigliani und Miller ableiten, die besagt, dass der Unternehmenswert unabhängig von der Kapitalstruktur ist. Um die beiden Thesen zusammenzuführen, muss man den Zusammenhang zwischen dem Unternehmenswert und den Kapitalkosten kennen. Falls der Gewinn vor Zinsen eines Unternehmens in der Zukunft in konstanter Höhe anfällt, kann man den Unternehmenswert mir folgender Gleichung berechnen:

$$\text{Unternehmenswert} = \text{Gewinn vor Zinsen}/\text{WACC}.$$

Der Gewinn vor Zinsen ist gegeben und nur von der Geschäftstätigkeit abhängig. Laut These 1 von Modigliani und Miller ist der Unternehmenswert unabhängig von der Kapitalstruktur und immer konstant. Damit die Gleichung erfüllt ist, muss dann auch der Kapitalkostensatz WACC konstant und damit unabhängig von der Kapitalstruktur sein.

Die Gleichung für den WACC kann man darüber hinaus dazu verwenden, einen Zusammenhang zwischen dem Verschuldungsgrad und der Eigenkapitalrendite herzustellen. Dazu verwenden wir zuerst die Erkenntnis aus dem obigen Beispiel, dass der WACC im unverschuldeten Unternehmen gleichzeitig dem Eigenkapitalkostensatz entspricht:

$$k_{EK} = 1.440 \, € / 9.600 \, € = 15\%.$$

Lässt man Steuern unbeachtet, so muss der WACC in einem unverschuldeten Unternehmen immer identisch mit dem Eigenkapitalkostensatz sein. Daraus folgt $\text{WACC} = k_{EK} = k_{GK}$. Die erwartete Rendite, welche einen positiven Zusammenhang mit dem Verschuldungsgrad aufweist, lässt sich dann wie folgt ableiten:

Ausgangspunkt ist die Gleichung für den WACC:

$$\text{WACC} = \frac{EK}{GK} \cdot k_{EK} + \frac{FK}{GK} \cdot k_{FK}.$$

Ersetzt man nun WACC durch k_{GK} und löst die Gleichung nach k_{EK} auf, ergibt sich:

$$k_{EK} = r_{GK} + \frac{FK}{EK} \cdot (r_{GK} - k_{FK}),$$

wobei:

- k_{EK} = Eigenkapitalkostensatz,
- k_{GK} = Gesamtkapitalkostensatz,
- FK = Fremdkapital,
- EK = Eigenkapital,
- k_{FK} = Fremdkapitalkostensatz.

Die Gleichung zeigt, dass der Eigenkapitalkostensatz bzw. die erwartete Eigenkapitalrendite eine lineare Funktion des Verschuldungsgrades eines Unternehmens ist. Wenn der Gesamtkapitalkostensatz k_{GK} die Fremdkapitalkosten übersteigt, so steigt die Eigenkapitalrendite mit der Zunahme des Verschuldungsgrades (FK/EK). Die Gleichung beschreibt die These 2 von Modigliani und Miller.

Die erwartete Eigenkapitalrendite der Finanzen AG unter der Voraussetzung des Fremdkapitaleinsatzes lässt sich wie folgt berechnen:

$$k_{EK} = 0,15 + \frac{4.800}{4.800} \cdot (0,15 - 0,10) = 0,20 = 20\,\%.$$

Diese Rendite von 20 % für das verschuldete Unternehmen ist höher als die 15 % des nicht verschuldeten Unternehmens. Dieses Ergebnis unterstützt die These von Modigliani und Miller, dass verschuldetes Eigenkapital ein höheres Risiko trägt und somit eine höhere Rendite fordert.

In der Praxis nutzen viele Unternehmen den Leverage-Effekt, um die Eigenkapitalrendite und die Gewinne je Aktie zu steigern. Wie das Praxisbeispiel am Anfang des Kapitels zeigte, haben viele Unternehmen einen hohen Verschuldungsgrad. Das ist für sie attraktiv, da sie dadurch die Eigenkapitalrendite steigern können, falls die Gesamtkapitalkosten höher als die Fremdkapitalkosten sind. Das ist aber meistens der Fall.

> **Auf den Punkt gebracht: Der Eigenkapitalkostensatz bzw. die erwartete Eigenkapitalrendite ist eine lineare Funktion des Verschuldungsgrades eines Unternehmens. Übersteigt der Gesamtkapitalkostensatz k_{GK} die Fremdkapitalkosten, so steigt die Eigenkapitalrendite mit der Zunahme des Verschuldungsgrades.**

5.2.2 Modigliani-Miller-Thesen mit Steuervorteil

Modigliani und Miller verfassten ihre ursprünglichen Thesen unter der Annahme, dass es auf dem vollkommenen Kapitalmarkt keine Steuern gibt. Doch bereits kurze Zeit später haben sie ihr Modell um eine Körperschaftsteuer auf Unternehmensebene erweitert. Dieses angepasste Modell geht von der Annahme aus, dass die erzielten Gewinne eines Unternehmens einem Körperschaftsteuersatz unterworfen werden und dass Fremdkapitalzinsen von dieser Steuer abzugsfähig sind. Des Weiteren zeigten

Modigliani und Miller, dass durch die Körperschaftsteuer die erste These der Irrelevanz einer Kapitalstruktur auf den Unternehmenswert nicht mehr gilt. Da die Fremdkapitalzinsen abzugsfähig sind, ist der Marktwert eines verschuldeten Unternehmens höher als der eines vollständig eigenkapitalfinanzierten Unternehmens.

Die erste These von Modigliani und Miller würde gelten, wenn die Körperschaftsteuer vom Reingewinn vor Zinsen und Steuern, also auf das EBIT (Earnings before interest and tax), zu entrichten wäre. Die Fremdkapitalzinsen hätten in dem Fall keinen Einfluss auf die Höhe der Körperschaftsteuer. Der Abzug der Fremdkapitalzinsen kann jedoch vom zu versteuernden Gewinn erfolgen. Das heißt, die Körperschaftsteuer wird vom Gewinn vor Steuern (EBT) erhoben. Zinsen stellen eine Art der Aufwendungen dar, welche den Gewinn mindern, der versteuert werden muss. Dieser Steuervorteil wird im Englischen als **Tax Shield** bezeichnet.

Um die Wirkung der Steuern auf den Fremdkapitalkostensatz abzuleiten, machen wir folgendes Beispiel.

Die Zinszahlungen eines Unternehmens setzen sich wie folgt zusammen:

$$\text{Zinszahlung} = k_{FK} \cdot FK.$$

Das Unternehmen unterliegt einem Körperschaftsteuersatz s. Beim derzeitigen deutschen Körperschaftsteuersatz von 15 % entspricht s = 0,15. Da Fremdkapitalzinsen den Gewinn mindern, muss das Unternehmen auf Grund der Verschuldung weniger Steuern zahlen:

$$\text{Steuerersparnis} = s \cdot \text{Zinszahlung} = s \cdot k_{FK} \cdot FK.$$

Die Nettozinszahlung beläuft sich nach Abzug der Steuerersparnis auf:

$$\text{Netto-Zinszahlung} = k_{FK} \cdot FK - s \cdot k_{FK} \cdot FK = (1-s) \cdot k_{FK} \cdot FK.$$

Die Fremdkapitalkosten, welche nach der Steuerwirkung verbleiben, entsprechen also:

$$k_{FK}(1-s),$$

wobei:
- k_{FK} = Fremdkapitalkostensatz,
- s = Steuersatz,
- $(1-s)$ = Steuervorteil (Tax Shield).

Um den fremdkapitalbedingten Steuereffekt darzustellen, wird der angepasste Fremdkapitalkostensatz in die Eigenkapitalrendite-Formel eingesetzt und ergibt somit:

$$k_{EK} = k_{GK} + \frac{FK}{EK} \cdot [k_{GK} - k_{FK} \cdot (1-s)],$$

wobei:

- k_{EK} = Eigenkapitalrendite,
- k_{GK} = Gesamtkapitalrendite,
- EK = Eigenkapital,
- FK = Fremdkapital,
- k_{FK} = Fremdkapitalkostensatz,
- s = Steuersatz.

Diese Gleichung beschreibt die These 2 von Modigliani und Miller, wobei Steuern berücksichtigt sind.

Für unser Beispiel ergibt sich bei einem Steuersatz s von 25 %:

$$k_{EK} = k_{GK} + \frac{FK}{EK} \cdot [k_{GK} - k_{FK} \cdot (1-s)] = 0,15 + \frac{4.800}{4.800} \cdot [0,15 - 0,10 \cdot (1 - 0,25)]$$
$$= 0,225 = 22,5\,\%.$$

Aufgrund des Steuereffekts fällt die Eigenkapitalrendite (ROE) mit 22,5 % größer aus als der ohne die Berücksichtigung der Steuer ermittelte Wert von 20 %. Somit ist der Effekt eines Steuervorteils klar erkennbar.

Nun untersuchen wir die Wirkung von Steuern auf den Unternehmenswert. Zu diesem Zweck vergleichen wir zwei Unternehmen, ein vollständig eigenkapitalfinanziertes und ein verschuldetes Unternehmen.

Beispiel: Wirkung von Steuern auf den Unternehmenswert

Gegeben seien folgende Werte:

	Nicht verschuldetes Unternehmen U (Angaben in €)	Verschuldetes Unternehmen V (Angaben in €)
Gesamtkapital	200.000	200.000
Eigenkapital	200.000	170.000
Fremdkapital	0	30.000
Gewinn vor Zinsen und Steuern (EBIT)	10.000	10.000
Fremdkapitalzinsen (k_{FK} = 0,04)	0	1.200
Gewinn vor Steuern (EBT)	10.000	8.800
Körperschaftsteuer (s = 0,25)	2.500	2.200
Gewinn nach Steuern EAT (Earnings After Tax)	7.500	6.600
Cashflow (Einkommensanspruch) des Gesamtkapitals	7.500	7.800[1]

[1]6.600 + 1.200 = 7.800

Dieses Beispiel macht deutlich, dass ein verschuldetes Unternehmen höhere Cashflows für Gläubiger und Anteilseigner erzeugt. Diese Tatsache ist damit zu erklären, dass ein verschuldetes Unternehmen weniger Steuern (2.200 € statt 2.500 €) zahlt. Fremdkapitalzinsen müssen nicht versteuert werden. Somit ist der zu versteuernde Betrag eines verschuldeten Unternehmens niedriger, was im Endeffekt zu einem höheren Cashflow und einer höheren Eigenkapitalrendite führt.

Ein Unternehmen mit einem höheren Cashflow an die Eigentümer (Eigen- und Fremdkapitalgeber) hat aber einen höheren Wert als ein Unternehmen mit einem niedrigeren Cashflow. Somit ist das fremdkapitalfinanzierte Unternehmen wertvoller als das eigenkapitalfinanzierte. Das widerspricht aber der These 1 von Modigliani und Miller, wonach der Unternehmenswert unabhängig von der Kapitalstruktur ist. Offensichtlich gilt diese These nur für den Fall ohne Steuern. Wird eine Körperschaftsteuer eingeführt, gilt These 1 jedoch nicht.

> **Auf den Punkt gebracht: Die Abzugsfähigkeit der Fremdkapitalzinsen führt dazu, dass der Marktwert eines verschuldeten Unternehmens höher ist als der eines vollständig eigenkapitalfinanzierten Unternehmens. Der Steuervorteil wird als Tax Shield bezeichnet. These 1 von Modigliani und Miller gilt in diesem Fall nicht.**

5.3 Optimale Kapitalstruktur

In der Theorie ist der Steuervorteil, welcher durch die Fremdfinanzierung erlangt wird, gut nachvollziehbar. Die von Modigliani und Miller abgeleitete Formel besagt demnach, dass die Eigenkapitalrendite umso höher ist, je größer die Fremdkapitalquote ist. Die Formel führt zu einem optimalen Verschuldungsgrad von 100 %. In der Praxis gibt es jedoch Schwierigkeiten, diesen Steuervorteil bei einer theoretischen optimalen Verschuldung von 100 % zu verwirklichen, da durch einen höheren Fremdkapitalanteil auch das Insolvenzrisiko steigt. Das führt zu der Vermutung, dass dieser steuerliche Vorteil durch mögliche Nachteile einer Fremdfinanzierung kompensiert werden kann. Der Nachteil einer hohen Fremdkapitalquote ist das erhöhte Risiko einer Insolvenz. Insofern müssen für ein realistisches Modell der optimalen Kapitalstruktur Insolvenzkosten berücksichtigt werden.

5.3.1 Insolvenz

Schulden stellen eine Verbindlichkeit dar, welche ein Unternehmen zurückzahlen muss. Wenn ein Unternehmen die Zahlungsverpflichtungen der Gläubiger nicht erfüllen kann, droht eine Insolvenz. Insolvenz wird als ein Zustand definiert, bei dem ein Unternehmen zahlungsunfähig ist. In diesem Fall wird die Insolvenzmasse in den

Besitz der Gläubiger übergeben, um damit die ausstehenden Schulden begleichen zu können.

Die Verpflichtung gegenüber Kreditgebern unterscheidet sich wesentlich von der Verpflichtung gegenüber den Anteilseignern. Die Gläubiger haben einen rechtlichen Anspruch auf die Zinszahlungen sowie die Tilgung. Die Anteilseigner dagegen erwarten lediglich Dividendenzahlungen, das Unternehmen ist jedoch nicht dazu verpflichtet, eine Dividende zu bezahlen.

> **Merke!**
>
> **Insolvenz** bezeichnet die Zahlungsunfähigkeit eines Unternehmens.

5.3.2 Insolvenzkosten

Die Kapitalstruktur eines Unternehmens kann die Wahrscheinlichkeit einer Insolvenz und die damit einhergehenden Kosten wesentlich beeinflussen.

5.3.2.1 Direkte Insolvenzkosten

Die **direkten Insolvenzkosten** umfassen die Kosten, welche direkt durch ein Insolvenzverfahren entstehen. Da eine Insolvenz gerichtlich begleitet wird, müssen Kosten für gerichtliche Verfahren, Gutachter sowie für den Insolvenzverwalter berücksichtigt werden. Direkte Konkurskosten können leicht bestimmt und abgegrenzt werden und sind somit quantifizierbar. So gibt es eine Reihe von Gesetzen und Regelungen, welche die Gebühren festlegen.

Einige empirischer Studien haben sich mit den direkten Insolvenzkosten beschäftigt. Allerdings existieren überwiegend Daten zu amerikanischen Unternehmen. So fanden Bris et al. (2006) heraus, dass die direkten Insolvenzkosten bei amerikanischen Unternehmen (Arizona und New York) etwa 8 % des Vermögens vor der Insolvenz betrugen. Eine Studie von Thorburn (2000) umfasste die Untersuchung schwedischer Unternehmen. Die von Thorburn berechneten Mittelwerte für direkte Insolvenzkosten lagen zwischen 5,3 % und 8,4 % des Marktwertes des Unternehmens.

Da die Insolvenz nicht zwangsläufig eintritt, müssen die Kostenschätzungen mit der Wahrscheinlichkeit des Auftretens einer Insolvenz multipliziert werden. Ist bei einem Unternehmen die Wahrscheinlichkeit einer Insolvenz gleich 5 % und würden die direkten Kosten 8 % des Marktwertes betragen, so würden sich die gesamten erwarteten Insolvenzkosten auf 0,4 % belaufen (5 % · 8 %).

5.3.2.2 Indirekte Insolvenzkosten

Indirekte Insolvenzkosten können durch die eingeschränkte Geschäftsmöglichkeit entstehen. Droht einem Unternehmen die Insolvenz, so wird das Vertrauensverhältnis zwischen dem Unternehmen und seinen Geschäftspartnern, beispielsweise Lieferanten und Kunden, beschädigt. Das heißt, indirekte Insolvenzkosten entstehen, sobald die Öffentlichkeit von den finanziellen Schwierigkeiten des Unternehmens erfährt. Die Wahrscheinlichkeit einer möglichen Insolvenz resultiert für das Unternehmen in Umsatzeinbußen. Lieferanten versuchen die Vertragsbedingungen durch Vorkasse durchzusetzen, Banken frieren Kredite ein, da sie nicht mit der Rückzahlung rechnen können. Doch nicht nur die externen Partner des Unternehmens sind betroffen. Auch die Mitarbeiter verlassen das Unternehmen.

Indirekte Kosten können nur schwer geschätzt werden, da sie kaum quantifizierbar sind. Sie sind jedoch für die Auswirkung auf den Geschäftsbetrieb von großer Bedeutung. So ermittelte eine Studie von Reimund et al. (2004), dass die durchschnittlichen indirekten Insolvenzkosten 28,6 % des Marktwerts des Unternehmens betragen. Dabei wurden deutsche börsennotierte Unternehmen des DAX 100 untersucht. Eine weitere Studie von Andrade und Kaplan (1998) schätzte die indirekten Insolvenzkosten auf ca. 10–20 % des Unternehmenswertes.

5.3.2.3 Prinzipal-Agent-Theorie

Eine wichtige Rolle bei der Bestimmung der optimalen Kapitalstruktur spielt die Prinzipal-Agent-Theorie. Bei einem Unternehmen mit Fremdkapitaleinsatz entstehen Interessenkonflikte zwischen den Anteilseignern sowie den Fremdkapitalgebern. Der Fremdkapitalgeber ist hierbei der Prinzipal, der Anteilseigner ist der Agent, der andere Interessen als sein Auftraggeber (Prinzipal) verfolgt.

⌐ Merke! ──

Die **Prinzipal-Agent-Theorie** basiert wesentlich auf dem Interessenskonflikt zwischen zwei Parteien, beispielsweise zwischen den Fremd- und den Eigenkapitalgebern.

Das opportunistische Verhalten sowie die Informationsasymmetrie zwischen diesen beiden Seiten führen zu den sogenannten **Agency-Kosten**.

In der Insolvenzproblematik entstehen Agency-Kosten des Fremdkapitalgebers. Diese können auf drei Strategien der Eigenkapitalgeber zurückgeführt werden. Erstens können Eigenkapitalgeber bei einem höheren Verschuldungsgrad riskantere Investitionen tätigen. Zweitens besteht die Gefahr von Unterinvestitionen. Drittens haben die Eigenkapitalgeber den Anreiz, finanzielle Mittel aus dem Unternehmen abzuziehen.

Diese Anreiz-Problematik führt dazu, dass unvorteilhafte Entscheidungen getroffen werden, welche den Gesamtwert eines Unternehmens senken. Dies soll an den folgenden Beispielen verdeutlicht werden.

Beispiel: Anreiz zum erhöhten Risiko

Unternehmen, welchen die Insolvenz droht, sind eher dazu geneigt ein höheres Risiko zu tragen. Ein verschuldetes Unternehmen hat zwei sich gegenseitig ausschließende Projekte zur Auswahl. Diese Projekte unterscheiden sich im Risikoniveau. Des Weiteren seien zwei verschiedene wirtschaftliche Situation dargestellt: Rezession und Hochkonjunktur. Im Falle einer Rezession würde das Unternehmen mit einem Projekt Insolvenz gehen sowie mit dem anderen Projekt kurz vor der Insolvenz stehen. Im Folgenden seien die Cashflows des Unternehmens für das Projekt mit niedrigem Risiko dargestellt.

Gesamtwert des Unternehmens bei Ausführung des Projekts mit niedrigem Risiko

	Wahrschein-lichkeit	Unternehmens-wert (€)	=	Aktien	+	Anleihen
Rezession	0,5	100	=	0	+	100
Hochkonjunktur	0,5	200	=	100	+	100

Das Unternehmen hat den Gläubigern gegenüber eine Zahlungsverpflichtung in Höhe von 100 €. Die Anteilseigner erhalten die Differenz aus den Erträgen sowie den Zahlungen an die Gläubiger. Die Gläubiger haben das Vorrecht auf ihre Zahlungen, während die Anteilseigner einen Anspruch auf die Restforderung besitzen. Im Fall der Rezession erwirtschaftet das Projekt einen Cashflow von 100 €. Dieser reicht gerade aus, der Zahlungsverpflichtung gegenüber den Gläubigern nachzukommen. Bei Hochkonjunktur erzielt das Projekt Zuflüsse von 200 €, nach Bezahlung der Gläubiger bleiben dann 100 € für die Anteilseigner übrig.

Bei einer Rezession beträgt der Unternehmenswert 100 €, während bei einer Hochkonjunktur der Wert auf 200 € steigt. Somit ist der erwartete Wert des Unternehmens 150 € $(0,5 \cdot 100 + 0,5 \cdot 200)$.

Im Folgenden wird das Projekt mit niedrigem Risiko mit einem riskanten Projekt ersetzt.

Gesamtwert des Unternehmens bei Ausführung des Projekts mit hohem Risiko

	Wahrschein-lichkeit	Unterneh-menswert (€)	=	Aktien	+	Anleihen
Rezession	0,5	50	=	0	+	50
Hochkonjunktur	0,5	240	=	140	+	100

Im Fall der Rezession erzielt das Projekt nur einen Cashflow von 50 €, der vollständig den Kreditgebern zufließt. Bei guter Wirtschaftsentwicklung werden hingegen 240 € erwirtschaftet. Nach Abzug von 100 € für die Anleihebesitzer bleiben noch 140 für die Anteilseigner übrig.

Der erwartete Unternehmenswert beträgt im Fall des riskanten Projekts 145 € $(0,5 \cdot 50 + 0,5 \cdot 240)$. Der Unternehmenswert ist demnach niedriger als bei der Anwendung des weniger riskanten Projekts. Somit würde das Projekt mit niedrigem Risiko gewählt werden, wenn das Unternehmen vollständig mit Eigenkapital finanziert wäre.

Allerdings beträgt der erwartete Eigenkapitalwert bei dem riskanten Projekt 70 € $(0,5 \cdot 0 + 0,5 \cdot 140)$, während der erwartete Eigenkapitalwert bei dem weniger riskanten Projekt sich auf 50 € beläuft (0,5 · 0 + 0,5 · 100). Da das Unternehmen teilweise mit Fremdkapital finanziert ist, werden sich die Anteilseigner für das riskante Projekt mit der höheren Rendite entscheiden, ungeachtet der Tatsache, dass dieses Projekt einen niedrigeren Kapitalwert hat als das Projekt mit niedrigem Risiko.

Das riskante Projekt erhöht den Unternehmenswert während der Hochkonjunktur, während es den Unternehmenswert in einer Rezession senkt. Die Anteilseigner profitieren von der Wertsteigerung in der Hochkonjunkturphase, da die Gläubiger den Betrag von 100 € erhalten, ungeachtet des gewählten Projekts. Die Wertminderung während der Rezession benachteiligt die Gläubiger, da diese beim Projekt mit hohem Risiko nur mit einem Betrag von 50 € statt 100 € rechnen können. Beim weniger riskanten Projekt erhalten sie jedoch die gesamte Summe. Die Anteilseigner würden während einer Rezession bei keinem der Projekte profitieren, da beide Projekte in dieser Phase keinen zusätzlichen Wert für sie schaffen. Da jedoch das riskante Projekt in der Hochkonjunktur eindeutig besser ist für die Anteilseigner, wählen sie das riskante Projekt.

Beispiel: Anreiz zur Unterinvestition
Die Finanzierung mit Fremdkapital führt zu einem weiteren Effekt, der Unterinvestition. Das heißt, vorteilhafte Investitionen werden von den Anteilseignern unterlassen. Ein verschuldetes oder insolvenzbedrohtes Unternehmen stellt für den Anteilseigner kein profitables Investitionsobjekt mehr dar, da sie im Falle einer Insolvenz nur Anspruch auf Restforderungen haben. Somit würde eine Investition eher dazu dienen, das Vorrecht der Gläubiger zu erfüllen. Das heißt, von einer Investition profitieren nur die Gläubiger. Bei einem vollständig eigenkapitalfinanzierten Unternehmen würden die Anteilseigner allerdings in jedes Projekt investieren, welches einen positiven Kapitalwert hat.

Die folgende Tabelle zeigt ein Beispiel für Unterinvestition:

	Unternehmen ohne Ausführung eines Projekts		Unternehmen bei Ausführung eines Projekts mit 1.200 € Kosten	
	Hochkonjunktur (€)	Rezession (€)	Hochkonjunktur (€)	Rezession (€)
Cashflow	6.000	2.880	8.000	5.000
Ansprüche der Gläubiger	4.800	2.880	4.800	4.800
Ansprüche der Anteilseigner	1.200	0	3.200	200

Hochkonjunktur und Rezession sind gleich wahrscheinlich.
Die Forderungen der Gläubiger belaufen sich auf 4.800 €. Falls das Unternehmen auf die Durchführung eines Projekts verzichtet, erwirtschaftet das Unternehmen im Fall der Rezension nur 2.880 €. Das ist weniger als die Forderung der Gläubiger. Das Unternehmen muss Insolvenz anmelden.
Der erwartete Anspruch der Anteilseigner ohne Projekt ist 0,5 · 1.200 + 0,5 · 0 = 600 €.

Der erwartete Anspruch der Anteilseigner mit Projekt ist $0{,}5 \cdot 3.200 + 0{,}5 \cdot 200 - 1.200 = 500$ €. Das Projekt hat zwar einen positiven Kapitalwert, der größere Anteil geht jedoch an die Gläubiger. Der erwartete Gewinn ohne Projekt ist deswegen höher. In diesem Fall würde die Unternehmensleitung eine Investition in das Projekt im Sinne der Anteilseigner unterlassen, obwohl der erwartete Cashflow mit Projekt höher ist.

Beispiel: Anreiz zu erhöhten Entnahmen
Eine weitere Strategie der Anteilseigner, sich einen Vorteil vor den Gläubigern zu verschaffen, ist die erhöhte Entnahme des Kapitals aus dem Unternehmen. Die Entnahme führt zu einer niedrigeren Kapitalbasis, auf welcher die Gläubiger ihre Forderungen geltend machen können. Bei der vorherigen Strategie wurden keine weiteren Investitionen in das Unternehmen getätigt. Bei dieser Strategie gehen die Anteilseigner einen Schritt weiter, indem sie Eigenkapital beispielsweise in Form von Dividenden entnehmen.

Die eben beschriebenen Anreize sind nur bei verschuldeten oder insolvenzbedrohten Unternehmen relevant. Daher gelten diese Strategien nicht für alle Unternehmen. Banken, welche durch die Regierung gegen Insolvenz abgesichert werden, werden daher nicht davon betroffen sein.

Die dargestellten Strategien und die daraus folgenden Entscheidungen schildern die Agency-Kosten des Fremdkapitals. Die Gläubiger sind jedoch nicht unbedingt im Nachteil. Letztendlich ist es immer der Anteilseigner, der bei diesen Strategien schlussendlich die Kosten trägt. Zum Beispiel schützen sich Gläubiger selbst vor solchen Strategien, indem sie ihre Kreditzinsen erhöhen. Diese gehen aber zu Lasten der Anteilseigner. Folglich werden diese versuchen, die Informationsasymmetrie zu beseitigen, um die Agency-Kosten zu vermeiden.

5.3.2.4 Strategien zur Verringerung der Insolvenzkosten

Es gibt eine Reihe von möglichen Instrumenten, die zur Verringerung der Anreizproblematik führen. Der Einsatz solcher Instrumente kann zwar helfen, die Kosten finanzieller Krisen zu senken, die Anwendung führt jedoch zum Verlust der Flexibilität im Hinblick auf Investitionsentscheidungen seitens des Unternehmens. Ein mögliches Instrument stellt eine Schutzvereinbarung in Form einer Negativ- oder Positivklausel dar. Im Englischen wird das auch als Protective Covenant bezeichnet.

5.3.2.4.1 Schutzvereinbarung

Wie bereits erwähnt, schützen sich die Gläubiger vor der Anreizproblematik, indem sie ihre Konditionen anpassen und die Zinsen erhöhen. Um dies zu verhindern, treffen die Anteilseigner eine Schutzvereinbarung mit den Gläubigern. Diese Schutzvereinbarung ist ein Teil des Kreditvertrags. Man unterscheidet zwei Arten von Schutzvereinbarungen: positive und negative Schutzvereinbarungen.

Eine **Negativklausel** begrenzt den Handlungsspielraum eines Unternehmens. Beispielhaft für solche Einschränkungen sind: keine zusätzliche langfristige Aufnahme von Fremdkapital, keine Fusionen mit anderen Unternehmen und Begrenzung der Dividendenzahlungen.

Während die Negativklausel den Handlungsspielraum des Unternehmens einschränken, schreiben die **Positivklausel** bestimme Handlungen vor. So muss der Anteilseigner sein Umlaufvermögen minimieren oder die finanzielle Situation regelmäßig den Kreditgebern offenlegen.

Mithilfe der Schutzvereinbarungen sollen die Agency-Kosten zwischen den Gläubigern und Anteilseignern vermindert und somit der Unternehmenswert gesteigert werden. Die Schutzvereinbarung ist folglich für den Anteilseigner vorteilhaft. Um dies zu verdeutlichen, sollen folgende Beispiele die alternativen Strategien zur Minderung der Kosten einer finanziellen Krise betrachtet werden.

1. Verzicht auf die Aufnahme von Fremdkapital: Da dadurch die Steuervorteile einer Fremdfinanzierung nicht genutzt werden können, stellt diese Strategie eine kostspielige Alternative dar.

2. Aufnahme von Fremdkapital ohne Schutzvereinbarung: Diese Strategie resultiert in dem Risiko hoher Zinsen, da die Gläubiger sich vor der Anreizproblematik schützen wollen.

3. Aufnahme von Fremdkapital mit Schutzvereinbarung: Durch eine Schutzvereinbarung sichert sich sowohl der Gläubiger als auch der Anteilseigner ab. Das Ergebnis dieser Strategie ist ein niedrigeres Risiko für den Fremdkapitalgeber und ein niedriger Zins für den Anteilseigner.

Der Anteilseigner sollte die Schutzvereinbarung abschließen, die für ihn am vorteilhaftesten ist. In dem vorliegenden Fall ist dies Alternative 3. Der Anteilseigner bewahrt sich den Steuervorteil, die Zinskosten steigen aber nicht unverhältnismäßig an.

Schutzvereinbarungen können dazu dienen, den Unternehmenswert zu steigern, auch wenn die Anteilseigner in diesem Fall auf Flexibilität verzichten müssen.

5.3.2.4.2 Konsolidierung von Fremdkapital

Die Insolvenzkosten sind umso höher, je mehr Kreditgeber beteiligt sind. Diese können sich oft nicht auf ein gemeinsames Vorgehen einigen, was gleichbedeutend mit hohen Verhandlungskosten ist. Die Anzahl der Gläubiger sollte von daher so gering wie möglich gehalten werden. Sollte die Insolvenz eintreten, beschränken sich die Verhandlungen und somit die Kosten auf einen oder wenige Gläubiger. Des Weiteren können die Gläubiger am Eigenkapital beteiligt werden. Somit verfolgen beide Seiten gleiche Interessen und Konflikte können vermieden werden. Diese Möglichkeiten werden vor allem in Ländern wie Japan genutzt, wo Banken als Fremdkapitalgeber eine wichtige Position in Unternehmen einnehmen, indem sie sich gleichzeitig am Eigenkapital beteiligen.

> ⟩ Auf den Punkt gebracht: Der Interessenskonflikt zwischen dem Prinzipal und dem Agenten kann in Agency-Kosten und bestimmten Anreizen resultieren. Diese Anreize umfassen Anreiz zum erhöhten Risiko, Anreiz zur Unterinvestition und Anreiz zu erhöhten Entnahmen. Es gibt eine Reihe von möglichen Instrumenten, die zur Verringerung der Anreizproblematik führen, u. a. Schutzvereinbarungen oder Konsolidierung von Fremdkapital.

5.3.3 Berücksichtigung steuerlicher Effekte und Kosten finanzieller Krisen

Modigliani und Miller gehen von der Annahme aus, dass der Unternehmenswert mit dem Verschuldungsgrad steigt, wenn Unternehmenssteuern berücksichtigt werden. Daraus lässt sich ableiten, dass alle Unternehmen den höchstmöglichen Verschuldungsgrad wählen sollten. Dies trifft in der Praxis nicht zu. Mit zunehmender Verschuldung erhöht sich nämlich andererseits die Gefahr der Insolvenz. Insolvenzkosten wiederum reduzieren den Wert des Unternehmens.

Die ansteigende Gerade in ◘ Abb. 5.2 stellt den Unternehmenswert dar, wenn Kosten finanzieller Krisen unberücksichtigt bleiben. Die positive Steigung basiert auf dem Steuervorteil. Die gekrümmte Linie zeigt den Wert des Unternehmens bei Berücksichtigung der Kosten finanzieller Krisen. Je höher der Verschuldungsgrad des Unternehmens, desto stärker steigen die Kosten einer finanziellen Krise. Die Steuervorteile eines höheren Fremdfinanzierungsanteils sollten daher gegen die verschuldungsbedingten Insolvenzkosten abgewogen werden. Die Balance zwischen diesen beiden Aspekten bildet der **optimale Verschuldungsgrad B***. Bei der Überschreitung der optimalen Verschuldung B* sind die Insolvenzkosten so hoch, dass die Steuerersparnis diese nicht mehr kompensieren kann. Das heißt, ab diesem Punkt sinkt der Unternehmenswert. Diese Tatsache wird in der Finanztheorie als die **Trade-Off-Theorie** der Kapitalstruktur bezeichnet. Diese Theorie besagt, dass jedes Unternehmen seinen optimalen Verschuldungsgrad unter Berücksichtigung des Steuervorteils und der Insolvenzkosten bestimmen kann.

 Merke!

Nach der **Trade-Off-Theorie** erhöht sich der Unternehmenswert bei einem höheren Verschuldungsgrad durch den Steuervorteil. Gleichzeitig steigt jedoch auch das Risiko einer Insolvenz und somit der Insolvenzkosten, was den Unternehmenswert wiederum senkt. Der optimale Verschuldungsgrad ist genau dann erreicht, wenn die Zunahme des Steuervorteils bei einem weiteren Euro Fremdkapital gerade so groß ist wie die Zunahme der Insolvenzkosten.

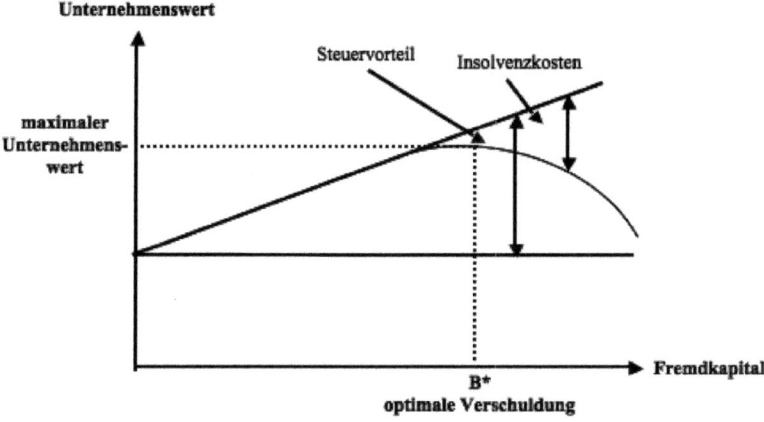

● **Abb. 5.2** Steuerliche Effekte und Insolvenzkosten (Quelle: Eigene Darstellung, in Anlehnung an Hillier et al. 2013, S. 446)

Die Bestimmung des optimalen Verschuldungsgrads gestaltet sich in der Praxis schwierig. Die Insolvenzkosten sind in ihrer Gesamtheit schlecht quantifizierbar. Es gibt allerdings bestimmte Faustregeln, wie der Verschuldungsgrad in der Praxis bestimmt werden kann.

5.3.4 Gesamtwert des Unternehmens und Kapitalstruktur

Bezüglich des Cashflows eines Unternehmens im Falle einer Insolvenz müssen vier verschiedene Gruppen berücksichtigt werden: Anteilseigner, Gläubiger, Regierung (Steuern) und Anwälte. Daher gilt:

$$CF = \text{Zahlungen an Anteilseigner}$$
$$+ \text{Zahlungen an Gläubiger}$$
$$+ \text{Zahlungen an die Regierung}$$
$$+ \text{Zahlungen an Anwälte.}$$

Somit ist

$$GW = A + G + R + AW,$$

wobei:

- GW = Gesamtwert des Unternehmens,
- A = Zahlung an Anteilseigner,
- G = Zahlung an Gläubiger,
- R = Zahlung an Regierung,
- AW = Zahlung an Anwälte.

Ungeachtet finanzieller Ansprüche ändert die Kapitalstruktur des Unternehmens nicht den Gesamtwert des Unternehmens GW. Die Ansprüche der Anteilseigner und Gläubiger können als **marktgängige Ansprüche** zusammengefasst werden, während die Ansprüche der Regierung und der Anwälte als **nicht marktgängige Ansprüche** bezeichnet werden. Marktgängige Ansprüche können auf dem Finanzmarkt gekauft und verkauft werden. Die Anteilseigner sowie die Gläubiger investieren Geld in das Unternehmen. Die Anwälte und die Regierung investieren dagegen kein Kapital. Der Marktwert des Unternehmens wird daher nur als die Summe der marktgängigen Ansprüche dargestellt. Allerdings beeinflusst die Kapitalstruktur den Gesamtwert der marktgängigen Ansprüche, wie wir im vorigen Abschnitt gesehen haben. Insgesamt gesehen hat also die Kapitalstruktur keinen Einfluss auf den Gesamtwert des Unternehmens, der Gesamtwert der marktgängigen Ansprüche wird aber sehr wohl durch die Kapitalstruktur beeinflusst.

Somit ist

$$GW_U = GW_M - GW_N,$$

wobei:

- GW_U = Gesamtwert des Unternehmens,
- GW_M = Gesamtwert der marktgängigen Ansprüche,
- GW_N = Gesamtwert der nicht marktgängigen Ansprüche.

Der Wert der marktgängigen Ansprüche kann sich mit der Änderung in der Kapitalstruktur ändern. Da der Gesamtwert des Unternehmens sich nicht ändert, bedeutet eine Erhöhung von GW_M eine identische Minderung von GW_N. Rationale Manager würden daher eine Kapitalstruktur bestimmen, welche den Wert der marktgängigen Ansprüche maximiert und gleichzeitig den Wert der nicht marktgängigen Ansprüche minimiert. Diese nicht marktgängigen Ansprüche sind Insolvenzkosten, Steuern oder aber auch Schadensersatzansprüche aus möglichen Insolvenzklagen.

5.3.5   Verschuldungsgrad als Signal

Der Verschuldungsgrad sagt nicht nur etwas über die Kapitalstruktur des Unternehmens aus, er kann auch ein Signal für die Qualität eines Unternehmens sein. Da auf dem Kapitalmarkt eine Informationsasymmetrie herrscht, kennen die Investoren im Vergleich zum Unternehmensmanagement das Insolvenzrisiko und den wahren Unternehmenswert oft nicht. Mit dem gewählten Verschuldungsgrad kann das Unternehmen jedoch die Risikoklasse und den Unternehmenswert nach außen signalisieren. Profitable Unternehmen haben einen höheren Verschuldungsgrad. Zum einen wird genügend Gewinn vor Steuern und Zinsen erwirtschaftet, von dem dann die hohen Fremdkapitalzinsen steuermindernd abgezogen werden können. Zum anderen steigen durch den höheren Verschuldungsgrad die Insolvenzkosten nur leicht an, da das Insolvenzrisiko auf Grund der soliden finanziellen Lage gering ist. Will ein Unternehmen also eine positive Zukunftserwartung signalisieren, so erhöht es den Verschuldungsgrad. In der Tat zeigen empirische Studien, dass der Aktienkurs von Unternehmen, die eine Erhöhung des Verschuldungsgrads ankündigen, tendenziell steigt.

Es gibt aber noch ein anderes wichtiges Signal, das Unternehmen aussenden können, wenn sie als profitabel gelten wollen. Die Erhöhung der Eigenkapitalbeteiligung seitens des Managements signalisiert in gleicher Weise eine positive Erwartung in der zukünftigen Entwicklung des Unternehmens. Eine Erhöhung der Eigenkapitalbeteiligung durch die Manager zeigt, dass sie auf eine Diversifikation des eigenen Portfolios verzichten. Das werden sie nur tun, wenn die Renditeerwartung des eigenen Unternehmens überdurchschnittlich hoch ist.

> **Auf den Punkt gebracht:** Ein Unternehmen kann Signale aussenden, um auf dem Kapitalmarkt als profitabel zu gelten. Dazu gehören die Erhöhung des Verschuldungsgrads oder eine höhere Eigenkapitalbeteiligung des Managements.

5.4 Kapitalstrukturpolitik in der Praxis

Existieren für die Berechnungen für den Unternehmenswert Formeln und kann man diese Werte quantifizieren, so lässt sich für die Bestimmung der optimalen Kapitalstruktur eines Unternehmens derzeit keine genaue Formel herleiten. Deshalb nutzen viele Unternehmen Orientierungswerte wie den durchschnittlichen Verschuldungsgrad eines äquivalenten Unternehmens in ihrer Industrie oder Branche, um die eigene Kapitalstruktur zu bestimmen.

5.4.1 Empirische Studien

Es gibt jedoch einige empirische Fakten, welche bei der Gestaltung der Kapitalstruktur berücksichtigt werden können. So haben die meisten Unternehmen einen eher niedrigen Verschuldungsgrad. Der durchschnittliche Verschuldungsgrad überschreitet normalerweise nicht 100 %. Viele Akademiker gehen von der Annahme aus, dass

◨ **Tab. 5.7** Verschuldungsgrad deutscher Unternehmen (Quelle: Handelsblatt 2011)

Branche	Unternehmen	Verschuldungsgrad in %
Immobilien	IVG Immobilien	607
Medien	Pro Sieben Sat 1	332
Autohersteller	BMW	229
Handel	Metro	136
Pay-TV	Sky	127
Reiseveranstalter	TUI	115
Telekommunikation	Deutschen Telekom	105
Pharmaindustrie	Stada	105

Unternehmen Fremdkapitalkosten einsetzen, um vom Steuervorteil profitieren zu können. Allerdings haben empirische Studien bewiesen, dass dies selten der Fall ist. So lag die Körperschaftsteuer in Großbritannien bei 50 Milliarden Pfund im Jahr 2008. Folglich wird nicht immer ein so hoher Verschuldungsgrad gewählt, dass die Fremdkapitalzinsen den Gewinn auf einen Wert nahe null drücken. Warum nicht? Trotz der Steuervorteile sollte eine Verschuldung immer auch unter dem Gesichtspunkt steigender Insolvenzkosten betrachtet werden.

Es gibt eine Reihe von Unternehmen, welche sich vollständig über Eigenkapital finanzieren. So ergab eine Studie von Agrawal und Nagarajan (1990), dass 100 untersuchte Unternehmen der NYSE (New York Stock Exchange) überhaupt kein langfristiges Fremdkapital einsetzen. Zusätzlich hatten diese Unternehmen höhere liquide Mittel als verschuldete Unternehmen der NYSE. Typisch für diese Unternehmen ist zudem eine starke Beteiligung der Manager am Eigenkapital.

Starke Unterschiede im Verschuldungsgrad können zwischen verschiedenen Industrien beobachtet werden. In wachstumsstarken Branchen wie Technologie, Gesundheitswesen und Pharmaindustrie sind Verschuldungsgrade tendenziell niedriger als in Industriezweigen mit einem starken Fokus auf materielle Vermögenswerte, beispielsweise der Immobilienwirtschaft. ◨ Tabelle 5.7 zeigt einige von Bloomberg und Handelsblatt Research untersuchten deutsche Unternehmen (DAX, MDAX, und TecDAX) mit dem höchsten Verschuldungsgrad. Alle Unternehmen weisen einen Verschuldungsgrad über 100 % auf. Das bedeutet, dass das Fremdkapital nicht vollständig durch Eigenkapital gedeckt ist.

◨ Tabelle 5.7 bestätigt die Hypothese, dass Unternehmen der Immobilienwirtschaft meist höhere Verschuldungsgrade aufweisen als Unternehmen der Pharmaindustrie.

Unternehmen	Verschuldungsgrad in %
adidas	120,79 %
BASF	153,09 %
Bayer	247,38 %
BMW	313,50 %
Deutsche Post	294,40 %
E.ON	411,25 %
Metro	460,19 %
Siemens	238,82 %

◼ **Tab. 5.8** Verschuldungsgrade DAX-Unternehmen (Quelle: www.finance.yahoo.com (2014) Stand: 27.12.2014)

In ◼ Tab. 5.8 finden Sie die Verschuldungsgrade von großen deutschen DAX-Unternehmen:

Einer Studie von Brounen et al. (2006) zufolge verwenden viele europäische Unternehmen einen Zielwert für den Verschuldungsgrad. Einige der Unternehmen haben strikte Vorgaben, während andere eine flexiblere Herangehensweise zeigen. So sieht Frankreich von einem Zielwert für den Verschuldungsgrad eher ab, in Deutschland dagegen messen die Unternehmen einem festen Zielwert eine höhere Bedeutung bei.

5.4.2 Einflussfaktoren der optimalen Kapitalstruktur

Es gibt keine allgemein gültige Formel zur Bestimmung der Kapitalstruktur. Generell lassen sich jedoch drei Faktoren beschreiben, welche bei der Bestimmung der optimalen Kapitalstruktur einen Einfluss haben.

5.4.2.1 Steuern

Je höher der Verschuldungsgrad des Unternehmens, desto weniger Steuern muss es zahlen. Insofern werden Unternehmen, die hohe Gewinne erwirtschaften, auch einen höheren Verschuldungsgrad aufweisen. Umgekehrt gilt, dass ein Unternehmen, das keine Gewinne erzielt, auch kein so starkes Interesse an Fremdkapital hat, da die Fremdkapitalzinsen den nicht vorhandenen Gewinn nicht mindern.

5.4.2.2 **Arten der Aktiva**

Ein Unternehmen wird bei einer finanziellen Krise immer Kosten haben. Jedoch kann sie die Höhe der Kosten durch die Art der Vermögenswerte beeinflussen. Besitzt ein Unternehmen viele materielle Vermögenswerte wie Grundstücke, Immobilien oder Maschinen, so wird eine finanzielle Krise weniger Kosten verursachen, da der Wiederverkaufswert dieser Vermögenswerte hoch ist. Unternehmen, deren Aktiva überwiegend aus immateriellen Werten wie Patenten bestehen und somit einen geringen oder sogar gar keinen Wiederverkaufswert für diese Vermögenswerte haben, werden mit höheren Kosten rechnen müssen. Deswegen werden solche Unternehmen auch einen geringeren Verschuldungsgrad anstreben, um diese Kosten zu vermeiden.

5.4.2.3 **Unsicherheit bezüglich des Betriebsergebnisses**

Bei Unternehmen, welche ihre Betriebsergebnisse nicht genau voraussagen können, besteht eine höhere Wahrscheinlichkeit der finanziellen Krise. Daher sollten solche Unternehmen zu Finanzierungszwecken überwiegend Eigenkapital nutzen, um diese Kosten zu vermeiden. Beispielhaft hierfür sind Pharmaunternehmen. Sie betreiben einen hohen Aufwand, wenn es um die Entwicklung neuer Medikamente geht. Die Zulassung und der Erfolg der Medikamente kann jedoch nicht genau vorausgesagt werden. Somit sind Pharmaunternehmen mit einem unsicheren Betriebsergebnis konfrontiert. Anders verhält es sich mit Energiekonzernen. Hier besteht eine gewisse Sicherheit bezüglich des Betriebsergebnisses. Somit ist in diesem Fall ein hoher Verschuldungsgrad unproblematisch.

> ❯ **Auf den Punkt gebracht: Die optimale Kapitalstruktur lässt sich nicht mithilfe einer Formel errechnen. Sie wird jedoch von drei Faktoren beeinflusst: den Steuern, welche ein Unternehmen zahlt, der Art der Vermögenswerte und der Unsicherheit bezüglich des Betriebsergebnisses.**

5.5 **Lern-Kontrolle**

Kurz und bündig

Ein Unternehmen kann sich entweder durch Eigenkapital oder Fremdkapital finanzieren. Die Finanzierung eines Unternehmens gibt Aufschluss über dessen Kapitalstruktur. Die Kapitalstruktur bezeichnet demnach den Umfang an eigenfinanzierten und fremdfinanzierten Mitteln, also die Zusammensetzung der Finanzierung eines Unternehmens. Ein Unternehmen sollte die Kapitalstruktur wählen, welche den Unternehmenswert maximiert, da diese Kapitalstruktur den höchsten Nutzen für die Aktionäre erzeugt. In der Praxis nutzen viele Unternehmen den sogenannten Leverage-Effekt, um die Eigenkapitalrendite und die Gewinne je Aktie zu steigern. Der Leverage-Effekt ist die Abhängigkeit der Eigenkapitalrendite vom Verschuldungsgrad. Von einem positiven Leverage-Effekt spricht man, wenn die

Eigenkapitalrendite steigt, sobald der Anteil des Fremdkapitals am Gesamtkapital erhöht wird. Dieser positive Zusammenhang liegt nur dann vor, wenn die Gesamtkapitalrendite größer ist als der Fremdkapitalzins. Bezüglich der Relevanz der Kapitalstruktur spielen die Modigliani-Miller-Thesen eine wichtige Rolle. These 1 untersucht, welchen Einfluss der Verschuldungsgrad auf die Kapitalkosten eines Unternehmens hat. Die wesentliche Aussage von Modigliani und Miller ist, dass der Marktwert eines Unternehmens unabhängig von dessen Verschuldungsgrad ist. Eine weitere wichtige Rolle bei der Bestimmung der optimalen Kapitalstruktur spielt die Prinzipal-Agent-Theorie. Die Theorie besagt, dass bei einem Unternehmen mit Fremdkapitaleinsatz Interessenkonflikte zwischen den Anteilseignern sowie den Fremdkapitalgebern entstehen, welche in Agency-Kosten resultieren. Diese Agency-Kosten können verringert werden, wenn das Unternehmen Schutzvereinbarungen mit den Gläubigern abschließt. Des Weiteren wird die Bestimmung der optimalen Kapitalstruktur von drei Faktoren beeinflusst: Steuern, Art der Aktiva und Unsicherheit des Betriebsergebnisses. Ist der Gewinn gering und somit die Steuerzahlung niedrig oder das Betriebsergebnis unsicher, ist der Verschuldungsgrad eher gering. Besitzt ein Unternehmen viele materielle Vermögenswerte wie Grundstücke oder Immobilien, ist der Verschuldungsgrad tendenziell hoch.

❓ Let's check

1. Der Begriff „Kapitalstruktur" steht für:
   - ☐ Eigenkapital
   - ☐ Umlaufvermögen plus kurzfristige Verbindlichkeiten
   - ☐ Langfristige Finanzverbindlichkeiten
   - ☐ Zusammensetzung von Eigenkapital und Fremdkapital

2. Der Leverage-Effekt besagt, dass …
   - ☐ … die Eigenkapitalrendite bei Erhöhung des Fremdkapitals steigt, solange die Gesamtkapitalrendite größer ist als der Fremdkapitalzins.
   - ☐ … die Eigenkapitalrendite bei Senkung des Fremdkapitals steigt, solange die Gesamtkapitalrendite größer ist als der Fremdkapitalzins.
   - ☐ … die Eigenkapitalrendite bei Senkung des Fremdkapitals steigt, solange die Gesamtkapitalrendite kleiner ist als der Fremdkapitalzins.
   - ☐ … die Eigenkapitalrendite bei Erhöhung des Fremdkapitals steigt, solange der Fremdkapitalzins größer ist als die Gesamtkapitalrendite.

3. Geben Sie an, ob die folgende Aussage richtig oder falsch ist:
   Ein Unternehmen sollte die Kapitalstruktur wählen, welche den Unternehmenswert maximiert, da diese Kapitalstruktur den höchsten Nutzen für die Aktionäre erzeugt.
   - ☐ Richtig
   - ☐ Falsch

4. „Homemade Leverage" bedeutet:
   - ☐ Ein Investor kann die Kapitalstruktur eines Unternehmens selbstständig nachbilden, indem er Anteile eines vollständig eigenkapitalfinanzierten

Unternehmens kauft und zusätzlich einen privaten Kredit in entsprechender Höhe aufnimmt.

☐ Ein Investor kann die Kapitalstruktur eines Unternehmens selbstständig nachbilden, indem er Anteile eines vollständig eigenkapitalfinanzierten Unternehmens kauft und zusätzlich Anteile eines fremdkapitalfinanzierten Unternehmens kauft, das exakt die gleiche Kapitalstruktur wie das Ausgangsunternehmen aufweist.

☐ Ein Eigentümer eines Unternehmens entscheidet, den Fremdkapitalanteil in seinem Unternehmen zu erhöhen.

☐ Ein Eigentümer eines Unternehmens entscheidet, den Fremdkapitalanteil in seinem Unternehmen zu senken.

5. Ein Unternehmen sei mit 50 % Eigenkapital finanziert. Die durchschnittlichen gewichteten Kapitalkosten des Unternehmens liegen bei 9 %. Die Fremdkapitalgeber erhalten Zinsen in Höhe von 7 %. Wie hoch sind die Eigenkapitalkosten des Unternehmens?

☐ 10 %

☐ 10,5 %

☐ 11 %

☐ 11,5 %

6. Geben Sie an, ob die folgenden Aussagen richtig oder falsch sind.

a. *Ein Unternehmen profitiert von einem Steuervorteil, wenn es Fremdkapital aufnimmt.*

☐ Richtig

☐ Falsch

b. *Je mehr Fremdkapital ein Unternehmen aufnimmt, desto mehr Steuern muss es zahlen.*

☐ Richtig

☐ Falsch

c. *Der Steuervorteil weist keinen Zusammenhang mit der Menge an Fremdkapital auf.*

☐ Richtig

☐ Falsch

7. Der Gesamtkapitalkostensatz eines Unternehmens beträgt 13 %. Das Unternehmen finanziert sich mit 200.000 € Eigenkapital und 600.000 € Fremdkapital. Der Fremdkapitalzins beträgt 7 %.

a. Somit ergibt sich ein Eigenkapitalkostensatz von:

☐ 31,0 %

☐ 24,2 %

☐ 18,1 %

☐ 15,5 %

b. Wie hoch ist der Eigenkapitalkostensatz, wenn eine Steuer von 25 % einge-
    führt wird?

☐ 41,0 %

☐ 36,3 %

☐ 35,2 %

☐ 33,4 %

8. Die Kosten für Anwälte zur Abwicklung der Insolvenz zählen zu den …

☐ … indirekten Insolvenzkosten.

☐ … direkten Insolvenzkosten.

☐ … Transaktionskosten.

☐ … Agency-Kosten.

9. Laut Signalisierungstheorie ist die Erhöhung des Verschuldungsgrads eine „…"
    Nachricht für Investoren.

☐ gute

☐ schlechte

☐ bedeutungslose

☐ wichtige

10. Wie entwickeln sich die Kapitalkosten eines Unternehmens, wenn Steuern und
    Insolvenzkosten berücksichtigt werden?

☐ Die Kapitalkosten bleiben mit steigendem Verschuldungsgrad konstant.

☐ Je höher der Verschuldungsgrad des Unternehmens, desto stärker steigen
    die Kosten einer finanziellen Krise.

☐ Die Kapitalkosten steigen proportional zum steigenden Verschuldungsgrad.

☐ Die Kapitalkosten fallen mit steigendem Verschuldungsgrad.

11. Geben Sie an, ob die folgenden Aussagen richtig oder falsch sind.

a. *Bei der Überschreitung der optimalen Verschuldung sind die Insolvenzkosten so
    hoch, dass die Steuerersparnis diese nicht mehr kompensieren kann.*

☐ Richtig

☐ Falsch

b. *Die Trade-Off-Theorie besagt, dass jedes Unternehmen seinen optimalen Ver-
    schuldungsgrad unter Berücksichtigung des Steuervorteils und der Insolvenz-
    kosten bestimmen kann.*

☐ Richtig

☐ Falsch

12. Geben Sie an, in welcher Branche der Verschuldungsgrad am höchsten ist.

☐ Automobilindustrie

☐ Technologie

☐ Gesundheitswesen

☐ Immobilienwirtschaft

13. Welche drei Faktoren haben bei der Bestimmung der optimalen Kapitalstruktur einen Einfluss?
    ☐ Art der Aktiva
    ☐ Unsicherheit über das Betriebsergebnis
    ☐ Anzahl der Wettbewerber
    ☐ Steuern

14. Geben Sie an, ob die folgende Aussage richtig oder falsch ist.
    Viele europäische Unternehmen haben einen Zielwert für den Verschuldungsgrad.
    ☐ Richtig
    ☐ Falsch

❓ Vernetzende Aufgaben

1. Beschreiben Sie mit Ihren eigenen Worten, wie Agency-Kosten des Fremdkapitalgebers entstehen und welche möglichen Konsequenzen daraus resultieren.

2. Geben Sie die Formel für die erwartete Eigenkapitalrendite unter Verwendung der Variablen Eigenkapitalsumme, Fremdkapitalsumme, Gesamtkapitalrendite und Fremdkapitalrendite an. Erläutern Sie die Gleichung.

3. In den folgenden vier Fast-Food-Restaurants wird jeweils 100.000 € investiert. Es wird jeweils mit einem Ertrag von 10.000 € gerechnet. Die Gesamtkapitalrendite beträgt also 10 %. Der Fremdkapitalzinssatz wird mit 7 % festgelegt.
   a. Berechnen Sie für alle vier Unternehmen:
      – Verschuldungsgrad
      – Höhe der Fremdkapitalzinsen
      – Gewinn (nach Fremdkapitalzinsen)
      – Eigenkapitalrendite.
      Die Verteilung von Eigenkapital und Fremdkapital entnehmen Sie folgender Tabelle:

	Burger Emperor	McSmith's	Underground	Döner Deluxe
GK	100.000	100.000	100.000	100.000
FK	0	25.000	50.000	75.000
EK	100.000	75.000	50.000	25.000

   b. Unter welchen Umständen wird aus der Leverage-Chance ein Leverage-Risiko?
   c. In die vier Fast-Food-Restaurants werden jeweils 100.000 € investiert. Es wird jeweils mit einem Ertrag von 3.500 € gerechnet. Die Gesamtkapitalrendite beträgt 3,5 %. Der Fremdkapitalzinssatz wird mit 7,0 % festgelegt. Berechnen Sie für alle vier Unternehmen:
      – Verschuldungsgrad
      – Höhe der Fremdkapitalzinsen

- Gewinn (nach Fremdkapitalzinsen)
- Eigenkapitalrendite.

d. Warum haben die Restaurants der Teilaufgaben a) und c) unterschiedliche Eigenkapitalrenditen? Begründen Sie Ihre Antwort.

4. Gehen Sie zu ▶ www.finanzen.net und suchen Sie für die im Alphabet ersten zehn deutschen DAX-Unternehmen die Daten zum Fremdkapital sowie zur Marktkapitalisierung heraus. Berechnen Sie anhand der Daten den Verschuldungsgrad der zehn Unternehmen. Die Daten finden Sie unter „Fundamental – Bilanz/GuV". Daten für die adidas AG finden Sie beispielsweise hier (▶ http://www.finanzen.net/bilanz_guv/adidas).

🅐 Lesen und Vertiefen

- Berk, J. B., DeMarzo, P. M. (2011). *Grundlagen der Finanzwirtschaft: Analyse, Entscheidung und Umsetzung.* München: Pearson, Kapitel 14–16.
  Neben der Bestimmung der Kapitalstruktur in einem vollkommenen Markt (Kapitel 14) gehen die Autoren im Kapitel 15 auch auf die Kapitalstruktur unter Berücksichtigung von Fremdkapital und Steuern ein. Im Kapitel 16 wird außerdem die Rolle von Insolvenzkosten, Managementanreizen und Informationsassymetrie im Zusammenhang mit der Kapitalstruktur ausführlich dargestellt.
- Hillier, D., Ross, S. A., Westerfield, R. W., Jaffe, J., Jordan, B. D. (2013). *Corporate Finance.* London: McGraw-Hill, Kap. 15 und 16.
  In Kapitel 15 werden ausführlich die Thesen von Modigliani und Miller beschrieben. Kapitel 16 widmet sich der Frage, wie die optimale Kapitalstruktur bestimmt werden kann.
- Jaeger, S. (2012). *Kapitalstrukturpolitik deutscher börsennotierter Aktiengesellschaften: Eine empirische Analyse von Kapitalstrukturdeterminanten.* Wiesbaden: Gabler.
  Dieses Buch beschäftigt sich mit der Bestimmung der optimalen Kapitalstruktur. Neben der ausführlichen Beleuchtung der Kapitalstrukturtheorien untersucht die Autorin deutsche börsennotierte Aktiengesellschaften in Hinsicht auf ihre Kapitalstrukturentscheidungen.
- Spremann, K., Gantenbein, P. (2014). *Finanzmärkte.* Konstanz, München: UTB, Kapitel 7.
  Das Kapitel „Die Kapitalstruktur" vermittelt Basiswissen zum Thema der Kapitalstruktur. Es geht unter anderem auf die Modigliani-Miller-Thesen, den Leverage-Effekt oder die Trade-Off-Theorie ein.

Serviceteil

Der Abschnitt „Tipps fürs Studium und fürs Lernen" wurde von Andrea Hüttmann verfasst.

T. Schuster, M. Uskova, *Finanzierung: Anleihen, Aktien, Optionen*,
Studienwissen kompakt, DOI 10.1007/978-3-662-46239-3,
© Springer-Verlag Berlin Heidelberg 2015

Tipps fürs Studium und fürs Lernen

- **Studieren Sie!**

Studieren erfordert ein anderes Lernen, als Sie es aus der Schule kennen. Studieren bedeutet, in Materie abzutauchen, sich intensiv mit Sachverhalten auseinanderzusetzen, Dinge in der Tiefe zu durchdringen. Studieren bedeutet auch, Eigeninitiative zu übernehmen, selbstständig zu arbeiten, sich autonom Ziele zu setzen, anstatt auf konkrete Arbeitsaufträge zu warten. Ein Studium erfolgreich abzuschließen erfordert die Fähigkeit, der Lebensphase und der Institution angemessene effektive Verhaltensweisen zu entwickeln – hierzu gehören u. a. funktionierende Lern- und Prüfungsstrategien, ein gelungenes Zeitmanagement, eine gesunde Portion Mut und viel pro-aktiver Gestaltungswille. Im Folgenden finden Sie einige erfolgserprobte Tipps, die Ihnen beim Studieren Orientierung geben, einen grafischen Überblick dazu zeigt ◘ Abb. A.1.

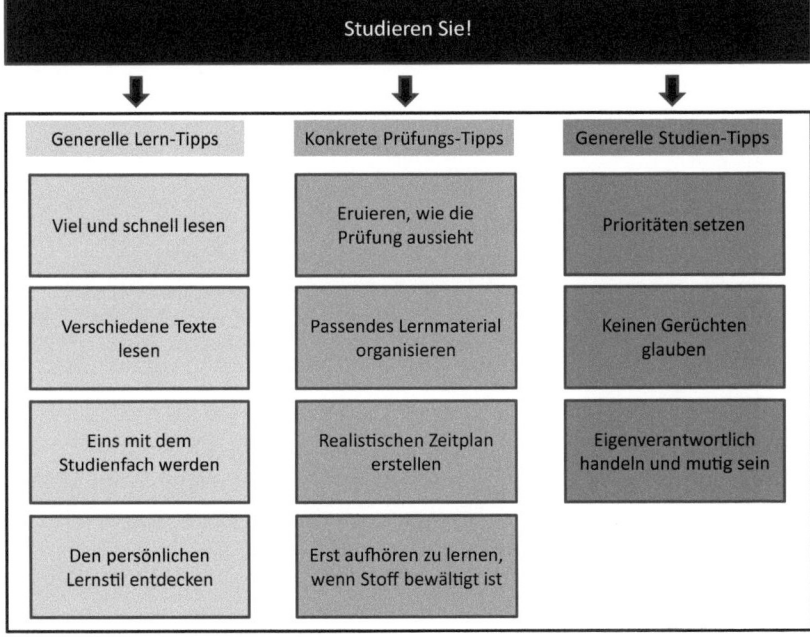

◘ **Abb. A.1** Tipps im Überblick

Lesen Sie viel und schnell

Studieren bedeutet, wie oben beschrieben, in Materie abzutauchen. Dies gelingt uns am besten, indem wir zunächst einfach nur viel lesen. Von der Lernmethode – lesen, unterstreichen, heraus schreiben – wie wir sie meist in der Schule praktizieren, müssen wir uns im Studium verabschieden. Sie dauert zu lange und raubt uns kostbare Zeit, die wir besser in Lesen investieren sollten. Selbstverständlich macht es Sinn, sich hier und da Dinge zu notieren oder mit anderen zu diskutieren. Das systematische Verfassen von eigenen Text-Abschriften aber ist im Studium – zumindest flächendeckend – keine empfehlenswerte Methode mehr. Mehr und schneller lesen schon eher …

Werden Sie eins mit Ihrem Studienfach

Jenseits allen Pragmatismus sollten wir uns als Studierende eines Faches – in der Summe – zutiefst für dieses interessieren. Ein brennendes Interesse muss nicht unbedingt von Anfang an bestehen, sollte aber im Laufe eines Studiums entfacht werden. Bitte warten Sie aber nicht in Passivhaltung darauf, begeistert zu werden, sondern sorgen Sie selbst dafür, dass Ihr Studienfach Sie etwas angeht. In der Regel entsteht Begeisterung, wenn wir die zu studierenden Inhalte mit lebensnahen Themen kombinieren: Wenn wir etwa Zeitungen und Fachzeitschriften lesen, verstehen wir, welche Rolle die von uns studierten Inhalte im aktuellen Zeitgeschehen spielen und welchen Trends sie unterliegen; wenn wir Praktika machen, erfahren wir, dass wir mit unserem Know-how – oft auch schon nach wenigen Semestern – Wertvolles beitragen können. Nicht zuletzt: Dinge machen in der Regel Freude, wenn wir sie beherrschen. Vor dem Beherrschen kommt das Engagement: Engagieren Sie sich also und werden Sie eins mit Ihrem Studienfach!

Entdecken Sie Ihren persönlichen Lernstil

Jenseits einiger allgemein gültiger Lern-Empfehlungen muss jeder Studierende für sich selbst herausfinden, wann, wo und wie er am effektivsten lernen kann. Es gibt die Lerchen, die sich morgens am besten konzentrieren können, und die Eulen, die ihre Lernphasen in den Abend und die Nacht verlagern. Es gibt die visuellen Lerntypen, die am liebsten Dinge aufschreiben und sich anschauen; es gibt auditive Lerntypen, die etwa Hörbücher oder eigene Sprachaufzeichnungen verwenden. Manche bevorzugen Karteikarten verschiedener Größen, andere fertigen sich auf Flipchart-Bögen Übersichtsdarstellungen an, einige können während des

Spazierengehens am besten auswendig lernen, andere tun dies in einer Hänge-matte. Es ist egal, wo und wie Sie lernen. Wichtig ist, dass Sie einen für sich effekti-ven Lernstil ausfindig machen und diesem – unabhängig von Kommentaren Dritter – treu bleiben.

Bringen Sie in Erfahrung, wie die bevorstehende Prüfung aussieht

Die Art und Weise einer Prüfungsvorbereitung hängt in hohem Maße von der Art und Weise der bevorstehenden Prüfung ab. Es ist daher unerlässlich, sich immer wieder bezüglich des Prüfungstyps zu informieren. Wird auswendig Gelerntes abgefragt? Ist Wissenstransfer gefragt? Muss man selbstständig Sachverhalte darstellen? Ist der Blick über den Tellerrand gefragt? Fragen Sie Ihre Dozenten. Sie müssen Ihnen zwar keine Antwort geben, doch die meisten Dozenten freuen sich über schlau formu-lierte Fragen, die das Interesse der Studierenden bescheinigen und werden Ihnen in irgendeiner Form Hinweise geben. Fragen Sie Studierende höherer Semester. Es gibt immer eine Möglichkeit, Dinge in Erfahrung zu bringen. Ob Sie es anstellen und wie, hängt von dem Ausmaß Ihres Mutes und Ihrer Pro-Aktivität ab.

Decken Sie sich mit passendem Lernmaterial ein

Wenn Sie wissen, welcher Art die bevorstehende Prüfung ist, haben Sie bereits viel gewonnen. Jetzt brauchen Sie noch Lernmaterialien, mit denen Sie arbeiten können. Bitte verwenden Sie niemals die Aufzeichnungen Anderer – sie sind inhaltlich unzu-verlässig und nicht aus Ihrem Kopf heraus entstanden. Wählen Sie Materialien, auf die Sie sich verlassen können und zu denen Sie einen Zugang finden. In der Regel empfiehlt sich eine Mischung – für eine normale Semesterabschlussklausur wären das z. B. Ihre Vorlesungs-Mitschriften, ein bis zwei einschlägige Bücher zum Thema (idealerweise eines von dem Dozenten, der die Klausur stellt), ein Nachschlagewerk (heute häufig online einzusehen), eventuell prüfungsvorbereitende Bücher, etwa aus der Lehrbuchsammlung Ihrer Universitätsbibliothek.

Erstellen Sie einen realistischen Zeitplan

Ein realistischer Zeitplan ist ein fester Bestandteil einer soliden Prüfungsvorbereitung. Gehen Sie das Thema pragmatisch an und beantworten Sie folgende Fragen: Wie viele

Wochen bleiben mir bis zur Klausur? An wie vielen Tagen pro Woche habe ich (realistisch) wie viel Zeit zur Vorbereitung dieser Klausur? (An dem Punkt erschreckt und ernüchtert man zugleich, da stets nicht annähernd so viel Zeit zur Verfügung steht, wie man zu brauchen meint.) Wenn Sie wissen, wie viele Stunden Ihnen zur Vorbereitung zur Verfügung stehen, legen Sie fest, in welchem Zeitfenster Sie welchen Stoff bearbeiten. Nun tragen Sie Ihre Vorhaben in Ihren Zeitplan ein und schauen, wie Sie damit klar kommen. Wenn sich ein Zeitplan als nicht machbar herausstellt, verändern Sie ihn. Aber arbeiten Sie niemals ohne Zeitplan!

Beenden Sie Ihre Lernphase erst, wenn der Stoff bewältigt ist

Eine Lernphase ist erst beendet, wenn der Stoff, den Sie in dieser Einheit bewältigen wollten, auch bewältigt ist. Die meisten Studierenden sind hier zu milde im Umgang mit sich selbst und orientieren sich exklusiv an der Zeit. Das Zeitfenster, das Sie für eine bestimmte Menge an Stoff reserviert haben, ist aber nur ein Parameter Ihres Plans. Der andere Parameter ist der Stoff. Und eine Lerneinheit ist erst beendet, wenn Sie das, was Sie erreichen wollten, erreicht haben. Seien Sie hier sehr diszipliniert und streng mit sich selbst. Wenn Sie wissen, dass Sie nicht aufstehen dürfen, wenn die Zeit abgelaufen ist, sondern erst wenn das inhaltliche Pensum erledigt ist, werden Sie konzentrierter und schneller arbeiten.

Setzen Sie Prioritäten

Sie müssen im Studium Prioritäten setzen, denn Sie können nicht für alle Fächer denselben immensen Zeitaufwand betreiben. Professoren und Dozenten haben die Angewohnheit, die von ihnen unterrichteten Fächer als die bedeutsamsten überhaupt anzusehen. Entsprechend wird jeder Lehrende mit einer unerfüllbaren Erwartungshaltung bezüglich Ihrer Begleitstudien an Sie herantreten. Bleiben Sie hier ganz nüchtern und stellen Sie sich folgende Fragen: Welche Klausuren muss ich in diesem Semester bestehen? In welchen sind mir gute Noten wirklich wichtig? Welche Fächer interessieren mich am meisten bzw. sind am bedeutsamsten für die Gesamtzusammenhänge meines Studiums? Nicht zuletzt: Wo bekomme ich die meisten Credits? Je nachdem, wie Sie diese Fragen beantworten, wird Ihr Engagement in der Prüfungsvorbereitung ausfallen. Entscheidungen dieser Art sind im Studium keine böswilligen Demonstrationen von Desinteresse, sondern schlicht und einfach überlebensnotwendig.

Glauben Sie keinen Gerüchten

Es werden an kaum einem Ort so viele Gerüchte gehandelt wie an Hochschulen – Studierende lieben es, Durchfallquoten, von denen Sie gehört haben, jeweils um 10–15 % zu erhöhen, Geschichten aus mündlichen Prüfungen in Gruselgeschichten zu verwandeln und Informationen des Prüfungsamtes zu verdrehen. Glauben Sie nichts von diesen Dingen und holen Sie sich alle wichtigen Informationen dort, wo man Ihnen qualifiziert und zuverlässig Antworten erteilt. 95 % der Geschichten, die man sich an Hochschulen erzählt, sind schlichtweg erfunden und das Ergebnis von ‚Stiller Post‘.

Handeln Sie eigenverantwortlich und seien Sie mutig

Eigenverantwortung und Mut sind Grundhaltungen, die sich im Studium mehr als auszahlen. Als Studierende verfügen Sie über viel mehr Freiheit als als Schüler: Sie müssen nicht immer anwesend sein, niemand ist von Ihnen persönlich enttäuscht, wenn Sie eine Prüfung nicht bestehen, keiner hält Ihnen eine Moralpredigt, wenn Sie Ihre Hausaufgaben nicht gemacht haben, es ist niemandes Job, sich darum zu kümmern, dass Sie klar kommen. Ob Sie also erfolgreich studieren oder nicht, ist für niemanden von Belang außer für Sie selbst. Folglich wird nur der eine Hochschule erfolgreich verlassen, dem es gelingt, in voller Überzeugung eigenverantwortlich zu handeln. Die Fähigkeit zur Selbstführung ist daher der Soft Skill, von dem Hochschulabsolventen in ihrem späteren Leben am meisten profitieren. Zugleich sind Hochschulen Institutionen, die vielen Studierenden ein Übermaß an Respekt einflößen: Professoren werden nicht unbedingt als vertrauliche Ansprechpartner gesehen, die Masse an Stoff scheint nicht zu bewältigen, die Institution mit ihren vielen Ämtern, Gremien und Prüfungsordnungen nicht zu durchschauen. Wer sich aber einschüchtern lässt, zieht den Kürzeren. Es gilt, Mut zu entwickeln, sich seinen eigenen Weg zu bahnen, mit gesundem Selbstvertrauen voranzuschreiten und auch in Prüfungen eine pro-aktive Haltung an den Tag zu legen. Unmengen an Menschen vor Ihnen haben diesen Weg erfolgreich beschritten. Auch Sie werden das schaffen!

Andrea Hüttmann ist Professorin an der accadis Hochschule Bad Homburg, Leiterin des Fachbereichs „Communication Skills" und Expertin für die Soft-Skill-Ausbildung der Studierenden. Als Coach ist sie auch auf dem freien Markt tätig und begleitet Unternehmen, Privatpersonen und Studierende bei Veränderungsvorhaben und Entwicklungswünschen (► www.andrea-huettmann.de).

Formelsammlung

- ▶ **Kapitel 1**

Barwertberechnung

$$PV = CF/(1 + r)^t$$

Bewertung einer Nullkupon-Anleihe

$$PV = NW/(1 + r)^n$$

Effektivzinsberechnung einer Nullkupon-Anleihe

$$R = (NW/P)^{1/n} - 1$$

Bewertung einer festverzinslichen Anleihe

$$PV = CF \cdot [1 - 1/(1 + r)^n]/r + NW/(1 + r)^n$$

Bewertung einer ewigen Anleihe

$$PV = CF/r$$

- ▶ **Kapitel 2**

Kurs-Gewinn-Verhältnis (KGV)

$$KGV = \text{Aktienkurs}/\text{Gewinn pro Aktie}$$

Kurs-Umsatz-Verhältnis (KUV)

$$KUV = \text{Aktienkurs}/\text{Umsatz pro Aktie}$$

Kurs-Cashflow-Verhältnis (KCV)

$$KCV = \text{Aktienkurs}/\text{Cashflow je Aktie}$$

Dividendenrendite

$$\text{Dividendenrendite} = (\text{Dividende}/\text{Aktienkurs}) \cdot 100$$

Aktienbewertung nach dem Gewinnmodell

$$PV = EPS/k_{EK}$$

Aktienbewertung nach dem Dividendendiskontierungsmodell

$$PV = \sum_{t=1}^{\infty} \frac{D_t}{(1 + k_{EK})^t}$$

Aktienbewertung nach dem Dividendenwachstumsmodell

$$PV = D_1/(k_{EK} - g)$$

Wachstumsrate g

$$g = \text{Thesaurierungsquote} \cdot \text{Rendite auf Gewinneinbehaltung}$$

Eigenkapitalkostensatz k_{EK}

$$k_{EK} = D_1/PV + g$$

Momentum

$$M_t = K_t - K_{t-x}$$

Bezugsverhältnis

$$\text{Bezugsverhältnis} = \text{altes Grundkapital}/\text{Erhöhungskapital}$$

Bezugsrechtskurs

$$B = \frac{K_a - K_n}{\frac{a}{n} + 1}$$

- ▶ **Kapitel 3**

Put-Call-Parität

Aktienkurs + Preis Verkaufsoption = Preis Kaufoption + Barwert Ausübungspreis

Innerer Wert Kaufoption

Innerer Wert = Kurs des Basiswertes − Ausübungspreis

Zeitwert

Zeitwert = Preis der Option − innerer Wert der Option

Black-Scholes-Modell

$$C = N(d_1) \cdot S - N(d_2) \cdot X \cdot e^{-r_f t}$$

mit:

$$d_1 = \frac{\ln\left(\frac{S}{X}\right) + \left(r_f + \frac{\sigma^2}{2}\right)t}{\sqrt{\sigma^2 t}}$$
$$d_2 = d_1 - \sqrt{\sigma^2 t}$$

- ▶ **Kapitel 4**

Halteperioden-Rendite

$$R_h = (1 + R_1) \cdot (1 + R_2) \cdot (1 + R_3) \cdot \ldots \cdot (1 + R_n)$$

Durchschnittliche Gesamtrendite

$$\bar{R} = \frac{(R_1 + R_2 + \ldots + R_t)}{T}$$

Erwartete Rendite

$$E(R) = \sum_{i=1}^{n} p_i R_i$$

Varianz
Historische Renditen

$$s^2 = \mathrm{Var}(R) = \frac{1}{T-1} \sum_{t=1}^{T} (R_t - \bar{R})^2$$

Erwartete Renditen

$$\sigma^2 = \mathrm{Var}(R) = \sum_{i=1}^{n} p_i (R_i - E(R))^2$$

Standardabweichung
Historische Renditen

$$s = \mathrm{SD}(R) = \sqrt{\frac{1}{T-1} \sum_{t=1}^{T} (R_t - \bar{R})^2}$$

Erwartete Renditen

$$\sigma = \mathrm{SD}(R) = \sqrt{\sum_{i=1}^{n} p_i (R_i - E(R))^2}$$

Kovarianz
Historische Renditen

$$s_{12} = \mathrm{Cov}(R_1, R_2) = \frac{1}{T-1} \sum_{t=1}^{T} (R_{1t} - \bar{R}_1)(R_{2t} - \bar{R}_2)$$

Erwartete Renditen

$$\sigma_{12} = \mathrm{Cov}(R_1, R_2) = \sum_{i=1}^{n} p_i \, [R_{1i} - E(R_1)] \, [R_{2i} - E(R_2)]$$

Korrelation
Historische Renditen

$$r_{12} = \mathrm{Corr}(R_1, R_2) = \frac{\mathrm{Cov}(R_1, R_2)}{\mathrm{SD}(R_1) \, \mathrm{SD}(R_2)} = \frac{s_{12}}{s_1 s_2}$$

Erwartete Renditen

$$\rho_{12} = \text{Corr}(R_1, R_2) = \frac{\text{Cov}(R_1, R_2)}{\text{SD}(R_1)\,\text{SD}(R_2)} = \frac{\sigma_{12}}{\sigma_1\sigma_2}$$

Erwartete Rendite des Portfolios

$$E(R_P) = \sum_{j=1}^{m} w_j R_j$$

Varianz des Portfolios

$$\sigma_p^2 = \text{Var}(R_p) = w_1^2\sigma_1^2 + 2w_1 w_2 \sigma_{12} + w_2^2\sigma_2^2$$

Standardabweichung des Portfolios

$$\text{SD}_P = \sigma_P = \sqrt{\text{Var } R_P}$$

Portfolio-Theorie
Kapitalmarktlinie

$$E(R_p) = R_f + \sigma_p \left[\frac{E(R_M) - R_f}{\sigma_M} \right]$$

Capital Asset Pricing Model
Wertpapierlinie

$$E(R_i) = R_f + \rho_{i,M} \cdot \sigma_i \cdot \frac{(R_M - R_f)}{\sigma_M}$$

oder

$$E(R_i) = R_f + \beta(R_M - R_f)$$

■ ▶ **Kapitel 5**

Unternehmenswert

$$V = EK + FK$$

WACC (Weighted Average Cost of Capital)

$$\text{WACC} = \frac{\text{EK}}{\text{GK}} \cdot k_{EK} + \frac{\text{FK}}{\text{GK}} \cdot k_{FK}$$

Unternehmenswert unter Berücksichtigung des WACC

$$\text{Unternehmenswert} = \text{Gewinn vor Zinsen}/\text{WACC}$$

Eigenkapitalkostensatz

$$k_{EK} = r_{GK} + \frac{\text{FK}}{\text{EK}} \cdot (r_{GK} - k_{FK})$$

Zinszahlung

$$\text{Zinszahlung} = k_{FK} \cdot \text{FK}$$

Steuerersparnis

$$\text{Steuerersparnis} = s \cdot \text{Zinszahlung} = s \cdot k_{FK} \cdot \text{FK}$$

Netto-Zinszahlung

$$\text{Netto-Zinszahlung} = k_{FK} \cdot \text{FK} - s \cdot k_{FK} \cdot \text{FK} = (1 - s) \cdot k_{FK} \cdot \text{FK}$$

Eigenkapitalrendite unter Berücksichtigung des Steuervorteils

$$k_{EK} = k_{GK} + \frac{\text{FK}}{\text{EK}} \cdot [k_{GK} - k_{FK} \cdot (1 - s)]$$

Gesamtwert des Unternehmens im Falle einer Insolvenz

$$\text{GW} = A + G + R + AW$$

Gesamtwert des Unternehmens unter Berücksichtigung der marktgängigen und nicht marktgängigen Ansprüche

$$\text{GW}_U = \text{GW}_M - \text{GW}_N$$

Tabelle der Standardnormalverteilung

$z = z_0, z_1 z_2$

$z_0.z_1$	z_2									
	0	1	2	3	4	5	6	7	8	9
0,0	0,5000	0,5040	0,5080	0,5120	0,5160	0,5199	0,5239	0,5279	0,5319	0,5359
0,1	0,5398	0,5438	0,5478	0,5517	0,5557	0,5596	0,5636	0,5675	0,5714	0,5753
0,2	0,5793	0,5832	0,5871	0,5910	0,5948	0,5987	0,6026	0,6064	0,6103	0,6141
0,3	0,6179	0,6217	0,6255	0,6293	0,6331	0,6368	0,6406	0,6443	0,6480	0,6517
0,4	0,6554	0,6591	0,6628	0,6664	0,6700	0,6736	0,6772	0,6808	0,6844	0,6879
0,5	0,6915	0,6950	0,6985	0,7019	0,7054	0,7088	0,7123	0,7157	0,7190	0,7224
0,6	0,7257	0,7291	0,7324	0,7357	0,7389	0,7422	0,7454	0,7486	0,7517	0,7549
0,7	0,7580	0,7611	0,7642	0,7673	0,7704	0,7734	0,7764	0,7794	0,7823	0,7852
0,8	0,7881	0,7910	0,7939	0,7967	0,7995	0,8023	0,8051	0,8078	0,8106	0,8133
0,9	0,8159	0,8186	0,8212	0,8238	0,8264	0,8289	0,8315	0,8340	0,8365	0,8389
1,0	0,8413	0,8438	0,8461	0,8485	0,8508	0,8531	0,8554	0,8577	0,8599	0,8621
1,1	0,8643	0,8665	0,8686	0,8708	0,8729	0,8749	0,8770	0,8790	0,8810	0,8830
1,2	0,8849	0,8869	0,8888	0,8907	0,8925	0,8944	0,8962	0,8980	0,8997	0,9015
1,3	0,9032	0,9049	0,9066	0,9082	0,9099	0,9115	0,9131	0,9147	0,9162	0,9177
1,4	0,9192	0,9207	0,9222	0,9236	0,9251	0,9265	0,9279	0,9292	0,9306	0,9319
1,5	0,9332	0,9345	0,9357	0,9370	0,9382	0,9394	0,9406	0,9418	0,9429	0,9441
1,6	0,9452	0,9463	0,9474	0,9484	0,9495	0,9505	0,9515	0,9525	0,9535	0,9545
1,7	0,9554	0,9564	0,9573	0,9582	0,9591	0,9599	0,9608	0,9616	0,9625	0,9633
1,8	0,9641	0,9649	0,9656	0,9664	0,9671	0,9678	0,9686	0,9693	0,9699	0,9706
1,9	0,9713	0,9719	0,9726	0,9732	0,9738	0,9744	0,9750	0,9756	0,9761	0,9767
2,0	0,9772	0,9778	0,9783	0,9788	0,9793	0,9798	0,9803	0,9808	0,9812	0,9817
2,1	0,9821	0,9826	0,9830	0,9834	0,9838	0,9842	0,9846	0,9850	0,9854	0,9857
2,2	0,9861	0,9864	0,9868	0,9871	0,9875	0,9878	0,9881	0,9884	0,9887	0,9890
2,3	0,9893	0,9896	0,9898	0,9901	0,9904	0,9906	0,9909	0,9911	0,9913	0,9916
2,4	0,9918	0,9920	0,9922	0,9925	0,9927	0,9929	0,9931	0,9932	0,9934	0,9936
2,5	0,9938	0,9940	0,9941	0,9943	0,9945	0,9946	0,9948	0,9949	0,9951	0,9952
2,6	0,9953	0,9955	0,9956	0,9957	0,9959	0,9960	0,9961	0,9962	0,9963	0,9964
2,7	0,9965	0,9966	0,9967	0,9968	0,9969	0,9970	0,9971	0,9972	0,9973	0,9974
2,8	0,9974	0,9975	0,9976	0,9977	0,9977	0,9978	0,9979	0,9979	0,9980	0,9981
2,9	0,9981	0,9982	0,9982	0,9983	0,9984	0,9984	0,9985	0,9985	0,9986	0,9986
3,0	0,9987	0,9987	0,9987	0,9988	0,9988	0,9989	0,9989	0,9989	0,9990	0,9990

Glossar

Aktie Eine Aktie verschafft ihrem Inhaber Anteilsrechte am Gesamtvermögen einer Aktiengesellschaft.

Anleihe Eine Anleihe ist ein mittel- oder langfristig laufendes Wertpapier.

Auktionsmarkt Der Auktionsmarkt ist ortsgebunden. Hier wird der Aktienkurs mithilfe eines Auktionssystems ermittelt.

Barwert Der Barwert ist der heutige Wert einer zukünftigen Zahlung.

Beta Das Beta ist eine Kenngröße des Wertpapierrisikos. Sie misst das Risiko eines Wertpapiers relativ zum Gesamtmarktrisiko. Je größer ihr Wert, desto höher das Risiko des Wertpapiers und dementsprechend die Renditeerwartung der Anleger.

Black-Scholes-Formel Die Black-Scholes-Formel stellt eine Möglichkeit zur Berechnung des Optionswertes dar. Danach ist der Wert einer Kaufoption die Funktion der fünf unabhängigen Variablen Ausübungspreis, Restlaufzeit, Volatilität, Preis des Basiswertes und risikoloser Zinssatz.

Bond-Call-Strategie Die Bond-Call-Strategie ist die Kombination einer festverzinslichen Anlage mit Kaufoptionen. Dabei investiert ein Anleger einen Teil in eine Nullkupon-Anleihe und einen Teil in eine Kaufoption. Die Strategie dient dazu, den Aktienkurs nach unten abzusichern.

Capital Asset Pricing Model (CAPM) Das Capital Asset Pricing Model (CAPM) stellt den Zusammenhang zwischen Rendite und Risiko von einzelnen Wertpapieren oder von ganzen Portfolios dar. Es wird davon ausgegangen, dass Investoren ein größeres Risiko nur dann eingehen, wenn dieses mit einer höheren Rendite kompensiert wird.

Delta Das Delta gibt an, wie sich der Optionspreis ändert, wenn sich der Kurs des Basiswertes um eine Einheit ändert.

Deutscher Aktienindex (DAX) Der DAX vereint die Kursbewegungen der dreißig umsatzstärksten deutschen Aktiengesellschaften in einer einzigen Kennzahl und basiert auf den Kursen des elektronischen Handelssystems Xetra.

Deutscher Rentenindex (REX) Der Deutsche Rentenindex (REX) ist ein Kurs-Index der Deutschen Börse AG, welcher die Kursentwicklung von deutschen Staatsanleihen misst.

Duplikationsprinzip Das Duplikationsprinzip besagt, dass bei zwei verschiedenen Basiswerten, welche exakt die gleichen Zahlungsströme liefern, die Preise zu jedem Zeitpunkt übereinstimmen müssen.

Effektivzins Der Effektivzins stellt die Rendite einer Anleihe dar, welche der Anleger erhält, wenn er die Anleihe bis zur Fälligkeit hält.

Erwartete Rendite Die erwartete Rendite ist diejenige Rendite, die der Investor von einem Wertpapier in Zukunft erwartet. Sie weicht in der Regel von der tatsächlichen Rendite ab, da diese auf Erwartungen basiert.

Fundamentalanalyse Mithilfe der Fundamentalanalyse wird der Aktienkurs einer Aktie bestimmt. Sie basiert auf der Annahme, dass die Kursentwicklung von Aktien durch den inneren Wert einer Aktie bestimmt wird.

Gamma Gamma ist ein Maß in der Optionspreistheorie und drückt die Veränderung des Deltas aus.

Gewinnmodell Nach dem Gewinnmodell entspricht der theoretische Aktienpreis dem zukünftigen erwarteten konstanten Jahresüberschuss pro Aktie, welcher mit dem Eigenkapitalkostensatz diskontiert wird.

Halteperiode-Rendite Die Halteperiode-Rendite ist die Rendite, welche der Investor erhält, wenn er ein Wertpapier über eine bestimmte Periode hält.

Händlermarkt Bei dem Händlermarkt handelt es sich um einen Over-The-Counter-Markt (OTC-Markt). Der Handel findet vorwiegend mithilfe von Computern statt.

Innerer Wert Der innere Wert einer Kaufoption ist gleich dem Kurs des Basiswertes minus Ausübungspreis. Der innere Wert einer Verkaufsoption ist gleich Ausübungspreis minus Kurs des Basiswertes.

Insolvenz Insolvenz bezeichnet die Zahlungsunfähigkeit eines Unternehmens.

Kapitalstruktur Die Kapitalstruktur eines Unternehmens bezeichnet den Umfang an eigenfinanzierten und fremdfinanzierten Mitteln.

Kaufoption Eine Kaufoption gibt dem Inhaber das Recht, eine bestimmte Menge eines zugrunde liegenden Basiswertes zu einem heute festgelegten Ausübungspreis während der Laufzeit oder bei Fälligkeit zu kaufen.

Korrelationskoeffizient Der aus der Kovarianz abgeleitete Korrelationskoeffizient gibt die relative Stärke des Zusammenhanges zwischen

Renditen von zwei Wertpapieren an. Grundsätzlich kann der Korrelationseffizient Werte zwischen +1 (exakte Parallelentwicklung) und −1 (total gegenläufige Entwicklung) annehmen. Bei einem Korrelationskoeffizienten von 0 besteht kein Zusammenhang.

Kovarianz Die Kovarianz ist ein absolutes Maß für den Zusammenhang zweier Wertpapiere. Bei einer positiven Kovarianz variieren die Anlagerenditen im Durchschnitt in der gleichen Richtung. Bei einer negativen Kovarianz entwickeln sich die Renditen gegenläufig.

Leverage-Effekt Der Leverage-Effekt beschreibt die Abhängigkeit der Eigenkapitalrendite vom Verschuldungsgrad des Unternehmens.

Modigliani-Miller-These 1 Die erste These von Modigliani und Miller besagt, dass der Gesamtwert des Unternehmens durch eine Änderung der Kapitalstruktur nicht verändert werden kann.

Modigliani-Miller-These 2 Die zweite These von Modigliani und Miller sagt aus, dass der Eigenkapitalkostensatz eine lineare Funktion des Verschuldungsgrades ist.

Momentum Das Momentum misst die Geschwindigkeit von Kursbewegungen in Relation zum aktuellen Kursniveau der Aktien und kann somit möglicherweise die weitere Kursentwicklung bestimmen.

New York Stock Exchange (NYSE) Die New York Stock Exchange (NYSE) ist die weltgrößte Wertpapierbörse und gilt somit als Leitbörse für alle Märkte.

Options-Delta Das Options-Delta besagt wie sich der Optionspreis verändert, wenn sich der Kurs des Basiswertes um eine Einheit ändert.

Portfolio Ein Portfolio ist eine Anzahl von Kapitalanlagen, welche ein Anleger besitzt.

Prinzipal-Agent-Theorie Die Prinzipal-Agent-Theorie basiert wesentlich auf dem Interessenkonflikt zwischen zwei Parteien, beispielsweise zwischen den Fremdkapitalgebern und den Eigenkapitalgebern.

Protective Put Ein Protective Put steht für den Erwerb einer Verkaufsoption, welche eine Sicherung gegen Kursverluste darstellt. Der gleichzeitige Kauf des Basiswertes und der dazugehörigen Verkaufsoption kann die Verluste minimieren.

Put-Call-Parität Die Put-Call-Parität stellt die Relation zwischen dem Preis einer europäischen Kaufoption und einer europäischen Verkaufsoption dar, falls beide den gleichen Ausübungspreis sowie das gleiche Verfallsdatum haben.

Rating Ein Rating bewertet die Zahlungsfähigkeit des Emittenten und stuft diese in verschiedene Bonitätsklassen ein.

Rendite Die Rendite ist das Verhältnis der Auszahlungen zu den Einzahlungen einer Kapitalanlage. Sie wird meist in Prozent und für ein Jahr angegeben.

Standardabweichung Die Standardabweichung ist die Wurzel der Varianz der Rendite und wird auch als Volatilität bezeichnet.

Risiko eines Wertpapiers Die Portfoliotheorie unterscheidet das systematische und das unsystematische Risiko. Das systematische Risiko bezieht sich auf marktspezifische, das unsystematische Risiko auf unternehmensspezifische Risiken.

Technische Analyse Die technische Analyse fokussiert sich auf die historischen Kursverläufe, um die zukünftige Entwicklung eines Aktienkurses vorherzubestimmen.

Theta Die Kennzahl Theta beschreibt den Einfluss der Änderung der Restlaufzeit auf den Optionspreis. Der Optionspreis sinkt umso stärker, je näher er am Verfallsdatum ist.

Tobin-Separation Die Tobin-Separation besagt, dass alle Investoren ein strukturidentisches riskantes Portfolio P im Marktgleichgewicht halten, unabhängig von ihrer Risikopräferenz.

Trade-Off-Theorie Nach der Trade-Off-Theorie erhöht sich der Unternehmenswert bei einem höheren Verschuldungsgrad durch den Steuervorteil. Gleichzeitig steigt jedoch auch das Risiko einer Insolvenz und somit der Insolvenzkosten, was den Unternehmenswert wiederum senkt. Der optimale Verschuldungsgrad ist genau dann erreicht, wenn die Zunahme des Steuervorteils bei einem weiteren Euro Fremdkapital gerade so groß ist wie die Zunahme der Insolvenzkosten.

Varianz Die Varianz ist die quadratische Abweichung von der durchschnittlichen historischen Rendite oder dem Erwartungswert der zukünftigen Rendite.

Vega Vega misst die Änderung des Optionspreises in Bezug auf die Änderung der implizierten Volatilität. Vega gibt folglich an, wie sich der Preis einer Option ändert, wenn die implizierte Volatilität um einen Prozentpunkt steigt oder fällt.

Verkaufsoption Eine Verkaufsoption gibt dem Inhaber das Recht, eine bestimmte Menge eines zugrunde liegenden Basiswertes zu einem heute festgelegten Ausübungspreis während einer Frist oder bei Fälligkeit zu verkaufen.

Volatilität Die Volatilität misst die Stärke der Kursschwankungen der Wertpapiere. Die

Volatilität entspricht der annualisierten Standardabweichung der täglichen Renditen des Basiswertes.

Weighted Average Cost of Capital (WACC) Der WACC, der gewichtete durchschnittliche Kapitalkostensatz, misst die wahren Kapitalkosten des Unternehmens.

Zeitwert Der Zeitwert ist die Differenz zwischen dem Preis einer Option und ihrem inneren Wert.

Literatur

Grundlagenliteratur

Becker, H. P. (2013). *Investition und Finanzierung: Grundlagen der betrieblichen Finanzwirtschaft* (6. Aufl.). Wiesbaden: Springer Gabler Verlag.

Berk, J. B., DeMarzo, P. M. (2011). *Grundlagen der Finanzwirtschaft: Analyse, Entscheidung und Umsetzung.* München: Pearson.

Bieg, H., Kußmaul, H. (2011). *Finanzierung* (2. Aufl.). München: Vahlen.

Bösch, M. (2013). *Finanzwirtschaft: Investition, Finanzierung, Finanzmärkte und Steuerung* (2. Aufl.). München: Vahlen.

Breuer, W., Gürtler, M., Schuhmacher, F. (2010). *Portfoliomanagement I. Grundlagen* (3. Aufl.). Wiesbaden: Gabler.

Diwald, H. (2012). *Anleihen verstehen: Grundlagen verzinslicher Wertpapiere und weiterführende Produkte.* München: Deutscher Taschenbuch Verlag.

Hillier, D., Ross, S. A., Westerfield, R. W., Jaffe, J., Jordan, B. D. (2013). *Corporate Finance* (2. Aufl.). London: McGraw-Hill. European Edition.

Hull, J. C. (2012). *Optionen, Futures und andere Derivate* (8. Aufl.). München: Pearson.

Jahrmann, F.-U. (2009). *Finanzierung: Darstellung, Kontrollfragen, Aufgaben und Lösungen* (6. Aufl.). Herne/Berlin: Verlag Neue Wirtschafts-Briefe.

Prätsch, J., Schikorra, U., Ludwig, E. (2012). *Finanzmanagement: Lehr- und Praxisbuch für Investition, Finanzierung und Finanzcontrolling* (4. Aufl.). Berlin: Springer.

Schäfer, H. (2013). *Unternehmensfinanzen: Grundzüge in Theorie und Management.* Heidelberg: Physica-Verlag.

Schuster, T., Rüdt von Collenberg, L. (2015). *Grundlagen der Finanzierung: Finanzberichte, Finanzkennzahlen, Finanzplanung.* Wiesbaden: Springer Gabler.

Spremann, K. (2010). *Finance* (4. Aufl.). München: Oldenbourg Wissenschaftsverlag.

Spremann, K., Gantenbein, P. (2014). *Finanzmärkte.* (3. Aufl.). Konstanz,: UTB.

Weiterführende Literatur

Agrawal, A., Nagarajan, N. J. (1990). Corporate Capital Structure, Agency Costs, and Ownership Control: The Case of All Equity Firms. *Journal of Finance, 45* (4), 1325–1331.

Andrade, G., Kaplan, S. N. (1998). How Costly is Financial (not Economic) Distress? Evidence from Highly Leveraged Transactions that Became Distressed. *Journal of Finance, 53* (5), 1443–1493.

Bris, A., Welch, I., Zhu, N. (2006). The Costs of Bankruptcy: Chapter 7 Liquidation versus Chapter 11 Reorganization. *Journal of Finance, 61* (3), 1253–1303.

Brounen, D., de Jong, A., Koedijk, K. (2006). Capital Structure Policies in Europe: Survey Evidence. *Journal of Banking and Finance, 30* (5), 1409–1442.

Cox, J. C., Ross, S., Rubinstein, M. (1979). Option Pricing: a Simplified Approach. *Journal of Financial Economics, 7* (3), 229–263.

Hull, J. C. (2011). *Risikomanagement: Banken, Versicherungen und andere Finanzinstitutionen* (2. Aufl.). München: Pearson.

Jaeger, S. (2012). *Kapitalstrukturpolitik deutscher börsennotierter Aktiengesellschaften: Eine empirische Analyse von Kapitalstrukturdeterminanten.* Wiesbaden: Gabler.

Markowitz, H. (2008). *Portfolio Selection: die Grundlagen der optimalen Portfolio-Auswahl*. München: FinanzBuch Verlag.

Reimund, C., Schwetzler, B., Zainhofer, F. (2004). Costs of Financial Distress: The German Evidence. *Kredit und Kapital, 42* (1), 93–124.

Thorburn, K. S. (2000). Bankruptcy Auctions: Costs, Debt Recovery, and Firm Survival. *Journal of Financial Economics, 58* (3), 337–368.

Quellennachweis Abbildungen und Tabellen

Ibbotson Staff (2003). *Stocks, Bonds, Bills, and Inflation 2003 Yearbook: Valuation Edition* (ed. by M. W. Barad). Chicago: Ibbotson Associates.

BASF (2015). *Portfoliooptimierung*. https://www.basf.com/de/company/investor-relations/basf-at-a-glance/strategy/portfolio-optimization.html. Zugegriffen: 25.05.2015.

Börse Frankfurt (2014). *REX (Kursindex)*. http://www.boerse-frankfurt.de/de/aktien/indizes/rex+kursindex+DE0008469107/chart. Zugegriffen: 28.12.2014.

Börsennews (2015a). *Adidas-Fundamentale Analyse*. http://www.boersennews.de/markt/aktien/adidas/36714349/fundamental. Zugegriffen: 25.05.2015.

Börsennews (2015b). *BASF-Fundamentale Analyse*. http://www.boersennews.de/markt/aktien/basf/34694526/fundamental. Zugegriffen: 25.05.2015.

Börsennews (2015c). *Bayer AG-Fundamentale Analyse*. http://www.boersennews.de/markt/aktien/bayer-ag/87819/fundamental. Zugegriffen: 25.05.2015.

Börsennews (2015d). *BMW-Fundamentale Analyse*. http://www.boersennews.de/markt/aktien/bmw/81490/fundamental. Zugegriffen: 25.05.2015.

Börsennews (2015e). *Deutsche Post-Fundamentale Analyse*. http://www.boersennews.de/markt/aktien/deutsche-post/82088/fundamental. Zugegriffen: 25.05.2015.

Börsennews (2015f). *E.ON-Fundamentale Analyse*. http://www.boersennews.de/markt/aktien/eon/21074892/fundamental. Zugegriffen: 25.05.2015.

Börsennews (2015g). *Metro-Fundamentale Analyse*. http://www.boersennews.de/markt/aktien/metro/82930/fundamental. Zugegriffen: 25.05.2015.

Börsennews (2015h). *Siemens-Fundamentale Analyse*. http://www.boersennews.de/markt/aktien/siemens/82902/fundamental. Zugegriffen: 25.05.2015.

Deutsche Bank AG (2015). *Ratings*. https://www.deutsche-bank.de/ir/de/content/ratings.htm. Zugegriffen: 24.05.2015.

Deutsche Bundesbank (2014). *Monatsbericht Juli 2014, 66. Jahrgang, Nr. 7*. http://www.bundesbank.de/Redaktion/DE/Downloads/Veroeffentlichungen/Monatsberichte/2014/2014_07_monatsbericht.pdf?__blob=publicationFile. Zugegriffen: 17.06.2014.

Finanzen (2014). *DAX, Charttool*. http://www.finanzen.net/index/DAX/Charttool. Zugegriffen: 16.09.2014.

Finanzen (2015a). *DAX 30-Werte*. http://www.finanzen.net/index/DAX. Zugegriffen: 24.05.2015.

Finanzen (2015b). *Fundamentaldaten vom DAX 30 der Börse Xetra*. http://www.finanzen.net/index/DAX/Fundamental. Zugegriffen: 24.05.2015.

Fitch (2015). *Fitch Ratings, International Issuer and Credit Rating Scales*. https://www.fitchratings.com/jsp/general/RatingsDefinitions.faces?context=5&detail=507&context_ln=5&detail_ln=500. Zugegriffen: 12.02.2015.

Handelsblatt (2011). *Handelsblatt-Analyse, Welche Dax-Konzerne die höchsten Schulden haben, Handelsblatt online*. http://www.handelsblatt.com/unternehmen/industrie/handelsblatt-analyse-welche-dax-konzerne-die-hoechsten-schulden-haben/3952222.html. Zugegriffen: 17.03.2011.

Moody's (2015). *Moody's Investors Service. Rating Symbols and Definitions, March 2015.* https://www.moodys.com/researchdocumentcontentpage.aspx?docid=PBC_79004. Zugegriffen: 09.03.2015.

Papon, K. (2015). *Portfolio-Strategie. Optionsscheine gegen Verluste im Aktiendepot, Frankfurter Allgemeine online.* http://www.faz.net/aktuell/finanzen/strategie-trends/portfolio-strategie-optionsscheine-gegen-verluste-im-aktiendepot-17280.html (Erstellt: 10.03.2011). Zugegriffen: 24.05.2015.

Sommer, U. (2015). *Verschuldungsgrad. Inflation und steigende Zinsen belasten Firmenerträge. Handelsblatt online.* http://www.handelsblatt.com/unternehmen/management/verschuldungsgrad-inflation-und-steigende-zinsen-belasten-firmenertraege/3945666.html (Erstellt: 13.03.2011). Zugegriffen: 25.05.2015.

Standard & Poor's (2015). *Credit Ratings Definitions & FAQs.* http://www.standardandpoors.com/ratings/definitions-and-faqs/en/us. Zugegriffen: 25.05.2015.

Stuttgarter Börse (2015). *Anleihenübersicht.* https://www.boerse-stuttgart.de/de/boersenportal/segmente-und-initiativen/bondm/anleihenuebersicht/. Zugegriffen: 25.05.2015.

Volkswagen AG (2015). *Ratings, Moody's und Standard & Poor's.* http://www.volkswagenag.com/content/vwcorp/content/de/investor_relations/fixec_income/ratings.html. Zugegriffen: 24.05.2015.

Yahoo Finance (2014). *Stock Screener.* https://screener.finance.yahoo.com/stocks.html. Zugegriffen: 27.12.2014.

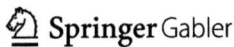